电视文艺节目策划与创作

吴保和 著

中国戏剧出版社
CHINA THEATRE PRESS

图书在版编目（CIP）数据

电视文艺节目策划与创作 / 吴保和著. -- 2版（修订本）. -- 北京 : 中国戏剧出版社, 2019.10（2024.7重印）
ISBN 978-7-104-04886-2

Ⅰ. ①电… Ⅱ. ①吴… Ⅲ. ①文艺－电视节目－策划 ②文艺－电视节目制作 Ⅳ. ①G222.3

中国版本图书馆CIP数据核字(2019)第221649号

电视文艺节目策划与创作（修订版）

责任编辑：高　峰
责任印制：冯志强

出版发行：中国戏剧出版社
出 版 人：樊国宾
社　　址：北京市西城区天宁寺前街2号国家音乐产业基地L座
邮　　编：100055
网　　址：www.theatrebook.cn
电　　话：010-63385980（总编室）　010-63381560（发行部）
传　　真：010-63381560

读者服务：010-63381560
邮购地址：北京市西城区天宁寺前街2号国家音乐产业基地L座

印　　刷：北京九州迅驰传媒文化有限公司
开　　本：787mm×1092mm　1/16
印　　张：19.5
字　　数：340千字
版　　次：2019年10月　北京第2版第1次印刷
　　　　　2024年7月　北京第2版第4次印刷
书　　号：ISBN 978-7-104-04886-2
定　　价：88.00元

目 录 CONTENTS

第一章　概述

电视节目是电视传播机构（电视台）组织、传播各种内容的基本形式。我们每天在电视上看到许许多多不同的节目：有国内和世界各地的新闻、时事报道，告诉我们这个世界上每天发生的各种重大或有趣的事情；有体育消息，让我们知晓各种体育比赛的结果，看到紧张激烈的比赛场面；有电视剧，仿佛是人生的一面镜子，看到我们自己的和别人的故事，让人为之动情，为之叹息；有综艺晚会，让我们看到美轮美奂的歌舞表演；有真人秀节目，让我们看到普通人蕴藏的巨大艺术潜力以及明星们在生活中不为人熟知的某些方面；有儿童节目，让孩子们得以找到他们自己的欢乐世界；有天气预报，为我们提供关于气象的消息……电视屏幕上这些不同的节目开阔了我们的视野，丰富了我们的生活，使我们消息灵通、感觉愉悦；让我们与其他人分享快乐和悲伤，从而能够自如地面对我们置身其中的世界。在这些五花八门的电视节目中，有各种艺术门类的表演与展现、有演艺界明星台前幕后的各种花絮、有各种历史知识和经典作品的介绍。这些能让人娱乐的、能给人们带来审美享受的节目，大多数都是文艺节目。简略地说，电视文艺节目，就是以电视手段制作和播出的、能给人带来娱乐和审美愉悦的节目。这类节目，国外一般称为娱乐节目，即英语中的“entertainment program”。

在我国电视界，对于电视文艺节目的定义有广义和狭义两种理解，广义的理解是：电视文艺包括电视剧和其他各类电视文艺节目。狭义的理解是：电视文艺是指除电视剧之外的各类电视文艺节目。

第一节 电视艺术与电视媒体

20 世纪以来，随着电子科技的快速发展，电视成为了人类社会精神生活最重要的物质载体，而伴随电视媒体而生的电视艺术则作为一门年轻的艺术形式登上历史舞台。电视艺术的表现形态是节目。中国与世界主要电视大国一样，基本上都是把电视节目分为四个大类，即新闻、社教、文艺、服务四类节目。这四类节目分别对应了电视的四项功能，即新闻传播、社会教育、文化娱乐和信息服务。作为电视艺术主体的文艺节目既包括通过电视媒体播出的各种传统艺术形式如音乐、舞蹈、戏剧、曲艺、电影等，也包括一些新的、为电视所独有的艺术样式，如综艺晚会、益智节目、真人秀、访谈节目等。由于是伴随电视而生，这些艺术样式不仅具有艺术的一般特性，也具有电视媒体的某些特征性，这些特性同时也是电视文艺节目的特殊魅力所在。

1. 综合性

电视艺术的第一个特性是综合性。就像戏剧和电影一样，电视艺术也是一种综合艺术，电视艺术综合了时间和空间，包含了造型艺术、表演艺术、语言艺术等艺术表现手段。在电视艺术中，不仅有舞蹈的婀娜多姿、音乐的如痴如醉、绘画的描摹刻画、文学的叙事抒情，还有同属于综合艺术的戏剧、电影的视听效果。电视艺术之所以有这种能力，是因为电视不仅能够如戏剧和电影那样广泛吸取其他艺术形式的表现手段，形成属于自己的作品，还能够通过转播的方式，把各种其他样式的艺术作品直接传达给受众。正是这种能力使得电视成为真正的综合艺术，这是电视艺术与戏剧、电影这些传统的综合艺术一个很大的不同之处。从审美意义上说，电视在把那些艺术形式传播给观众的同时，不仅展现了电视艺术的魅力，同时也展现了那些艺术形式独特的魅力。

电视艺术的综合性还表现在对各种艺术表现手段的兼容。这是指电视艺术可以使用所有艺术形式所使用的符号，包括文字、线条、色彩、声音、人的身体和各种形象等作为自己的表现手段，或者直接采用某些艺术形式的表演作为自己节目的元素。比如将戏曲、曲艺、歌舞、相声、音乐、魔术、游戏、口技、小品、马戏等组合在一起成为一个节目，就是俗称的"拼盘"。更重要的是，在电视艺术中，各种艺术形式之间的不可逾越的界限被打破了，原先所有的艺术形式，其形式的特点和界限都非常清楚。如音乐是使用乐器或人声而不是人的肢体，舞蹈是人的肢体活动而不借助于说话。但在电视艺术中，这种界限却被打破了，各种艺术形式被人为地进行嫁接。比如将一段音乐作品与一段舞蹈表演嫁接在一起，形成一个新的节目。如 1991 年的春节联欢晚会中，几乎所有节目都进行了某种程度的混搭，"即把一种样式与另一种样式，一种观念和另一种观念，一种风格同另一种风格有机地融汇起来，形成了一种你中有我、我中有你的多义性现象。传统的那种'纯粹性'节目几乎绝迹。"①

电视艺术的综合性不仅表现在对各种艺术表现手段的综合，还表现在将一切可用的、原来并不属于艺术的表现手段拿来为我所用。比如采访本来是新闻的表现手段，但现在也被用作电视艺术的表现手段，用于文艺晚会和游戏节目等。如春节晚会上请来王光美与她的老师，主持人现场主持婚礼等，都是运用非艺术的手段，来完成电视文艺作品。

电视艺术的综合性使得它拥有了丰富的表现手段，可以表现极为复杂的社会生活内容，因此也就具有巨大的艺术表现力和强烈的情感感染力。正如电视学者陈志昂所说："电视艺术的综合性不仅表现在充分利用现代科技的发展，还表现在它能博采各种艺术之长，并且在内容上和形式上展示出多样性与丰富性。"② 使观众能够得到思想和情感上的极大满足。

① 赵化勇、胡恩主编：《电视文艺文集》，北京出版社 1998 年版，第 332 页。

② 陈志昂主编：《电视艺术通论》，知识出版社 1991 年版，第 74 页。

2. 现场性

电视艺术的第二个特性是现场性。现场性是许多直播节目的显著特点。对于观众来说，观看一场以直播方式传送的电视文艺节目，就仿佛是在演出现场观看一样。尽管现在有许多电视节目并不是以直播的方式现场制作而是以录像的方式预先制作，但许多电视专家和电影理论家都认为，现场性正是电视文艺的特性，并且是电视与电影的最重要的区别之一。因为虽然二者都是以图像的方式逼真地再现外部世界，都是视听艺术，但不同的是，电影永远是过去时态的，而电视中的一切却经常是处于现在时态的。正如美学家鲍列夫所言："电视的一个重要审美特点是叙述'此时此刻的事件'，直接播映采访的现场，把观众带进此时此刻正在发生的历史事件之中，这一事件只有明天才能搬上银幕，后天才能成为文学、戏剧和绘画的主题。"①

电视艺术的现场性来自电视媒体即时传真的基本特性。电视作为媒体，其最大的特点是即时传送现场真实情况的能力，无论是多远的距离，无论是多么宏大复杂的场面，电视都能把现场的情况在同一时刻清楚地送到观众面前。1969 年"阿波罗号"登月，全球有约 7 亿人观看了宇航员阿姆斯特朗在月球表面迈出的第一步，同时听到了他的声音："这对一个人来说只是一小步，而对人类来说却是一大步。"2000 年夏季奥运会在澳大利亚的悉尼开幕，全球有约 37 亿人通过电视屏幕观看了盛大的开幕式表演。电视的即时传真能力使观众有一种强烈的身在现场的感觉，这种感觉也同样体现在电视文艺节目中，这种感觉也是和电视所类似的电影所不具备的。电视艺术的现场性，除了表现为现场转播的各类文艺演出之外，其他节目类型中也同样非常强烈地存在着。比如在综艺节目中、在各种竞赛游戏节目中，节目的编创人员都要给观众明显的现场感觉。除了一些真正的现场直播节目，如湖南卫视的《快乐大本营》和一些省级卫视的真人秀节目外，有些不是真正直播的节目也要掩盖其非直播的面目，而给观众现场的感觉。如中央电视台春节文艺晚会的有些节目其实是事前录制的，但晚会的串联词是按照直播的要求写的，晚会的编

---

① 鲍列夫：《美学》，乔修业等译，中国文联出版公司 1986 年版，第 451 页。

导力图通过串联词造成全部节目都是现场直播的感觉。也就是说，即使不是现场直播，也要让观众相信是在现场。不只晚会是这样，许多电视节目制作特点和手段都与现场性有关。比如内景、多机拍摄、现场切换镜头、同期录音等，这些电视直播文艺节目的基本制作方式，正是现场性制作的标志。

需要说明的是，电视文艺所具有的现场性，并不是真正的现场，而是现场的幻觉。之所以产生这样的幻觉，首先是由于电视媒介所具有的即时传真的特性，为人们提供了让人更觉真实、更像生活原生形态的外部世界幻象。这种虚构现实的特有方式，使观众产生一种身在现场的幻觉。其次，电视艺术的现场性也具有自身的特点。与真正的演出现场比起来，电视艺术中的现场是一种无交流的现场，或者说是单向的现场。正如电影理论家巴赞在谈到关于“在场”的概念时认为：“在小屏幕上，在‘现场’转播时，就时间和空间而言，演员这时也算‘在场’的。但是，演员与观众的相互关系是被切断的，是单向性的。演员只能为观众演出，却看不到观众。”① 尽管许多电视文艺节目在节目中极力要打破这种单向性，造成媒介和受众双向互动的感觉，但是，从目前的电视技术来看，要完全改变这一点还有困难。

3. 参与性

电视艺术与以往艺术门类还有一个不同，许多电视文艺节目是需要观众来共同完成的，这种共同完成的特点就称为参与性。比如主持人、嘉宾和观众在节目现场共同完成的竞赛节目，需要观众作为现场气氛一部分的综艺晚会和情景喜剧，都是电视文艺参与性的表现。观众参与创作的方式又分为节目参与、场内参与和场外参与三种。节目参与是指观众直接参与节目，成为节目的表现元素。像《超级女声》《中国达人秀》这样一些节目，观众作为参赛者直接到台上参与整个节目的现场创作。场内参与是指观众在节目的制作现场，但并不上台直接成为表演者，而是作为后援团、啦啦队或投票人，在现场观众席里参与节目过程。就像《正大综艺》《春节文艺晚会》等节目里的

①[法] 安德烈·巴赞：《电影是什么？》，崔君衍译，中国电影出版社 1987 年版，第 157 页。

观众那样。场外参与是指在节目现场之外，通过热线电话、电子邮件、微博微信等方式，表达自己的意见或想法，并通过现场投票或场外投票参与节目的制作。如中央电视台《非常 6+1》中的砸金蛋环节和春节晚会的节目评选，就给了场外观众参与节目的机会。

大众传媒理论告诉我们，那些包含了必须由观众来完成某些过程的电视节目是最有效的，因为在这种情况下，不仅参与节目制作的观众会把节目看成是“我”的，而且电视机前的观众也会因有了观众的参与而缩短与节目的心理距离。因为这类节目在播放过程中，不断地向观众发出邀请，请观众走进屏幕，进入节目的世界，成为节目的一部分。这类节目往往在节目的开头和结束时，都要反复强调这一点，如向观众提供节目组的电话、地址、电子邮箱，邀请观众来电、来信并参与节目等。这类强调参与性的做法使观众内心对节目产生了相当的亲和力。一般说来，观众参与节目的程度越高，节目也就越有吸引力。

4. 连续性

电视文艺节目与传统的艺术形式明显的不同是它传播的连续性，虽然在戏剧中出现过连演几晚的连台本戏（如《火烧红莲寺》），在电影中出现过多部连续的电影（如《红楼梦》），但在戏剧和电影中，这样的作品只是特殊的个别现象，而在电视文艺节目中，连续播放的电视连续剧、系列节目或栏目则是常态。比如电视连续剧可以长达几十集、上百集，美国的一些肥皂剧甚至长达上千集，而电视文艺栏目可以连续几年甚至十几年不断地播下去。如中央电视台的《正大综艺》、湖南电视台的《快乐大本营》等。正是因为这一点，与其说电视艺术是电影的近亲，不如说它是广播的近亲，因为广播文艺也有系列化和连续性的特点。电视文艺节目的连续性，使电视文艺节目与人们的日常生活更贴近，与人们的生活节奏更相似，这种与人的生命同步的特点，使得电视文艺节目与人的精神发展，与整个社会的精神状态具有更紧密的关系。

电视文艺节目的连续性在节目形态上的表现：首先是节目在每天播放中

是呈连续状态出现的，比如一个文艺节目完了接着播另一个，一个文艺栏目播放结束，另一个实况节目开始等。其次是节目本身是以连续化方式存在的，比如连续播放的电视连续剧，如《过把瘾》《雍正王朝》等，比如日复一日、周复一周甚至年复一年地播放的文艺栏目，如《艺术人生》《梨园春》《远方的家》等，这种不间断地播放的特点一方面使观众形成收视习惯，会不断跟踪收看某一文艺栏目的节目；另一方面也给文艺节目的创作提出了对节目形式和内容不断翻新的要求。因为在这样的传播方式下，如果节目一成不变，观众很容易厌烦。电视文艺不同于一次性的演出，它要长年累月地办下去，只有不断更新内容和变换形式，才能保持观众的新鲜感和节目的生命力。

第二节　电视艺术的审美特征

借助现代电子技术，电视艺术在大众中的普及程度是过去任何艺术形式都无法比拟的，它极大地满足了当代观众的多重审美需求。而电视文艺节目的易得性也改变了人们传统的审美态度，使得人们在进行电视艺术的审美时，不再像对待传统艺术如绘画、戏剧、电影那样正式和兴奋，而呈现出大众文化时代的审美特点。

1. 审美的日常化

在没有电视的年代，对于普通人来说，欣赏艺术是一件不同寻常的事，看一场演出或上电影院看一场电影，都是令人兴奋的事情。有时逢年过节才能看上一场电影，人们的审美态度是严肃的和郑重其事的。而现在，通过电视媒介欣赏艺术，成了寻常之事，任何人只要想看，打开电视机就可以收看文艺节目。通过电视，现代人可以欣赏到任何他想欣赏的艺术。从卡拉扬指挥的世界顶级乐团的交响乐到著名男高音帕瓦罗蒂的演唱，从获奥斯卡奖的美国影片到澳洲的土著艺术，从莎士比亚的戏剧到中国民间小戏。现代人能够欣赏到的文艺节目数量之多，是过去时代的人所无法想象的。现代人一周接受的艺术，可能比过去时代人一年甚至一辈子接受的数量还要多。如此巨大数量的文艺节目，一方面使人的审美需求得到了极大的满足，同时也使人的审美感觉变得麻木。这种麻木，可以使人对身边许多的艺术形象视而不见，比如当我们去超市购物时，可能对食品包装盒上精美的图像毫不注意，我们关心的只是具体的食品，尽管包装盒上印的可能是一幅著名的绘画作品。同样，一些可以使过去时代的人激动不已的审美活动（比如看一场新电影之类），在现代人看来，只不过是普通的日常活动而已。对于现代人，观看电视文艺节目不再有节日般的隆重，而只是一种普通的视听享受而已，就像生活中饮食起居一样普通，只要愿意，随时随地就可以享用它。审美成了日常生活中一种普通的行为，甚至是日常生活的一部分，它并没有任何特殊的意义。正是这些充满于我们生活中的视听形象，使得人们的审美习惯和审美态度发生了改变，形成了日常状态中的审美习惯和生活化的审美态度。

艺术理论家贡布里希曾谈到生活中到处可见视觉形象，“以往任何时代也不像我们今天这样，视觉物像的价值竟至这样如此的低廉。招贴画和广告画，连环漫画和杂志插图，把我们团团围住，纷至沓来。通过电视屏幕和电影，通过邮票和食品包装，现实世界的种种面貌被再现于我们面前”①。作为生活用品的电视机和柴米油盐一样的电视节目使我们置身于一个充满了艺术氛围的环境，数量巨大和随时供给的电视文艺节目使我们在大多数情况下，把接受电视机中的艺术看成是十分自然的事情，我们可以随时打开电视机，一面看报纸一面看电视中的歌舞表演或电视剧，如果不喜欢就用遥控器随意地调换频道，这就造成了审美活动的日常化。审美活动日常化的特点就是，审美活动不再是一种从日常生活中凸显出来的特殊活动，而是作为日常活动的一部分，这正是工业化和技术化的时代所独有的审美方式。

---

① E.H. 贡布里希：《艺术与错觉》，林夕、李本正、范景中译，浙江摄影出版社 1987 年版。

2. 审美的随意性

所有的美学理论，不管传统的经典美学还是现代美学，在关于审美经验的讨论中，大都谈到审美活动需要有一些条件，比如法国现象主义美学家杜夫海纳认为，审美对象只有从日常生活的背景中凸显出来，才能成为其审美对象。也就是说进行审美活动需要有特别的环境，如进行戏剧演出要有剧场，而剧场的封闭性和关闭灯光，正是进行戏剧审美所需要的条件。比如要欣赏美术作品，不仅要有美术馆和展厅，每幅画还要用画框把它与其他画作隔开，有时还得用灯光打在画上，以将其从周围环境中凸显出来。而只有用一些不同于生活场景的环境将艺术品与日常世界隔开，人们才能不受纷繁的日常生活的干扰，才能集中注意力，进入审美的心境并进行审美活动。

为了把审美与日常生活隔离开来，就需要某种仪式，并通过仪式化来营造审美距离，这是传统艺术审美方式的重要特征。中国古代的文人雅士欣赏艺术作品的时候先要净手焚香，西方的绅士贵妇在去歌剧院看戏的时候要穿上晚礼服，都是通过一种仪式化的方式来强调欣赏艺术的不同寻常，都是以一种外在规范来表明审美接受活动的隆重意味。而电视艺术的审美却极少有这样的仪式化色彩，接受电视文艺节目不需要任何特殊的环境，而是在家庭这样普通的、充满世俗生活的环境中进行。因为作为电视艺术载体的电视机只不过是家中一件普通日常生活用品，与其他家用电器和工具一样，是我们生活设施的一部分，它完全融入我们的生活环境，显示不出任何高贵之处或神圣之处。电视机中播放的文艺节目就像家中的自来水和电一样，一打开就会自然流淌。而我们欣赏电视艺术也非常随意，既无须任何心理准备，也极少有仪式化的气氛（偶尔也有一些是仪式化的，如重大节庆的文艺晚会，如香港回归、申奥成功、足球世界杯决赛等）。我们只是在自己的家中，在茶余饭后，为了消遣，随便地看一点文艺节目。这样，审美活动就与人的其他生活内容一样，成为日常行为的一部分，于是审美就从一种聚精会神的、带有某种神圣意义的人类精神活动变成一种日常消费行为，并同生活本身融为一体。

由于完全没有仪式色彩，伴随看电视的其他活动越来越多。现在，人们在看电视的时候很少有聚精会神的，多半是边做其他事情边看电视，比如边吃饭边看电视，边做家务边看电视，边看报纸边看电视，边聊天边看电视等。除此之外，许多人有随意更换电视频道的习惯，甚至整个晚上总是不停地更换电视频道，表现得没有耐心，不能完整地看上一个节目，只是不断地接受令人眼花缭乱的图像。没有人能离开电视，但又没有人认真看电视，这正是电视文艺审美中随意性的一种表现。由于缺乏注意力，审美的效果便大大降低，由于许多人打开电视的目的只是随便看看，并没有把它当回事，因此，观众的审美态度是漫不经心的和被动的。他们对于屏幕中的对象多半是被动地接受，而很少有主动的思索或创造性的读解，往往只是被动地让形象自动地进入眼球，却很少主动地去发现和捕捉形象的意义。普通观众也能在审美过程中凭自己的直觉去感受节目，获得某种浅表的审美愉悦，但由于缺乏思索的深度和形象的联想，缺乏对真正艺术境界的感受和把握，所以很少能让灵魂受到震撼。

第三节　电视文艺节目分类

电视文艺节目究竟包括哪些具体的电视节目？一般说来，传统的艺术形式无论是音乐、舞蹈、绘画、曲艺、戏剧、电影等，只要是以电视节目的形式出现在电视屏幕上的，都可以归入电视文艺节目的范畴。比如一场在剧场里上演的京剧或是一场在音乐厅举行的音乐会，只要电视台进行了实况转播或经过录像和剪辑以后，在电视上播放了，那么它就归入了电视文艺节目的范畴。除了转播那些现成的文艺演出之外，电视台还经常为播出而专门制作一些文艺节目，如大型晚会、综艺节目、文艺专题节目、明星访问节目以及真人秀节目、儿童节目等，这些节目也属于电视文艺节目的范围。总之，电视文艺节目的范围是相当广泛的，它不仅涵盖了到目前为止人类几乎所有的艺术样式，还创造出了许多新的艺术样式。

我国电视的发展，和世界各国一样，都是从广播发展过来的，因而电视在节目分类方面也沿袭了广播的做法。广播中关于文艺节目常用的分类方法是按艺术门类进行分类，即按照广播产生之前已经存在的文学艺术样式来进行归类，将广播中的文艺节目按其不同的内容和形式分别归类为文学节目、戏剧节目、音乐节目、舞蹈节目等。如《中国广播电视学》[①]就将广播文艺节目分为六类，即：音乐节目，包括中外各类声乐、器乐作品、音乐知识和音乐教育专题、歌剧舞剧的音乐录音剪辑、选曲及音乐故事等。戏曲节目，包括京剧、昆剧以及各种地方剧种的传统戏、新编历史剧和现代戏，介绍戏曲知识和评价剧目、音乐唱腔和演员。曲艺节目，即各类说唱艺术，包括大鼓、弹词、琴书、道情、牌子曲、快板、评书、相声、数来宝、大本曲等。文学节目，包括各类文学作品的朗读、播讲和评价。电影和话剧，通常以录音剪辑的形式播出。对于话剧，有时也进行剧场演出实况直播。广播剧。

这种按艺术门类对节目进行分类的方法也为电视所继承，成为目前我国电视文艺节目中惯用的分类方法。如《中国电视文艺学》[②]就将目前中国电视文艺节目分为九大类，即：电视剧，包括电视小品、电视短剧、电视单本剧、电视连续剧和电视系列剧。电视艺术片，包括风光风情艺术片、音乐歌舞艺术片、文献专题艺术片。电视文学节目，包括电视小说、电视散文、电视诗、电视报告文学、电视文学片。电视音乐节目，包括一般性电视音乐节目、电视音乐专题片、电视音乐艺术片。音乐电视。电视戏曲节目。电视舞蹈节目。电视评书节目。电视综艺节目，包括节庆纪念综艺晚会、行业专题综艺晚会。

按艺术门类对电视文艺节目进行分类的思路同样也体现在另外一些电视理论著作和教材中[③]，虽然各书在分类的细目中有些许不同之处，但它们所遵循的分类原则却是共同的。

而评选电视文艺节目的"星光奖"[④]，也大致依据这样的分类方法作为评选类别。以第23届电视文艺"星光奖"为例子，评选范围与类别分别为：电视综艺节目，电视歌舞节目，电视音乐节目，电视戏曲节目，电视文艺专题片，

① 阎玉主编：《中国广播电视学》，中国广播电视出版社1990年版，第218页。

② 张凤铸主编：《中国电视文艺学》，北京广播学院出版社1999年版，第1—7页。

③ 项仲平、王国臣：《广播电视文艺编导》，浙江大学出版社2003年版。

④ 电视文艺"星光奖"是与电视剧"飞天奖"、电影"华表奖"并列的国家广播电影电视总局3个政府大奖之一，评奖对象是除原创电视剧之外的电视艺术门类，目前两年评选一次。

电视纪录片，电视文学节目，少儿电视节目，电视动画片，电视科普节目。

按艺术门类进行分类的好处是保持了分类方法的历史延续性。这种分类方法简明、便捷，能很容易地将节目进行分门别类的归并，便于节目编排中各类节目总体比例的安排，便于节目制作人员的分工，也适合当前电视节目频道化的趋势。但是，从中国电视最近三十多年的实践来看，随着电视文艺创作实践的发展，这种分类方法又有很大的局限性，主要表现在三个方面：第一，这种分类方法难以容纳所有的艺术和亚艺术形式，如绘画、书法、雕塑、建筑、工艺美术、木偶卡通、时装表演、马戏、艺术体操、水上芭蕾、各种民间艺术如剪纸皮影等；第二，随着电视文艺的发展，各种艺术形式之间的渗透融合嫁接现象很多，有些节目很难归入单一的艺术门类；第三，许多新产生的电视艺术样式无法归入传统的艺术门类中，比如音乐电视、真人秀节目、明星访谈节目等。

无论是根据西方媒介研究者的理论研究，还是根据国内国外电视节目的创作实践，将电视节目划分为节目类型更符合电视节目流程化生产的规律，因此，本书在中国电视文艺节目创作实践的基础上，将目前中国电视文艺节目大致分成下列主要类型：

实况转播节目

综艺节目

益智（竞赛）节目

谈话节目

真人秀节目

音乐电视

专题节目

电视散文

儿童节目

动画片

电视纪录片

本书将在这个分类基础上，根据不同节目的类型特点，对中国电视文艺节目的创作规律进行阐发和叙述。

第四节　电视文艺栏目

电视文艺栏目又叫“电视文艺专栏”，是指内容相对集中、节目批量生产、有统一的栏目名称和栏目包装、有固定的时间长度和播出时间、有固定或相对固定主持人的电视文艺节目。

1. 电视文艺栏目的特征

电视文艺栏目是电视文艺节目制作、编排和播出的基本方式。其特点是连续性。不管是每天一期，还是每周一期，双周一期，任何一个电视文艺栏目，都不是一次制作与播出，而是在相当一段时间内连续制作与播出。电视文艺节目的栏目化可以使电视文艺节目更集中、更具有对象性、更方便观众收看，因而传播效果更好。栏目化要求节目编导人员按电视文艺栏目的要求而不是单个电视节目的要求来制作电视节目。电视文艺栏目的制作要求是：同一栏目中所有电视节目都必须针对同一收视对象；每个节目的内容都必须有相关性；所有节目的风格必须相对统一；栏目主持人必须固定或相对固定，而不能随意更换；栏目的时间长度必须固定，不能随便增加或减少。电视文艺节目的栏目化也使栏目的品牌效应日益凸显，一些最著名的电视文艺栏目，已成为各电视台或电视频道的王牌，在观众中享有极高的声誉，如中央电视台的《正大综艺》《旋转舞台》，湖南卫视的《快乐大本营》，河南卫视的《梨园春》等。有些著名的电视文艺栏目更是保持了长达十几年甚至几十年，如美国的《沙利文节目》《奥普拉节目》等。

电视文艺节目的栏目化是电视文艺节目制作与播出正规化的标志，是电视传播发展的必然趋势。但是，日复一日或周复一周的制作和播出，节目内容往往会出现重复，固定栏目很难避免单调感，为了避免因连续性造成的单调感与重复感，就需要在保持栏目稳定性的同时，每期节目都做到有新鲜感。

如采取系列化选题就是避免重复的一种方式。而栏目的定期改版也是许多栏目避免单调、吸引观众的常用办法。所以有些长寿栏目虽然名称不变，可以几年、十几年保持下去，但仔细考察便可以发现，其在制作播出过程中内容和形式一直在变化，以致最初的节目可能到后来已经面目全非。

2. 中国电视文艺栏目的发展

中国电视文艺栏目的雏形出现在20世纪60年代初。当时的北京电视台（现中央电视台前身）曾开设过不固定的文艺专栏。1979年，中央电视台开办了《外国文艺》栏目，节目的主要素材来自国外的电视机构，这是新时期中国电视文艺第一个具有影响的栏目。这个栏目以介绍外国的优秀文艺节目为宗旨，以古典和经典节目为主，兼顾具有代表性的、能为观众所接受的现代文艺节目，这个栏目是当时中国电视观众了解国外艺术作品和民风民情的唯一渠道，因此受到极大的欢迎。

电视文艺节目的栏目化，是由广东电视台率先实现的。1984年，广东电视台宣布自办节目的80%已实现了栏目化。接着，上海电视台开办了具有全国知名度的《大世界》《大舞台》等文艺栏目。随之，电视文艺节目的栏目化进入了快速发展时期。从1984年开始，中央电视台先后推出了以加工和编辑地方电视台选送节目为主的《艺苑之花》，在舞台演出实况录像基础上加以编辑的《音乐与舞蹈》，以曲艺、杂技节目演出录像为主的《曲艺与杂技》，集知识性、欣赏性为一体的《戏曲欣赏》，以精彩节目组合，融歌、舞、乐为一体的《周末文艺》，作为地方电视台窗口的《百花园》，以播出各类演出录像剪辑为主的《电视剧场》以及中央电视台自己编导的小栏目《音乐与格言》《歌与花》等栏目。与此同时，各地方电视台也纷纷开始创办自己的文艺专题节目。1990年以后，电视文艺栏目的创办进入高潮，中央电视台和各地的电视台都涌现了一批受到观众欢迎的著名文艺栏目，如中央电视台的《综艺大观》《正大综艺》《东西南北中》《曲苑杂坛》《九州戏苑》《动画城》《中国音乐电视》，北京电视台的《五彩缤纷》，上海电视台的《智力大冲浪》，上海东方电视台的《快乐大转盘》《共度好时光》，河北电视台的《万花丛》，吉林电视台的《农村俱乐部》，浙江电视台的《文化时空》，湖南卫视的《快乐大本营》，湖北电视台的《欢乐今宵》，山西电视台的《五彩世界》，青海电视台的《河湟风》，西藏电视台的《七色风》，山东电视台的《星光50'》，四川电视台的《综艺大世界》，广东电视台的《艺术太空》，深圳电视台的《欢乐60'》，辽宁电视台的《第二风景线》等。

从1979年到20世纪90年代中期，经过十几年的努力，中国电视界基本完成了文艺栏目的建设，其标志是：文艺节目全部进入栏目，各栏目分工明确，长度统一，风格鲜明，播出时间固定，并出现了一批名牌栏目。栏目化建设的基本完成表明中国电视文艺已经走过其初始期，进入了发展期。

3. 电视文艺栏目的播出

电视文艺栏目一般都是以固定时间段播出的（特别节目除外）。日常的文艺栏目通常分为日播和周播。日播是指每天播出一次的节目，即星期一至星期五（周六周日则另有播出节目表），每天在同一时间段播出同样名称同样长度的节目。而周播是指每周播出一次或两次的节目，即每周固定一天或两天，在同一时间段播出同样名称同样长度的节目。近年来不少电视台也引进了季播的概念，季播是指节目（栏目）按播出季集中播出。

下面是2019年3月中央电视台综艺频道（CCTV-3）一些栏目的播出时间表，我们以此为例来进行说明。

周一 19：30《开门大吉》

周一 21：00《非常6+1》

周一至周五 11：40《文化十分》

周一至周五（不定期播出）《艺览天下》

周一至周五 15：30《天天把歌唱》

周一 15：00《舞蹈世界》

周二 19：30《向幸福出发》

周二 21：00《幸福账单》

周三 19：30《越战越勇》

周三 21：00《我爱满堂彩》

周四 19：30《回声嘹亮》

周四 21：00《综艺盛典》

周五 19：30《黄金 100 秒》

周六 19：30《星光大道》

周一至周日 22：18《综艺喜乐汇》

季播《朗读者》（周六晚 20：00 CCTV-1 播出）

季播《国家宝藏》（周六晚 19：30 CCTV-3 播出）

从这张表可以看出，《文化十分》《艺览天下》《天天把歌唱》《综艺喜乐汇》这几个栏目从周一至周五，每天在固定时间段进行播出，属于日播节目。而《开门大吉》《非常 6+1》《舞蹈世界》《向幸福出发》《幸福账单》《越战越勇》《我爱满堂彩》《回声嘹亮》《综艺盛典》《黄金 100 秒》《星光大道》这些栏目，每周一次，在此周里某一天的固定时间段播出，属于周播节目。而《朗读者》《国家宝藏》则在某一个时间长度内每周一次播出，所以属于季播节目。

第五节 电视文艺编导

电视文艺编导有时也被称为文艺节目导演，直接负责各类文艺栏目、节目的创作。作为节目的主要创作人员，文艺节目编导不仅要在文艺节目的构思、创作、合成、编辑或转播过程中负责各项具体工作，而且要对节目整体艺术效果承担最直接的责任。

1. 电视文艺编导的出现

在中国电视体制中，原先编导的说法并不多见，而是由编辑、导演和导播分担不同的工作，编导的说法之所以被广泛地使用，首先是与电视文艺节目制作方式的变化有关。电视设备和摄录技术的发展给节目制作带来了极大的便利，使得在一些小型纪实节目、文艺专题节目的创作中，一位创作者可以完成过去编辑和导演的全部工作。既然编导合一比编导分开更经济、效率更高，各电视台选择这种编导合一的制作机制也就理所当然。而且由于减少了创作环节，还有利于节目整体风格的统一。

从节目创作特征来说，电视文艺节目，特别是综艺晚会这样的节目，其导演工作与戏剧电影的导演工作有较大的不同。晚会的导演工作主要不是创作一个个具体节目，而首先是挑选节目和组织节目，并按一定的结构将这些现成的节目组合成一台完整的演出。当然晚会导演也会对具体的一个个节目及各有关部门的负责人提出指导性的意见，但其主要任务是对节目作整体把握。在某种程度上，这样的创作有点类似于原来电视编辑工作中的节目编串加工，因此将这样的导演工作称为编辑和导演工作的合一即编导，似乎要比单纯称其为导演更为准确。在电视文艺节目的创作中，有许多节目是以直播方式制作播出的，由于直播不存在单纯的后期制作，而是后期制作和播出同时完成，因此在文艺节目的现场直播中，导演工作与导播工作往往很难分开，为了保证节目质量和播出效果，往往要由导演兼导播。也就是说，作为节目的导演，他不但要负责节目的排练，也要负责节目的制作和播出，这样才能保证文艺节目的现场演出和直播的顺利进行。

因此，随着电视事业的发展和节目制作手段的完善，在过去节目制作中职责不同、区别分明的编辑、导演和导播这三者，就在电视节目，特别是电视文艺节目制作的实践中混合、渗透、结合起来了。由于传统的编辑、导演和导播的名称都无法包容这种职能的混合，于是就出现了编导或文艺编导这样的名称。这一名称既不同于原来电视节目生产中的编辑、导演、导播，又在某种程度上覆盖了这三者的职能，因而也就是传统名称也无法替代的。由此可见，编导或文艺编导的名称是产生于电视节目制作实践的，也是如今被广泛使用的原因。

2. 电视文艺编导的工作特点

文艺节目编导与电影、电视剧导演的工作内容在主要方面是相似的，他们都是一个作品的主要创作者、组织者和领导者，但也有一些不同之处，与电影、电视剧导演相比，电视文艺节目导演的主要不同之处在于节目编导的工作内容更繁杂、更多样。

首先，电影、电视剧导演一般都是在剧本的基础上进行二度创作，即便有一些导演喜欢自己动手写剧本，但编剧和导演的任务是不同的，而且多数情况下是由编剧先出剧本，剧本通过后才能进行导演工作的。而文艺节目编导则不同，首先，文艺节目没有现成剧本。节目编导的选题需要自己在现实生活中发现，当编导发现了有价值的题材后，他要进行先期的采访和策划，形成正式节目选题后向上呈报，然后才能组织拍摄和制作。

其次，电影、电视剧在拍摄时因为人员众多，因而剧组内有分工，有专人进行剧组和制片管理。如制片主任、剧务等，导演可以比较专心于艺术创作，而不用去涉及事务管理方面的内容。而文艺节目编导则不仅要进行艺术创作，很多时候还要承担事务管理的工作和资金管理的事务。这是因为比起电影和电视剧来，文艺节目的长度相对较短，规模较小，因而人手较少，于是节目编导只能事无巨细什么都自己操心，从艺术构思到联系拍摄、从采访对象到挑选节目、从资金管理到吃喝拉撒，都是编导的事。比起电影、电视剧导演，电视文艺节目编导的工作更繁杂。可以这么说，在节目的拍摄中，编导常常与纪录片导演的工作内容相似。

从前期的制订节目提纲、进行节目文案写作，到联系拍摄地点和确定拍摄时间，指挥和组织拍摄，甚至有时自己还要兼主持人进行出镜采访，到后期编辑制作，审查文字，完成画面、声音、特技的制作编辑，最后完成节目，文艺节目编导的工作贯穿了节目的整个过程和全部方面，因而节目编导需要较高的素质和较全面的能力。

3. 电视文艺编导的素质要求

一个文艺节目质量的高低，固然与摄像、剪辑、音乐、美术、特技及各个技术部门有关，但主要是取决于节目编导的水平，因为只有编导才是综合一切创作因素的人。作为电视文艺编导，需要具备三个方面的素质，即政治意识、文艺素质、业务能力。

首先需要具备的是政治意识。在中国，电视既是大众传播媒体，同时又是党的宣传工具，这和国外商业电视网、电视台的情况是有所不同的。中国电视的这种双重性质使得中国电视的从业人员既是公共利益的代表，又是党和政府的喉舌，电视台既是向观众提供信息和娱乐的渠道，又是引导群众，对观众进行政策宣传与社会教育的舆论工具。中国电视的从业人员既要对社会大众负责，反映人民群众的呼声，同时又要在政治上和思想上与党中央保持一致，而不能自行其是。这种双重性就是中国电视机构最重要的特点。在具体节目的运作上也是如此，节目如果没有喉舌意识，制作的节目在审查时就有可能被“枪毙”；而如果没有观众意识，编导们辛辛苦苦制作出来的节目便会无人理睬，最后会因收视率太低而被取消。因此，要学会将宣传与艺术、将党和政府的要求与老百姓的要求结合起来，找到最佳结合点。这也就是电视节目创作中常说的导向性和群众性的结合。这就是节目编导需要具备的最基本的政治意识。

电视文艺编导作为文艺节目的创作者，文艺素质是不可缺少的。文艺素质包括文化素养和艺术素质两个方面，文化方面主要是指对于传统的文史哲和现代的美学、心理学、社会学等文化知识的掌握和理解；艺术素质主要是指艺术感觉的敏锐、艺术鉴赏力的高明和对各种艺术专业知识的掌握。文艺编导虽然不从事文化研究，可是文艺节目是社会文化的一部分，如果编导文化知识贫乏，就无法使作品具有深度和高度，就难以得到普遍的承认。即使有的作品一时偶然成功，也会因缺乏文化根底而很快被淘汰。所以掌握了电视传播的技术手段之后，编导的文化积淀的薄厚、审美意识的优劣就显得极为重要了。如今电视屏幕上许多遭到社会批评的作品，究其失败原因就在于编导缺乏文化意识和人文精神底蕴。在日常的节目制作中，编导遇到的是大量具体的文艺作品，要对作品进行挑选，文艺编导的艺术鉴赏能力和审美判断能力是至关重要的。这就需要熟悉各种艺术形式的作品，大量涉猎具体作品，这样才能做到观千剑而后识器。从我国电视文艺编导的实践来看，如果可能的话，编导最好还能完全进入某一种艺术形式，如音乐、舞蹈、戏剧、曲艺、摄影作品等，并成为这一行业的专家，或至少达到专业水平。这样，在进行节目的挑选时，在与某个艺术门类的专家合作时，才能有共同语言和自己的见解与感受，就不会仅仅提出一些人人会说、永远正确但没有任何实际意义的空话套话，而能够针对作品的实际情况，提出让其他门类的艺术家们感到是内行的意见。

文艺编导还需要电视专业方面的业务能力。业务能力包括文字能力、图像能力和人际关系能力。文字能力是指节目选题报告、晚会台本和专题节目各种各类串联词等；图像能力是指对电视图像的读解能力，包括掌握摄像和剪辑的基本知识技能，能够独立进行画面剪辑，能在后期制作阶段对技术部门提出明确的指导意见等；人际关系能力是指与其他人合作的能力，即编导在节目创作过程中与其他创作者和有关部门人员合作与沟通的能力，以及在排练演播现场对节目的驾驭能力。

思考题

1. 你认为电视文艺节目与电影、戏剧、电视剧在审美上有何不同？
2. 谈谈你对电视节目娱乐性的看法。
3. 电视文艺编导需要哪些基本能力？
4. 喜爱电视文艺节目的观众是否具有某种受众特征，为什么？

本章参考文献

苗棣：《电视艺术哲学》，北京广播学院出版社，1997 年。
张凤铸主编：《中国电视文艺学》，北京广播学院出版社，1999 年。
[英]安德鲁·古德温、[英]加里·惠内尔：《电视的真相》，魏礼庆、王丽丽译，中央编译出版社，2000 年。
关玲：《知行轨迹》，北京广播学院出版社，2000 年。

[法]皮埃尔·布尔迪厄:《关于电视》,许钧译,辽宁教育出版社,2000年。
[英]大卫·麦克奎恩:《理解电视:电视节目的概念与变迁》,苗棣、赵长军、李黎丹译,华夏出版社,2003年。
徐舫州、徐帆编著:《电视节目类型学》,浙江大学出版社,2006年。
郑保章主编:《电视专题与电视栏目》,中国广播电视出版社,2007年。

第二章　转播节目

转播节目，是指电视转播的文艺演出，如戏曲演出、音乐会、舞蹈比赛、广场艺术表演等。转播节目是以演出本身为主体，以电视媒介为传播手段，在不改变现场演出的前提下，通过电波将现场的演出实况完整地传送给观众的一种电视文艺节目样式。转播节目是中国电视文艺早期主要的节目样式，也是保留至今的节目样式。在英美电视界，此类节目一般被称为“TV Commentary”。

第一节　转播节目的发展

中国电视从诞生时起，就将转播舞台上的文艺演出作为自己的节目。1958 年 6 月 26 日，当时的北京电视台（1978 年改名为中央电视台）对残疾军人演出的文艺节目进行了实况转播。从此，对剧场内各种文艺演出的转播成为电视文艺节目的重要来源。当时，北京电视台曾经转播过许多著名京剧表演艺术家的演出，如梅兰芳的《穆桂英挂帅》，尚小云的《双阳公主》，荀慧生的《红娘》，马连良和张君秋的《三娘教子》，张君秋、叶盛兰、杜近芳的《西厢记》，周信芳的《四进士》等。1959 年底，北京电视台的电视节目中，转播剧院的演出已占到节目总数的 30%。“话剧《带枪的人》、京剧《穆桂英挂帅》、歌剧《刘胡兰》、舞剧《海峡》、越剧《红楼梦》以及苏联大剧院在中国的首演开幕式和芭蕾舞片段。‘文革’前社会上有影响的舞台演出，如歌舞剧《刘三姐》、歌剧《洪湖赤卫队》《江姐》、昆曲《十五贯》都先后在电视屏幕上出现。”①

第一次室外文艺演出的实况转播，是1959年10月1日天安门广场国庆10周年文艺晚会，当时北京电视台通过电缆传送转播了这一演出实况。这次转播，开创了中国电视对大型文艺演出活动进行转播的先例，也为后来电视台转播大型文艺演出奠定了基础。

中国第一代电视文艺导演在转播各类文艺演出时，也根据电视转播的特点，对于转播手法进行了不同的尝试。如黄一鹤在导播小提琴协奏曲《梁山伯与祝英台》时，尝试以越剧戏曲影片来配合音乐的行进，邓在军在导播舞蹈《赵青独舞》、杨洁和莫宣在导播甬剧《半把剪刀》、王扶林和金成在导播话剧《七十二家房客》时，都在转播手法上进行了一定程度的创新。

第一次用黑白录像技术播出文艺演出是1964年12月31日。1964年12月，北京电视台用黑白录像机录制了豫剧《朝阳沟》第二场以及京剧《红灯记》中“智斗鸠山”一场，并安排在不久后的元旦晚会中播出。从此，文艺演出节目的转播有了第二种方式，即录制播出的方式。录播方式的出现，改变了过去以直播作为文艺演出单一转播方式的局面。1973年，北京电视台引进了彩色录像设备，借助于新的电视技术，文艺演出节目转播的图像水平有了更大的提高。

在“文化大革命”期间，北京电视台在转播“革命样板戏”时，节目转播人员为了政治上保险，在转播中不出事故，于是在每次转播前，都要写出详尽的转播分镜头台本，让参与转播的人员人手一份。于是，实况转播节目的导演不但练就了一套镜头处理的本事，而且整个转播工作部门也形成了集体协调一致制作的素质，提高了电视文艺转播的水平。

1978年以后，由于专题文艺节目、电视综艺节目、竞赛游戏节目的大量出现，使转播节目在电视文艺节目中的比例逐渐下降，并逐渐取代了实况转播节目在电视文艺节目中的主体地位。但实况转播节目作为电视文艺节目中

① 郭镇之：《中国电视史》，中国人民大学出版社1991年版，第19页。

不可缺少的一部分，依然有其影响，并发挥着其他节目样式所无法代替的作用。作为电视媒体传播功能的体现，实况转播依然与各种优秀的文艺演出有着不可分割的关系，国内外各种优秀的文艺表演，许多外国艺术团体的访华演出，都离不开电视转播，都需要通过实况转播的方式与更广大的观众见面。可以说，电视对演出的转播，已经是当代各种重要的或盛大的文艺演出中不可分割的一部分。环顾世界，凡是有轰动性的文艺演出，必定伴随电视转播活动，如亚运会、奥运会、世界杯的开幕式表演，奥斯卡的颁奖晚会，三大歌王的演唱会等都是这样。对于演出实况的转播，既是电视媒体功能的体现，也是观众以最小的经济代价和时间代价观赏各类优秀文艺演出的重要方式。

第二节　转播节目的特点

转播节目是以电视屏幕作为呈现方式的、一种艺术对另一种艺术的复现。它是通过电子图像和伴音系统对另一种表演艺术的即时传达和完美再现。与其所转播的表演艺术相比，转播节目除了保持演出本来的形态和原来艺术形式的审美特征外，也具有自己的特点，即传真性、同步性、视点的多样性和视觉的强制性。

1. 传真性

传真性是指转播能够将现场的表演真实地再现给观众，使观众能够观赏到和现场同样的演出内容和形式，即同样的人物形象、演出环境、舞台面貌、剧场气氛及演出状态等。从艺术性质上说，演出节目的转播是对原演出状态最接近最逼真的复制，这种复制保留了被转播的艺术门类的全部艺术特征（比如戏剧作为舞台艺术的假定性），也保留了现场演出特有的魅力（比如芭蕾舞剧的现场表演）。转播节目的传真性，要求导播人员在进行节目转播时，必须保持客观的态度，保持演出的原来状态，尽量不用电视手段去干扰或干预现场表演，而只是以一个旁观者和记录者的立场，对现场演出状态做真实的记录和传播。比如对于现场出现的事故或不足，不要因为追求转播节目的完美而损害真实，最好的办法是不要去强调它，但一定要反映它，否则就会损害现场的真实性。转播节目的传真性突破了空间对表演艺术的制约，使普通人通过电视的实况转播，有机会看到精美的、高质量的演出。

2. 同步性

在艺术史上，能够完全真实再现对象的艺术品种是一些建立在科学技术基础上的艺术形式，如摄影、电影与电视。在这些艺术形式中，能够在演出的同时就将演出实况传播给观众的只有电视（随着互联网技术的发展，现在又增加了网络）。这种能够同步传送现场实况的能力，就是转播节目的同步性。这就意味着，从接收的时间上说，现场演出 - 电视传播 - 观众接收几乎是同一时间，观众在电视屏幕上看到的表演正是现场同一时刻正在进行的表演。演出和收看的时间距离消失了，观众和现场的空间距离似乎也不存在了。这意味着观众无论在世界哪一个角落，通过电视的同步转播，他都能够在演出进行的同时看到演出，这种同步性使得屏幕前的观众具有强烈的现场感，获得了当事人或目击者的地位。即时传送这点上，电视的能力是无与伦比的。如果说电影也能够有真实再现能力的话（比如舞台纪录片），那么，同步性则是电影所不具备而唯有电视具备的能力。对演出现场进行即时传播的方式又称现场直播。比如 2008 年北京奥运会开幕式演出的现场直播，就让全国各地的观众在同一时间目睹了北京鸟巢的现场观众看到的情景，见证了这一激动人心的时刻，这正是电视转播同步性功能的体现。

3. 视点的多样性

与现场演出相比，演出实况的转播带来了视点的变化，使观众的接受在视觉上变得丰富起来。在现场观看演出，任何观众的观看角度都是不变的，观看距离也是固定的，即使是最好的座位也不例外。而演出的实况转播由于有多台摄像机布置在不同的机位，从不同的角度进行拍摄，导播台上的导演又可以从许多不同的画面中进行选择，有可能将最好的、最有表现力的画面切换给观众，因此电视机前的观众有时可以看到许多现场观众看不到的东西。特别是有些重要的段落，编导可以通过特写镜头，让电视机前的观众近距离地观看到最有感染力的部分，或者是最有魅力的表情。因此，有时在家里的电视机前，反而比现场看得更清楚、更仔细，看到的东西更多。比如转播音乐会时，由于指挥是背对观众的，即使是最好的座位也看不到乐队指挥在指挥演奏时的神情，但在电视机前，由于在舞台后方设有摄像机。因此，通过切换的镜头，观众就可以看到乐队指挥的面部表情，或通过对首席演奏员动作的特写，人们可以看到首席小提琴手绝妙的演奏动作。同时，由于在演出现场经常会使用悬挂在摇臂上的摄像机进行拍摄，使得本来不运动或动感不大的演出画面具有了较强的动态，特别是演唱和舞蹈之类的节目，通过摇臂摄像机的拍摄，大大强化了表演者的动感，增添了演出画面的转播魅力。

4. 视觉的强制性

转播节目不同于观众自己在剧场里看演出。由于演出实况的转播是经过电视切换实现的，是必须通过电视编导的处理才能观看的演出，因此观众在视觉上的自由就受到了限制。在剧场观看时，观众的眼睛是不受限制的，想看哪里就看哪里；而在观看演出转播节目时，观众的眼睛是受限制的，导播台上的编导给观众看什么观众就只能看什么。因此，转播也意味着观众是通过编导的眼睛在观看，观赏选择不是观众自己做出的，而是编导做了选择以后观众被动接受的。有时，观众想看的部分，编导没有给出镜头，而观众不想看的部分，编导却切出了镜头，这种观看上的强制性，常常令有些高水平的观众不满，他们认为看实况转播的演出远没有自己上剧场看更过瘾，效果更好。一般说来，情况确实是这样，因为电视台的文艺导播对戏剧、音乐、舞蹈等的理解水平总是低于这些领域里的专家，比如音乐界的许多专家就指出，要听最好的音乐演出必须上音乐厅，就是这个原因。但是，也应该看到，演出转播主要面对的观众还是普通老百姓，他们对节目的观赏需求首先是能够看到真实的演出。至于转播水平的高低，由于大部分观众并不是专家，因而他们对艺术的鉴赏能力、敏感程度都没有专家那么高，所以尽管许多演出的转播并不能令专家满意，但它还是能够满足大多数观众的观赏需要的。

第三节　电视转播对传统艺术的影响

电视对文艺表演进行转播，对于音乐、舞蹈、戏剧这些传统的表演艺术产生了深刻的影响。电视转播不仅影响着传统艺术的传播，同时也对传统艺术的传播、创作和保存等诸方面有着直接影响。

1. 对传播方式的影响

无论是戏剧、音乐、曲艺杂技等，都有属于自己的传播方式和传播空间，如剧院、广场、书场或其他演出场所等，当人们需要欣赏艺术的时候，他们会去剧场、影剧院等场所。而现在，通过电视转播，文艺演出直接进入了家庭，使得观众不出门就有可能进行艺术欣赏，于是许多观众就不再去剧场，而是待在自己家里的沙发上收看电视里转播的演出。这样，传统的集体观赏变成了现在的个人观赏，传统的在特定场所聚精会神地观看表演变成了在家里漫不经心地观看，欣赏的个人性和随意性成了电视转播演出的观看特点，虽然这种欣赏方式并不利于艺术欣赏，但由于电视的方便和快捷，绝大部分的观众还是选择了这种观赏方式。或者说，由于传统传播方式的局限性，绝大部分观众没有可能到剧场去观赏表演，为了也能欣赏到精彩的文艺表演，他们不得不选择通过电视转播的方式来观看他们想要欣赏的文艺表演。

另外，通过电视转播演出，电视传播的艺术表演成百上千倍地扩大了观众的数量。传统艺术的演出场所主要是剧场、礼堂、音乐厅，稍大一点是露天舞台和体育馆，从这些场所能容纳的观众数量来看，一个剧场，一般只能容纳数千人，而露天舞台或体育馆，最多也只能容纳几万人，这样的数量与电视观众的数量显然不在一个数量级上。因为电视可以直接进入每一个家庭，同时也不受场所空间和座位的限制，不受交通状况、天气情况、门票价格等因素的影响，所以一次收看演出实况电视转播节目的观众，有可能达到几十万、几百万、上千万人甚至几亿、几十亿人，这样的观众数量是剧场的直接传播方式所不可能具有的。由于电视机的普及和大众传媒的发展，当代几乎所有优秀的文艺演出都会被电视所报道、所转播，不论是高雅的古典音乐、歌剧、芭蕾舞还是通俗的歌星演唱会。因此，虽然观众仍然可以选择到剧场或音乐厅去观赏演出，也有一部分观众更愿意在传统的演出场所观赏表演，但无疑绝大多数观众是通过电视屏幕来观看演出的。虽然电视转播并没有取消或代替传统艺术演出的传播方式，而只是在保留传统艺术原有传播方式的同时，增加了一种新的传播方式，但由于选择这种方式进行观赏的观众数量巨大。因此，我们不得不看到这样一个事实，即通过屏幕观看文艺表演是当代绝大部分观众观赏艺术表演的主要方式，而通过剧场观看文艺表演则成了这一方式的补充。

2. 对创作的影响

由于当代观众是通过电视转播的方式观看演出，因此，作为这些传统艺术门类的创作者和表演者，除了要适应剧场的观众以外，还必须要适应电视机前的观众，或者说，主要是要适应电视机前的观众。电视转播不仅改变着传统艺术的传播方式，同时也影响了这些艺术的创作方式，或者说，是电视的媒体特点迫使传统艺术门类的创作适应电视的传播方式。电视转播对于传统艺术创作的影响主要表现在这样几个方面：

（1）表演的一次性

传统表演艺术的传播是依靠演员的多次演出来进行传播的。演员通过反复表演同样的作品，一方面将作品传播给观众；另一方面演员通过反复的表演也不断会有新的创造，使演员在具体作品中的表演趋向成熟与完美。许多演员都有这样的体会，随着表演状态的不同，在每一次的演出中，都会有一些细微的不同，正是这细微的不同意味着演员的每一次演出都是新的，都是原作。而电视转播则不然，因为电视只是将演员的某一次表演记录下来并转播出去，在通常情况下，不可能对演员的每一次表演都进行重复的记录与转播，因此这一次表演就代表了演员表演的全部。于是无论从电视转播的角度还是从反映演员表演艺术水准的角度来说，都要求演员在这一次演出中拿出最高的水平来。许多演出在实况转播后还会以录像的方式进行重播，但无论多少次重播，它和转播时演出的状态都是一模一样、毫无区别的，因为重播的正是首次记录的拷贝。

传统艺术的表演具有多次性的特点，电视转播的表演则具有一次性的特点，二者的不同体现在创作频率上就是“四长四短”。在电视没有进入传统艺术的传播方式时，传统艺术的创作时间长，可以用相当多的时间慢慢打磨一个作品，做到精雕细琢，如过去戏剧界就有“十年磨一戏”的说法，说的就是将一出戏进行反复的修改，最后才定型。而电视的特点则是一次播出后立即要求有新作品，一般不会采取将作品反复修改反复播出以打磨精品的做法。在电视没有进入传统艺术的传播方式时，作品的表演时间长，一个艺术团体一旦创作出新的作品，就可以用它演出很长时间。在没有电视以前，一个戏班子用几个作品在全国巡回演出若干年是寻常之事，有时甚至不是一出戏，只要是戏中的一个部分，甚至是一个动作都可以作为维持演出的手段，所谓“一招鲜，吃遍天”，说的就是这层意思。而电视转播则大大减少了新作品反复表演的时间，一出新节目、新戏，只要经过电视转播，立即成为过去，立即失去新鲜感，使剧团不可能在电视转播后再通过巡回演出的方式进行反复演出。过去在戏曲界经常用“移植”或改编别的剧种剧目的方法进行演出，在电视转播出现后，以这种方式进行创作和表演的舞台效果大大减弱。由于电视转播，过去戏曲界常见的刻模子（即偷学照搬高水平剧团的演出）的现象也大为减少，这都是作品表演时间短所造成的。在电视没有进入传统艺术的传播方式时，一个艺人要靠大量巡回演出许多年才能慢慢成名，而通过电视转播，现在一个演员成名的时间大大缩短，一个青年演员通过一次电视转播的演出立即成名的现象司空见惯。在电视没有进入传统艺术的传播方式时，一个演员维持其知名度的时间较长。比如过去一个表演艺术家一旦成名，即使若干年内不再出新节目，靠演老节目，甚至较长时间不演出，其知名度也可以维持许多年。而电视转播则由于不断推出新人，一个演员如果没有新节目不断创作出来，如果不经常在电视上露面，很快就会被人忘记，维持知名度的时间很短。

（2）更注重表演和形象

比起传统艺术演出，由于可以运用各种电视艺术手段，电视转播的演出更注重表演，更注重演员的形象，这就对那些主要依靠声音传播的艺术形式造成了某种压力和冲击。如评书，过去在书场里说，或是到广播电台说，都是着重在演员的“说”上，而电视评书的出现，则比过去更强调表演。相声也是如此，由于相声的主要表现手段是语言，称为“说”相声，两个相声演员穿着长大褂站在台上，一个是捧哏，一个是逗哏。虽然相声的手段有说学逗唱，但其艺术效果主要还是依靠语言来产生，不像戏曲那样可以运用“手眼身法步”等多种表演手段。然而，电视转播却要求相声演员除了传统的语言能力之外，还要具备一些表演能力，于是在传统相声遇到危机的时候，小品却大受欢迎，其原因正是电视所要求的表演性使主要靠说的相声竞争不过又说又演的喜剧小品，因此在某种意义上说，喜剧小品就成了使相声没落的原因之一。

电视转播的演出也比舞台表演更注重表演者本人的形象。在传统的艺术表演中，有些艺术门类是非常注重演员舞台形象的，如戏曲。但也有些艺术门类主要不是以演员本人的形象而是以其艺术才能获取认可的，如歌唱、舞蹈等。这些艺术门类虽然也对演员形象有一定的要求，但歌唱主要是要求演员的歌声要动听，而舞蹈主要是要求演员的舞姿要优美，至于演员本人的形象则是第二位的，只要不丑陋，都可以被观众接受。比如有些歌唱家，特别是演唱歌剧的男高音女高音歌唱家，有许多身材比较肥胖，形象也不能称为靓丽，但由于具有天生的一副好嗓子，照样可以成为著名歌唱家。但电视转播的演出则要比舞台演出更注重演员本人的形象，因为观众通过电视屏幕不但能够欣赏演员的歌声和舞姿，同时也能非常清楚地看到他们的形象。因此，那些长得漂亮的演员无疑要比形象一般的演员更具优势，比如所谓的偶像派歌手就是一例。

3. 改变保存手段

电视转播，特别是录播也改变了表演艺术的保存手段。任何艺术都要靠积累才能发展，都要靠一代代人的传承才能成熟并走向巅峰。传统艺术的保存手段有三种：一是口口相传，这是一种最古老的文化传递方式。在民间，许多艺术都是以这种方式通过师傅传给弟子的途径传承下来，如各民族的口传史诗和各地的民间艺术。二是以文字的方式进行传递。用文字相传要比口传失误少，而且不受人生命的限制，所以用文字传递可以延续很长时间，甚至在失传多年以后还可以因典籍的重新发现复活。但文字传递的不足是无法直接传递形象，只能通过文字间接地去描述形象，这对于艺术，特别是表演艺术，其保存和传递的实际效果是十分有限的。如说书史上的说书艺人柳敬亭，与关汉卿同时期的演员珠帘秀，今天我们只能从有限的文字记载中，间接地去猜测和想象这些前辈艺人的风采。三是以图画的方式，即通过绘画和某些符号进行传递。如《韩熙载夜宴图》中描绘的伎乐表演，如舞蹈界用拉班舞谱记录的舞蹈动作等。图画可以弥补文字形象性不足的缺陷，但图画本身是静止的，不能表现人物的运动，同时图画也无法传递声音，即使是乐谱，也无法得知演奏或演唱的现场效果。因此，在电影出现以前，许多传统艺术形式是很难保存的，即使保存和传递，也由于口口相传，师傅一招一式地教徒弟，效果是有限的。更有许多表演绝技，实际上完全和表演者的生命联系在一起，一旦本人去世很有可能就此失传。随着电视的问世，电视取代电影成为保存艺术资料的有力中介。由摄像机记录的各种艺术表演的录像资料，既为节目的重复播出提供了基础，也为后人学习继承艺术表演的精华提供了摹本，同时为有关研究人员的研究提供了宝贵的资料。如中央电视台在 1974 年至 1976 年间，利用彩色录像设备录制了一批传统戏曲和曲艺节目。其中有著名京剧演员李和曾、赵燕侠、谭元寿，著名粤剧演员红线女和著名相声演员侯宝林、郭启儒等表演的传统剧目或段子以及花鼓戏、汉剧、晋剧、河北梆子等地方剧种的一些传统剧目。当年进行表演的许多艺术家，今天有许多已经不在人世，正因为有了电视图像，今天我们才能看到这些艺术前辈的精湛表演。所以从 1996 年开始，中央电视台又录制了《中国戏曲精品库》，就是把当代著名艺术演唱家的代表作用录像形式录制下来，这些录像资料必将成为后人的宝贵财富。

第四节　转播方式

转播方式有两种，直播与录播。

1. 直播

直播又称现场直播或实况转播，英文是“Live”。是指在节目演出现场对表演不经过录像阶段而直接播出的方式。它可以使远离演出场所的观众在同一时间里看到与现场相同的表演，因而具有时效性强、真实性强、现场感强的特点，有利于观众与演出直接的感情交流。现场直播的这些特点是报纸、杂志、广播等传播媒介无法比拟的。因此，现场直播是一种最能体现电视传播特性的播出方式，是最吸引观众、最具有观赏魅力的一种播出方式。

直播通常用于时效性较强、规模较大、不可重复的演出，如大型庆典性文艺晚会、广场艺术、大型演唱会等，比如奥林匹克运动会，足球世界杯，全国运动会的开幕式、闭幕式上的文艺表演，如戏剧节、电影节、电视节以及服装节、花卉节等节庆活动的大型广场文艺表演，如古典音乐的新年音乐会、摇滚乐、通俗音乐的歌星演唱会等，都是采取现场直播的转播方式。特别是那些无法重复的演出，只能以直播作为电视转播的唯一方式。

正是因为看到了直播的这种魅力，不仅是大型晚会和舞台上的音乐戏剧表演采用直播方式，更有许多电视台的综艺节目也舍录播的方便不用，而采用现场直播的方式制作和播出节目。如中央电视台的春节联欢晚会，多年来一直是坚持直播方式，尽管直播对于节目编导人员和各工作部门的压力非常大，但为了取得最好的现场效果，晚会的制作者们还是不改初衷。

对于观众，现场直播无疑是极有魅力的，但现场直播对于转播者压力极大。与录播不同，现场直播的画面拍摄、镜头切换、声音还原都必须在演出现场与表演同步完成。因而对于转播人员的能力是一个极大的考验，而且直播中一旦出错就无法再进行弥补。因此，在进行直播的时候，转播人员事先必须做好充分准备，保证万无一失，在转播过程中做到全神贯注，随时准备应付突然出现的意外情况。

2. 录播

录播即录制播出，是指在剧场或演播室对演出节目进行录像，经剪辑后播出的方式。录播有三种情况：一是在现场直播的同时也进行录像，事后将录制的节目带经过剪辑再行播出，即重播。二是在演出现场进行录像，然后对录像进行后期制作，如剔除现场操作失误的部分，删去与整体演出关系不大的部分，如幕与幕之间的连接、幕间休息等，这种方式又称为实况录像。以上这两种情况一般都不打断表演，而且一般是多机拍摄。三是在电视台的演播室或其他特定的演出场合，按照电视的规律，在充分保证电视对声音、灯光、色调、镜头等要求的基础上，由录制演出的编导按照表演的内容和画面蒙太奇的规律，重新设计分镜头。表演者则按照电视录制的要求而不是舞台表演的要求，在一定时间内反复表演以供编导挑选。而编导则可以随时打断表演，并要求表演者再来一次，在多次记录表演的基础上，编导最后挑选最佳表演状态片段进行组接和加工（类似拍电影或电视剧的方式）后播出。这种为电视录制而进行专门演出的制作方式称为"专场录像"，也属于录播的一种。较之现场直播、实况录像而言，专场录像的生产程序更复杂，编导意图更明显，艺术效果更突出、更丰满，更有保存价值和艺术欣赏价值。一般经常用于对那些表演艺术大师的表演和传统的保留剧目、经典剧目做抢救性的录像。如果一出戏剧剧目确有保留价值，而实况录像又不能充分将它按照电视加工的要求完美地录制下来，这时就可以考虑专场录像。

早期电视转播的文艺演出都是实况转播，自从录像技术问世后，在转播文艺表演时，录播方式才成为一种经常运用的转播方式。录播适用于各类艺术表演转播，只要是对时效性、现场感这些因素不特别强调的艺术表演，都可以采用录播方式，如各地电视台中转播的各种戏曲表演、话剧演出、舞剧以及一般的音乐会等。

录播的特点是不受时间的限制，可以对要播出的表演内容进行充分的后期加工，对于演出现场出现的差错可以在后期剪辑中进行修补，如抹去现场录制时出现的失误，掩盖表演中的缺陷，删除不必要的部分等。因此录播对于编导人员来说保险系数较大，制作压力较小，录制效果可以比较完美。但录播的最大问题是缺少现场感，比直播沉闷，观众的观赏效果不像看现场演出，而像观看舞台演出的纪录片。

第五节　现场转播的要求

转播就是将演出的实况通过电视媒介传送给电视机前的观众。现场转播要求转播人员和参与转播工作的所有部门，在现场演出的基础上，通过创造性的镜头切换，将表演内容真实、完整、流畅、传神地再现给观众。

1. 转播原则

转播的基本要求是忠实传达原作的神韵，同时再现演出的最佳屏幕效果。

在演出实况的转播中，电视只是媒介和工具，并不是现场的主体，现场的表演才是节目的真正主体，而电视是依附于演出的。电视的作用是现场记录和播出，电视编导对现场表演没有支配权，也不能对演出做任何实质性的改变。因此，电视编导在进行演出转播时，必须保持演出的原汁原味，任何电视手段的运用，都不能脱离原有作品，而只能在客观记录的前提下，通过视听语言的运用，隐蔽地表达自己的主观感受。电视编导在实况演出转播中的创作，主要是运用调机（摄像机机位调度、拍摄角度变化、景别的选择）和切换（选择画面、运用特技）来完成对现场演出的电视加工和传播。

电视编导不干预、不改变演出本身，并不意味着电视编导对演出转播毫无创造。导播在忠实传达演出的同时，也有必要利用电视媒介手段对演出中某些不够完美的部分进行弥补。在实际演出中，特别是一些大型电视晚会的现场，会有许多不尽如人意之处：如节目的转场过程和工作人员的工作情景、摄像机机位的挪动、装置布景的改变、演员的上下场、现场导演的指挥调度等，会出现散乱、冷清甚至出错的场面。这一切，作为现场导播人员，就应当给予适当的美化，即通过镜头的选择过滤那些不完美的场面。导播工作必须以电视机前的观众视点为创作的根本出发点，把他们作为节目内容的真正展示对象。当然，追求最佳屏幕效果不等于任意美化现场，如果演出现场出现了某些不应当隐瞒的情况，那就应当让屏幕前的观众有了解的权利。

2. 播前准备

无论是直播或是录播，导播在进行转播前的准备工作时，首先是要熟悉作品。熟悉作品首先是熟悉原作的基础，即一度创作，如剧本、曲谱或其他文字材料。了解作品的内容、主题、风格等，包括作品的创作者，如编剧、作曲、导演、编舞、指挥家、主要演员等。熟悉原作不仅是剧本或曲谱，更重要的是要熟悉二度创作，熟悉具体的表演者，他的个人气质、表演风格和演出团体的情况。因为不同的艺术家和艺术团体在表演同样作品的时候会有不同的处理，会表现不同的风格，同样是演奏贝多芬的交响乐，卡拉扬和小泽征尔的指挥就不同。舞剧《胡桃夹子》是一出风行世界的舞剧，此剧由柴可夫斯基作曲，马吕斯·彼季帕和伊万诺夫编导，但《胡桃夹子》在世界各国演出时版本都有不同，很少有全部按柴可夫斯基音乐总谱上演的。民族艺术也是如此，同样的剧目，不同的艺术表演家在唱腔、道白和武打上都会有所不同，如同样一出戏里的同一段八句唱腔，有的流派演唱时是原封不动唱八句，有的流派就减两句只唱六句，有的增两句唱成十句；同一出戏的念白，也会略有繁简，特别是丑角，常有插科打诨、现场抓哏的表演；武打也是这样，如传统京剧《长坂坡》中，赵子龙在长坂坡大战曹营八大将那场戏，武打场面很是激烈火爆，著名京剧武生高盛麟在演这场戏时套路多、武打时间长，而著名京剧武生厉慧良在演这出戏时，就删减了许多武打套路，开打的时间相对短。所以，编导必须在熟悉作品的基础上，才能合理安排摄像机的位置，形成画面转换的节奏，表现演出的整体气氛。

转播是编导在用自己的眼光和对艺术的体验引导观众观看表演。一般说来，一个电视编导或导播人员不可能是所有艺术门类的专家，因此，要真正深入了解作品，除了了解有关演出的资料之外，除了在现场观看演出或看排练（这是非常重要的，在转播前导播要尽可能创造条件实地看演出或看排练）之外，还要利用一切机会向有关专家请教，在很短时间里尽可能充实自己，使自己在某种程度上能够变成一个内行。这样，编导在转播时就不仅仅是引导观众看个热闹，而且也能引导观众、至少是一部分观众看门道了。如舞剧《丝路花雨》中的华彩段落是英娘的“反弹琵琶伎乐天”，这段独舞的动作由缓趋急，幅度由小到大，从不同的角度、以不同的节奏，细腻地表现了英娘善良天真的性格。这段舞还是全剧的“眼”之所在，体现了敦煌舞特有的“S”形曲线运动规律，导播只有掌握了敦煌舞的这个特点，才能在转播中突出强调它，引导观众欣赏这个舞剧的精华所在。如果编导对演出内容了如指掌，对演出的进展就必定有所预见，就能在实际转播时清楚地知道下一个应该切换的画面是什么，就可以提前通知摄像，并在预看监视器上监看将要播出的画面，顺利地将应当播出的画面播送出去。

转播，特别是现场直播，还需要各工作部门的紧密配合，如摄像师、灯光师、音响师、各技术部门、字幕、视频、音频、解说、转播车工作人员等，在进行转播前，导播要让各部门了解转播的要求，做好转播的技术保障工作。如 2003 年中央电视台转播美国奥斯卡颁奖活动前就做了充分的准备。节目组在翻译环节，就设了 6 个小组，整个过程先由外国专家准确地听下来，然后再准确地翻译出来。另外还有一个资料组负责对资料进行解释和核实，因为外国专家不是电影方面的专家，不能要求他们非常清楚背景知识，由于涉及大量片名和电影方面的背景知识，资料组的任务就是对翻译内容进行审核把关。整个转播过程分为四大环节：一是信号接收——接收购买的电视信号，制作成待加工的节目带；二是画面处理——为画面加 CCTV 台标、字幕及广告等；三是翻译——6 个翻译小组，每组有外国专家、中国翻译、技术人员、速记各一名，各处理 30 分钟节目，三个半小时内完成全部翻译；四是配音——

配音演员拿到翻译稿后为节目配音，同时完成政审。

3. 景别运用

镜头景别是指被摄主体和画面形象在电视屏幕中的大小和范围。决定景别的因素有两个方面：一是摄像机与被摄体的实际距离，二是镜头的焦距长短。在转播中，不同的景别有着各自的意义和作用，景别既是导播观察演出的方式，也是导播情感和意图的体现，因此，选择镜头的景别就是确定导播的视点和态度。

（1）全景

全景在转播中起着交代环境、烘托气氛、过渡镜头、连接情绪、创造和拓展空间的作用。全景是文艺晚会的电视转播中运用较多的镜头，许多大型文艺晚会和广场艺术的场面，都需要用全景镜头才能有力地表现全场的气氛。全景一般用于节目的开头、结尾和中间表现演出的整体场面部分。在节目转播中，为了交代环境和烘托气氛，也经常要用到全景镜头。但是，全景镜头运用不当，也会冲淡画面的表现力。比如那些以独唱、独舞、独奏为主要表现形式的节目，要适度控制全景镜头的使用。

（2）中景

在各类电视节目中，中景都是最常用的景别。中景作用一是表现上半身的动作，特别是手和手臂的动作；二是作为过渡镜头，在画面切换中起衔接作用，使不同视距的景别变换显得自然流畅。在实况转播中，中景一般在器乐作品中运用较多，如钢琴演奏、管乐、大提琴演奏、打击乐等。在话剧、戏曲中常用于对话、演唱等场面，在曲艺节目中也很常用。在声乐和舞蹈节目中，特别是二重唱、三重唱或双人舞表演情绪化时，中景镜头如果运用得好，可以造成相当流畅的视觉效果。

（3）近景

近景常用来细致地表现人物的精神面貌。由于缩短了观众与表演者的距离，容易使观众产生视觉和情感的交流感。近景是各类电视节目中最有电视特点的镜头。在各种演出实况的转播和综艺晚会的直播中，近景也是运用最多的镜头。近景一般常被用来介绍节目中的主要角色。由于画面的表现细节被放大，人物的表情暴露无遗，所以多用以展现人物的内心活动和有难度的动作，如话剧、戏曲中的重场戏，重要的段落，器乐演奏、声乐歌唱中那些有难度、有特殊效果、感情色彩比较浓的部分，往往通过近景的运用，缩短视距，让观众走入表演者的空间，用心灵去感受人物内心，感受音乐。即所谓远观其势，近观其态。但是运用近景要注意把握尺度，不宜过长，以免观众产生视觉疲劳。

（4）特写镜头

特写可以起到放大对象、强化内容、突出细节的作用，由于排除了一切多余的形象，因此可以达到深入对象本质的目的。当特写用于表现人的脸部时，它可以反映人的面部表情和眼神的变化，使人有进入对象内心、感受对象心灵的感觉。因此特写是一种强调的表示，类似于语言文字中带有强调性质的“单词”“短句”和“惊叹号”，对于观众有很强的视觉冲击力，是节目转播中重要的表现手段之一。特写主要用于表现作品的高潮和顶点，因此，只有在最重要、最应突出的部分，导播才运用特写镜头加以强调。如邓在军在导播 1988 年春节晚会的合唱《分手时再敬一个军礼》时，在演唱的最后对合唱队员和领唱者寇家伦眼睛的特写，就很有力量。但特写镜头不可滥用，否则会模糊节目的主要部分，反而削弱特写镜头的表现力。

4. 画面转换

在转播中，演出现场会有数架、数十架甚至几十架摄像机分布在不同位置，这些摄像机从不同的角度、以不同的景别摄取演出的画面，但导播只能将其中某一台摄像机拍摄的画面切换出去。因此坐在导播台上的导播要随时随地选择画面并对画面进行组接，镜头切换就是通过不断分切和组合镜头，造成连续的、不间断的画面，就像现场观众用自己的眼睛在不停地观看演出一样。因此，画面切换的最高境界，就是让观众感觉不到镜头的存在。

（1）画面转换依据

那么根据什么原则来确定视点、选择画面、切换镜头呢？最主要是的两点，一是观众的观赏心理；二是视觉艺术的规律。

镜头的视点表面看是导播的视点，但实际上应当是观众的视点，作为转播导演必须始终记住：镜头就是观众的视点。因此导播心里要有观众，要把自己的心态调整到一个普通观众的心态，要了解和掌握观众心理，知道大部分观众想看什么，要了解什么，导播的画面就要跟到哪里，这是镜头切换的依据。

观众的观赏心理首先与内容有关，在叙事性艺术中，观众的心理受故事情节的影响，以情节的发展变化作为画面切换的依据，比如一段对话结束，新的人物要上场，或者是人物在思想斗争以后做出决定，或者是情节出现意外的突转，这时候就要进行画面转换。在非叙事性艺术中，观众的观赏心理与情绪和动作有关，往往是以情绪和动作的起伏变化作为切换的依据，比如旋律的变化、新乐器的加入、动作节奏的改变等都会要求画面的变换。除此之外，观众还有看得更多更仔细的心理，电视转播可以利用多机拍摄的优势，通过画面切换给观众提供更多的视点，以更丰富观众的观赏内容，满足观众的心理需求。但是在提供多视点的同时，也要注意不要用无目的的快速转换造成观众的视觉疲劳，要知道令人眼花缭乱的切换有时并不利于观众欣赏演出，真正老练的导播是懂得表演的主体才是决定因素的道理。

视觉艺术规律是要求画面的总体结构要完整，画面与画面的连接有逻辑、有重点、有节奏变化，这样观众才能欣赏到一个完整统一的作品而不是一堆散乱的画面。总体完整是指要通过转播再现演出的整体状况，而不是部分内容。如音乐会除了表现指挥、表现首席小提琴和钢琴等重要的演奏之外，对于整个乐队哪怕不重要的成员也要给以一定的画面，这样才能表现出一个完整的演出阵容。比如戏剧演出不仅是一两个主要人物的戏，也包括龙套演员，包括有些次要的过场戏，以至文武场等所有构成演出不可缺少的部分。画面连接要有逻辑是指镜头与镜头的组接要符合视觉语言的语法规则，要按照人的情感和思维活动的规律进行画面转换。画面要有重点是指在转播中要分清主次，分清一般内容和重点，将演出作品中最重要的、最精彩的部分切换给观众。节奏要有变化是指画面组接时，画面的景别和镜头长度要有规律地变化，以观众的心理节奏为准调节画面的视觉节奏。

（2）画面组接方式

在进行画面切换时，在技巧的运用上主要是注意切换点的选择、组接方式的选择以及切换手法的使用。

切换点是指两个镜头相连接的点。进行画面切换，首先要准确选择切换点，切换点选择得合适可以使人物动作连续，镜头转换自然流畅。切换点选择得不合适，则可能导致人物动作显得不自然，镜头转换别扭，造成观众的观赏障碍。对于演出转播人员，切换点的选择是其艺术感觉和专业能力的体现。如何选择切换点，要注意三个原则：首先，要遵循剪辑的规则，按照语言、动作、声音、情绪、节奏、音乐、音响几个方面的一般规律选择切换点。其次，要遵循舞台演出时画面切换的特殊规律，按照舞台演出时空转换的特点选择切换点。那么，舞台演出的时空特点是什么呢？舞台表演的特点是，除了剧中角色或表演者上下场以外，没有一般影视叙事作品中人物的频频出入画和大量的时空转换，人物在舞台上进行表演的时候始终处于同一时空。因此，在许多时候画面切换并不是以动作和时空变化作为依据，而是以情绪和音乐等因素作为切换点的选择并依据情绪或音乐的连贯性来进行画面的转换。比如一段高亢激越的音乐之后，是一段低沉委婉的情绪，这时画面不仅要转换，而且景别、节奏都要随之变化。最后，各类艺术表演还有自身的特点，如戏剧作品的情节性强，人物在舞台上的动作调度多；音乐作品的音乐特点明显而表演者基本不动；舞蹈作品节奏感强，而且人物处于不停的运动之中。这些特点都会影响切换点的选择。比如在戏剧作品中，切换点往往选择在对话开始和结束，动作的开始与转变处；音乐作品中的切换点，往往在音乐的小节、段落结束处或配器处理变化的地方进行镜头的切换；而舞蹈作品则多根据舞蹈动作的变化来选择切换点。

画面组接有平稳组接和不平稳组接两种方式。所谓平稳组接就是遵循视觉语言的规律，用符合人正常视觉的方式进行画面组接，这样切换出来的画面自然流畅。不平稳的组接方式，则是在遵循蒙太奇的基础上，通过打破常规的组接，造成视觉冲击力。在一些综艺晚会和大型活动的转播中，编导人员在镜头递进中摒弃常规的中景过渡方式，而采用直接从特写到全景的两极镜头组接方式，就属于不平稳组接方式。如欢庆香港回归的大型文艺晚会《回归颂》、1998年中央电视台的春节联欢晚会中，都采用了两极镜头组接方式。在转播中，也可将两种组接方式按不同要求交叉使用。

在转播中，画面切换的手法主要有两种：无技巧转换和技巧转换。无技巧转换也叫“切”，是指一个画面直接代替另一个画面。切的特点是快速转换，但比较生硬，常用于戏曲、话剧演出的人物对话场面或场景转换等，在转播中通过切换按钮操作。技巧转换有多种方法，如叠、淡入淡出、定格以及划像、翻面等。在转播中运用较多的是叠，又称“叠化”，是指两个或两个以上图像的重叠和合成。叠化的特点是镜头转换柔和，在音乐和舞蹈演出中运用较多，在转播中通过操作手柄（叠化杆）操作。

5. 转播中的注意事项

在转播时，导播要注意以下几个重要的方面。

（1）捕捉重要细节和瞬间神韵

一台演出的转播是平淡无奇还是有激情、有光彩，很重要的是导播人员在转播中是否能抓住现场表演中的重要细节与精彩瞬间。有的编导将这些东西称为现场演出中的闪光点，抓住这些闪光点，就可以使整个转播活起来。

重要细节可以是表演中的关键动作，如杂技中高难度的关键动作，像空中飞人时演员抓住吊杆时手的动作，戏曲表演中表演少女娇羞心理的小动作等，如在杨丽萍的舞蹈《两棵树》中，电视编导用大量近景、特写来强调她手和腰的动作细节。细节可以是体现艺术家表演风格与特色的动作，如小提琴演奏大师梅纽因在演奏贝多芬的《克莱采奏鸣曲》时，就喜欢用改变乐句的办法来演奏，将第一乐章后的21个小节中的八分音符全部在中弓以上的部位用分弓演奏，在转播时如果能体现并强调他的这个特点，就能展示梅纽因小提琴演奏的特有魅力。细节还可以是表演者精心设计的表演动作，比如京剧《徐策跑城》中有一段徐策叫家院带马过来的戏。徐策在唱时，家院就在拉马、备马，等徐策唱到“叫家院带过马能行”时，家院正好把马备好牵过来。这里，家院虽然只是一个无关紧要的龙套，但演员是有戏的。仍以周信芳的《徐策跑城》为例，徐策要求家院把马带过来的时候，两人应当要对一个眼色，家院一看徐策，表示马备好了。徐策一看家院，表示知道了，两人都在用眼睛说话。作为转播导演，就不能忽略家院这个动作，而应给家院一个眼睛的镜头，否则就会使演员的精心表演落空，也会使整台演出减色。

在现场表演中，好的演员，有激情的、富有创造力的演员，在每一次演出中，都会有一些有光彩的即兴表演。这些即兴表演并不是预先设计，而是表演者在场上的灵感突发。这些精彩动人的表演和动作往往是稍纵即逝。导播要善于准确地捕捉这些一闪而过的东西，利用现场多机拍摄的优势，抓住表演的瞬间神韵并加以强调和放大。

（2）表现运动感

运动是影视艺术最重要的特点之一，也是影视艺术的魅力所在，作为影视艺术节目类型之一的转播节目，也同样具有这种特点与魅力。但是，转播节目并不像其他影视作品那样可以自由运动，它必须以舞台表演为对象，在表演许可和观众感到自然可信的前提下表现运动。

运动感的创造包括人物的运动、摄像机的运动（推拉摇移和使用悬臂式升降机）和通过剪辑创造的运动感，转播节目中的运动感首先是产生于演员在场上的运动，如戏剧演出中的舞台调度，舞蹈中演员的身体活动和在场上的空间位移。在表演者运动幅度不大的情况下，还可以通过摄像机景别的变化和机位角度的变化来创造运动感，比如大俯大仰的镜头，比如镜头的推拉摇移，比如升降机的使用等，如 1998 年春节联欢晚会俯仰镜头的使用不仅使观众感受奇特，也造成了某种运动感，再如在歌唱节目中对歌手忽远忽近的镜头转换，使得歌手好像动起来了，其实只是摄像机在动。画面切换也是造成运动感的重要原因，比如在演出中景别由远到近，再由近到远的曲线发展，可以模仿和表现观众与画面内容之间的“逼近”“远离”“进入”“走出”的心理过程。

在表现运动感的时候，要注意不要仅仅为运动而运动，表现运动感的目的是丰富观众的视点，活跃观众的情绪，给观众带来新奇感，增强转播节目的艺术感染力。因此镜头的运动应当是为了最大程度表现演出的内容，在一些精彩的演出中如芭蕾舞表演，舞蹈家本身已经在动，表演的动作又很精彩，这时摄像和导播就要稳住画面，以固定镜头集中观众的视线，让艺术家的表演本身去吸引观众，而不宜乱用推拉镜头去干扰观众的观看，而在那些表演者运动幅度不大而又需要活泼一点的表演场面中，比如节奏较强的歌唱演出，就可以适当多用一些运动镜头来改变舞台上人物位置的固定感和表演的单调感。因此动与不动，动的幅度大小，要看节目本身的内容和观众的心理要求。同时，在表现镜头运动的时候，还要注意运动的方式，如升降机的使用本来极富动感，但如果老是一种运动速度和方向，观众也会有单调的感觉。因此即使运动本身，在方式上也要有变化。

（3）表现现场观众的反应

观众虽然不是演员，不参与表演，但观众是现场的一个部分，是构成演出现场感的不可缺少的部分，只有存在观众的现场，才是现场。表现现场观众的反应不仅能更全面、更真切地反映现场，而且也能给电视机前观众提供更感性、更丰富的现场信息，以便他们能更好地体味现场，产生更强烈的现场感和参与感。因此有些演出的转播哪怕不是直播，有时也要切进观众镜头，其目的就是使观众有现场感和参与感。因为现场感不仅是电视转播魅力的标志，也是观众产生兴趣和交流感重要的因素。

电视转播现场感的产生不仅有赖于转播现场演员的精彩表演，也有赖于现场观众对于表演的即时反应。在节目进行过程中，要将现场观众的反应如鼓掌、凝神观看、发出笑容等，随时切换到主画面上，在切换观众镜头时，要注意现场观众镜头切换的特点是以点代面，即以部分观众的反应作为全体观众的反应，因此在切换观众镜头时，要选择那些有代表性的反应镜头，如每年中央电视台春节联欢晚会中的现场观众镜头，如鼓掌、欢笑、挥舞手中的彩花等，这些虽然只是局部景象，但他们的表情和动作都是整个晚会热烈喜庆气氛的展现，和整个晚会的总体气氛是一致的，这非常有助于带动电视机前观众的情绪。同时，在许多演出的现场，观众的反应常常是各种各样的，抓拍现场观众中那些转瞬即逝的表情、动作和事件，正是观众镜头最有魅力之处。

在切换现场观众镜头时，要注意掌握切换的时机、长度和频率。一般说来，观众镜头的切换应以不妨碍电视机前的观众欣赏为前提。因此观众镜头的切换首先考虑的是不要造成“断戏”，即不要妨碍电视观众了解剧情，切换观众镜头一般应当在节目与节目之间或演出的段落与段落之间切入。在表演过程中，编导不能随便用观众镜头打断演出，特别是那些连续性很强的演出，所以舞蹈和歌舞表演中可以不切或少切观众镜头，让电视观众尽可能完整地欣赏节目。戏曲、话剧、曲艺类节目以及大型晚会和广场表演则可以适当多切一些观众镜头，让情感饱满的现场观众感染电视机前的观众。在切换观众镜头时还要注意镜头的长度，这个长度要与表演中的停顿相一致。而切换的频率也要与现场气氛相一致，现场气氛热烈、观众反应强烈的，观众镜头就可以多；观众反应冷淡或一般的，就可以少切。比如那些喜剧性强的表演，现场观众往往反应强烈，这时候就可以多切一些有趣的现场观众镜头。在切换时要注意掌握好切换时机，尽可能将观众镜头的入点切在观众要笑未笑之时，至观众开怀大笑时就迅速切回表演区，而不要等观众情绪高潮回落再切，这样的观众镜头就会更有韵味。

随着节目现场转播技术的发展，奥运会开幕式等大型现场演出活动也让不在现场的人们在电视机前感受到了现场的气氛。并且，电视机前的观众更可以“跟随摄影机近距离”观看现场演出中演员们的表情、动作。2008 年北京奥运会，相较于 CCTV 当天的转播，美国 NBC 的转播更加关照演出中那些普通人，看到更多的细节、演出中和演出背后的故事也许让人感到更为有趣。

第六节　各类艺术的转播特点

各种艺术门类都有自己的特点，在转播时要根据各种艺术门类的特点进行景别选择和画面切换。

1. 音乐类

音乐是用声音来表达情感的艺术。音乐艺术的形式有独唱、合唱、民族器乐、管弦乐、歌剧、交响乐、音乐剧等。

音乐演出的转播要求是转播的画面切换与音乐作品的内容和风格相一致。这就要求导播首先对整个作品的曲式结构要能够整体把握，特别是在乐队演奏的器乐曲中尤为重要。因此在转播前要从总谱上熟悉主题旋律的主奏乐器、乐曲高潮所在的部位、作品的配器手段和特点，等等。这些都直接关系到整体机位和镜头的安排和调动，是进行现场转播时镜头切换的重要依据。音乐作品的转播还要求导播对音乐的节奏有明确的掌握，并在画面切换中与音乐节奏相配合，通过画面的渲染烘托乐曲的气势，如音乐舒缓，则镜头的节奏也应相应慢而稍长；音乐节奏强烈，镜头的节奏也应趋快而短促。音乐作品的另一个要求是视觉与听觉的统一，特别是在转播器乐演奏作品时，画面的内容要与音乐演奏的内容相一致，否则就会破坏观众视觉和听觉的统一，出现如观众批评的那种情况："分明是大提琴在演奏主旋律，电视图像出现的却是小提琴或中提琴，听到的是一支独奏乐器的华彩乐段，图像上却是那休止的定音鼓，分明是木管乐器的旋律，看到的却是铜管乐演奏员，该是指挥最佳亮相时，却让人看演奏员的背影。"①

音乐作品的转播在景别的运用上器乐以全景和中景为主，声乐以中近景为主。

2. 舞蹈类

舞蹈是用形体动作来表达人内心感情的艺术。体育和杂技虽然也展示人体的力量及常人无法达到的高难度技巧，但并不含有任何表情功能，这是舞蹈不同于体育、杂技的根本区别。舞蹈还具有鲜明的音乐性，因为不论舞剧还是其他舞蹈，都是在音乐的基础上编排而成的。演员形体上的起伏变化是和音乐的抑扬顿挫连在一起的。舞蹈艺术的形式包括现代舞、民间民族舞蹈、芭蕾舞、舞剧等。

舞蹈作品的转播是要求导播完美地表现舞蹈动作。首先是要注意舞蹈的连续性，舞蹈演员的动作和音乐是天衣无缝的，在转播中要注意保持这种连

① 《新民晚报》1996年2月25日。

续性。在表现舞蹈演员舞姿的同时，还要注意表现演员的表情，优秀的舞蹈演员是用心来舞蹈的，因此在舞动的时候，内心的感情会表现出来，脸部的表情会非常丰富，因此要抓住瞬间的表情，这样观众不仅能看到演员姿态，同时也会感受到他们内心的情感。

舞蹈演出的转播，还要根据不同的作品内容和节奏。一般说来，古典作品的节奏宜缓，如芭蕾舞剧《天鹅湖》的转播，镜头就很少动，动也是根据表演而缓缓地动，而现代一些节奏强烈的作品如非洲舞蹈，画面节奏就可以快而强烈。这样的切换显得有力度、动感强，镜头表现富有活力。舞蹈作品转播在景别的运用上以个人全景、中景和特写为主。

3. 戏剧类节目

戏剧分为戏曲和话剧两大类。戏曲是包括文学、音乐、舞蹈、美术、武术、杂技以及人物扮演在内的各种因素的综合艺术，其艺术特征是载歌载舞，以歌舞演故事，是中国特有的艺术形式，有几千年的历史。许多优秀的戏曲演出，不仅仅是艺术观赏的对象，也是民族精神、民族文化的凝聚和象征。传统戏曲所反映的生活内容离今天比较遥远，戏曲的程式化表演对于当代观众特别是青年比较陌生。戏曲的节奏过于缓慢，这些特点都使戏曲与现代观众的心理节奏和审美要求，与电视的大众传播性质有一定的距离。但戏曲是民族艺术的瑰宝，是弘扬民族文化、进行爱国主义教育的内容，因此对于戏曲演出的转播一直是转播节目的重要内容，受到国家文化部门的重视，在转播节目中占有相当的比例。而话剧则是中国现代化过程中出现的戏剧样式，话剧主要受西方影响，以对白作为主要表现手段。虽然只有一百多年历史，但话剧已经拥有许多优秀的作品。由于反映生活迅速、接近现实社会和社会问题，易于表现新的艺术观念，话剧受到许多中国观众特别是青年观众的喜爱，因此，话剧也是戏剧转播的重要内容。

戏剧演出的转播要求是完整地和正常地再现剧情和演员的表演。戏剧演出的特点是场面大，有时场上人物很多，有时只有一两个人，人物在舞台上的调度相对复杂。戏剧作品的转播特点是：首先在机位的设置上，一般都是常规机位，基本上不用歌舞作品中的仰俯镜头和运动机位，在画面切换时，主要是采用一、三号机位的镜头，因为在戏剧作品中，对话是表现人物和剧情的最主要的手段之一，因此这两个机位的中近景镜头就成为主要的景别。其次，在转播戏剧作品时，应当注重表现人物之间的情感交流，因此戏剧作品的画面转换频率相对于歌舞表演而言，应当尽量放慢，使电视观众能够静下心来，踏踏实实地欣赏剧情和演员的表演。

传统戏曲的节奏较慢，这对于老年观众反倒是比较合适的，因为稳定的戏曲观众群主要是老年观众。有时，为了适应更多数量观众较快的心理节奏，导播也会在转播中通过切入观众反应镜头和改变镜头景别的方法，人为调快戏曲表演的节奏。除了观众反应镜头之外，编导还可以采取一些办法来加快节奏，如不采用演出中场次之间拉幕换布景的办法，而是将镜头对准上一场结束时的造型亮相。与此同时，舞台上在进行换景，等景换好灯光再次亮起时，直接将镜头切到新上场的演员身上。有些戏曲节目在后期剪辑时，采取删减不重要的过场、垫场，对一些反复演奏的曲牌或乐曲，精减反复的次数，将唱腔的过门（尤其是慢板唱腔）剪短，如将大过门剪辑成小过门，将完整的过门剪辑成半个过门，对原有的表演程式进行剪辑，将一套“起霸”动作剪辑成半套等办法。不过这些做法都必须在不损害剧情、不损害表演的前提下进行，在进行此类操作时，应当征求戏曲界专家的意见，而不能任意删减。在转播戏曲作品时，要注意既不违背戏曲自身的艺术规律的特征，又能适应广大观众尤其是青年观众的审美情趣和需求。

戏剧作品的转播，除少量全景外，以中景、近景、特写为主。

4. 曲艺类节目

曲艺类节目是各类说唱艺术的总称，包括大鼓、弹词、琴书、道情、牌子曲、快板、评书、相声、数来宝、大本曲等。曲艺节目的特点是人少，场面空，几乎没有空间运动，因此在转播曲艺节目时一般不做无谓的镜头运动，力求以干净、简洁的画面表现情节的发展和人物的心理变化。景别一般以中景、近景为主。

5. 大型文艺表演

大型文艺表演主要是指大型活动中的广场性表演，如奥运会、世界杯或其他大型活动伴随的文艺表演。全运会、亚运会、远南运动会的开幕式，大连国际时装节的开幕式，上海市庆祝香港回归的大型文艺晚会等，都有大型的广场表演。这些文艺表演也是电视转播的对象。大型文艺表演的特点是表演活动的场面很大，参加表演的人数众多，表演现场头绪繁多、内容复杂，转播的难度远比一般的文艺演出要大。如何通过画面切换真实再现现场情景，将自己对现场内容、形式的体验和情感变成有感染力的、生动的画面感染观众，以强烈的现场氛围使电视观众如同身在现场，对于切换导演的专业素质和业务能力都是极大的考验。

对于大型文艺表演的转播要求是，首先是确定演出的总体结构，弄清演出的总体内容有哪些，现场的总体气氛是什么，只有先理顺大的结构，才能进一步设计转播的方案。其次是确立转播的顺序，搞清楚演出的各个部分，先是什么内容，后是什么内容，各个部分之间如何衔接，这样才能确立转播的顺序。这是转播的重要基础，如果没有这个基础，画面就会前后倒置，脉络混乱。大型文艺表演往往场面很大，内容很多，想要把每一个点上的内容全部反映出来是不可能的，因此要全面体现现场的内容和气氛，只能用局部代替整体的办法。这就需要对每一个具体节目的内容进行研究，选出有代表性的局部，确定重点范围，这样整个转播就能做到点面结合。转播大型表演的活动中，现场往往有多达几十台甚至上百台摄像机。为了更有效率地进行转播，导播工作往往采用多级导播的办法，即总导播负责总的切换，而各个局部的切换则由二级导播负责，因此，各个导播之间的协调就十分重要。大家都要明确整个表演活动的转播从哪里开始和怎样结束，每一个独立节目如何处理，段落与段落之间如何划分和过渡，重点和高潮在哪里，如何用镜头语言强化它，都是要事先周密考虑的。

大型文艺表演的转播中除综合使用各种景别外，尤其应当注意把全景作为视觉语言的“句号”反复使用，这样既能展示整个表演现场的欢乐氛围，又能区分出明显的段落和保持视觉的连续性。

思考题

1. 实况转播节目的特点是什么?
2. 电视转播对传统表演艺术的创作和演出有哪些影响?
3. 转播文艺演出的原则是什么?
4. 直播和录播的各自特点是什么?

本章参考文献

张凤铸主编:《中国电视文艺学》,北京广播学院出版社,1999 年。
赵化勇、胡恩主编:《电视文艺文集》,北京出版社,1998 年。
[美]艾伦·沃策尔:《电视制作大全》,林作坚、罗德寿、李勋译,中国电影出版社,1993 年。
傅正义:《电影电视剪辑学》,中国传媒大学出版社,2002 年。
[英]赖兹、米勒:《电影剪辑技巧》,郭建中译,中国电影出版社,2008 年。

第三章　综艺节目

综艺节目是电视文艺节目中主要的节目类型之一。综艺节目，就是将各种艺术表演，如音乐、歌舞、戏剧小品、戏曲片段、相声曲艺、魔术杂技、武术等综合在一起，组合成一台完整的电视文艺表演节目。综艺节目内容丰富、形式活泼、趣味性强、信息量大、集各种短小精悍的表演于一体；综艺节目雅俗共赏，老少咸宜，接受程度高、社会影响大，具有广泛的群众性和极强的娱乐性，在世界各国电视屏幕上，综艺节目（Variety 或 Variety Show）都是一种重要的节目类型。

电视综艺节目在中国有一个人们十分熟悉的名称——晚会。晚会又被称为文艺晚会或综艺晚会。电视综艺晚会在我国电视节目中具有重要地位和广泛影响，特别是代表主流文化的大型庆典性综艺晚会，由于具有特定的政治意义和浓郁的节庆氛围，故受到政府机关、行业部门的大力支持，也受到广大观众和社会各界的广泛关注。每年一度的中央电视台春节联欢晚会，更是成了当代中国的春节民俗现象和民族文化礼仪形式。

第一节　综艺节目概述

1. 综艺节目样式的形成

早在电视出现以前，就存在着各种类型的艺术或杂耍表演汇聚在一起演出的现象，如民国时期北京的天桥和上海的大世界，都曾经有过广场上和舞台上的综艺演出。有了电视以后，各类艺术表演和杂耍与电视相结合，发展成为一种电视节目样式。这种节目样式可以使各类优秀的艺术表演通过电视屏幕与普通观众见面，为舞台形式的艺术注入了新的生命力，以强大的传播力量推动了娱乐的普及和发展。

1936 年英国广播公司（BBC）在伦敦郊外的亚历山大宫现场直播了一台歌舞节目，这可能是世界上最早的电视综艺歌舞节目。早期有影响的电视综艺节目诞生在“二战”后的美国。1948 年 6 月，美国的全国广播公司（NBC）和哥伦比亚广播公司（CBS）相继推出了两档具有开创意义的综艺节目：一档是 NBC 的《德克萨克明星剧院》，由弥尔顿·伯尔勒担任节目主持人；另一档是 CBS 的《小城明星》，主持人是艾德·沙利文。这两个节目都借鉴了广播电台开办娱乐性节目的经验，将娱乐界明星拿手的各类表演引入电视，由节目主持人将他们的表演内容加以串联、组合、解说，形成一个不同于舞台表演的、带有杂耍风格的、相对完整的电视节目。这就是今天在全世界广泛传播的电视综艺节目的雏形。由于可以将不同形式、不同风格的艺术表演以及许多演艺明星汇集到一起，使观众足不出户就能在舒适的家庭环境之中、在轻松悠闲的气氛中欣赏表演，看到自己心目中的明星和偶像，得到娱乐享受，所以这两档节目非常受观众欢迎，观众对这一新娱乐方式的喜爱甚至超过了许多舞台形式的表演。

20 世纪 50 年代中期以后，美国出现了大量杂耍类的综艺节目，其他西方国家的电视机构也开始大量制作这类节目。之后，世界各国电视综艺节目迅速发展，成为广受观众欢迎的电视节目样式。

2. 中国电视综艺节目的发展

中国的电视综艺节目虽然受到过苏联等国外电视节目的影响，但主要是受本土传统联欢会的影响。早在电视出现以前，中国就有逢年过节单位开联欢会的传统，在联欢会上常常演出一些文艺节目，这就是后来电视文艺晚会的原型。这也就是为什么中国综艺节目是从中国民俗中最重要的节日——春节开始的原因。

中国最早的广播综艺节目是1956年，由张骏祥任总执导，谢晋、林农、岑范、王映东任导演，参加演出的除梅兰芳、侯宝林、赵丹、徐玉兰、王文娟、新凤霞等人外，还有老舍、巴金等人，由中央人民广播电台向全国现场直播了当时的演出（中央新闻纪录电影制片厂则拍摄了纪录片《春节大联欢》)。

中国最早播出的电视综艺节目是1958年5月1日北京电视台开播第一天播出的《工厂里来的三个姑娘》《"大跃进"的号角》《小天鹅》《牧童和村姑》《春江花月夜》等。1960年，北京电视台在演播室里排练和播出了第一次电视春节联欢晚会，晚会的节目中有诗朗诵、相声、戏曲、歌舞等。

1963年北京电视台的春节文艺晚会已经长达4个小时，1966年在转播北京市拥政爱民、拥军优属联欢晚会的同时，也直播了电视台组织的一场迎春晚会，这些晚会成了后来中央电视台春节文艺晚会的雏形。1979年春节，在"文化大革命"刚结束不久，中央电视台导演邓在军、杨洁导演了一台茶座式晚会，受到了观众的欢迎。

80年代以后，中国的电视综艺节目终于迎来了它的黄金时代。1983年春节，黄一鹤和邓在军导演了中央电视台春节联欢晚会，这台晚会汇集了当时全国文艺界的名人，表演的节目有小品、相声、歌舞和武术杂技等。其中李谷一演唱的《乡恋》，是由观众电话要求，经导演黄一鹤向在场的广播电视部领导吴冷西提出，最后当场同意现场播放的。晚会在观众中激起巨大反响，获得意想不到的成功。1984年的春节晚会上，导演黄一鹤将祖国统一的构想引入晚会中，由两岸三地主持人同台主持节目，晚会上香港演员张明敏的一曲《我的中国心》引起极大轰动，亿万中国观众的心为此歌而激荡不已。晚会最后，李谷一演唱的《难忘今宵》不仅把晚会推向高潮，也使这首歌成为以后历届春节晚会的主题曲。两届晚会的成功使中央电视台看到了春节文艺晚会的巨大影响和特殊作用，于是将每年除夕举办电视文艺晚会作为中央电视台的传统固定下来。从1985年到1989年，几乎每年的春节晚会都获得了巨大成功和广泛的关注，但观众也从最初的好奇、狂喜和兴奋状态中渐渐平静下来。

90年代以后，春节晚会进入平稳发展时期。1990年春节晚会除了传统的文艺表演之外，最为特殊的是，当午夜零点钟声响过以后，江泽民总书记和李鹏总理出现在电视屏幕上，向全国观众拜年。这一年，来自辽宁铁岭市的二人转演员赵本山首次参加中央电视台春节联欢晚会，他表演的小品《相亲》受到观众欢迎，在其后的20年中，每年春节晚会上几乎都有赵本山演出的小品，他表演的《征婚》《红高粱模特队》《三鞭子》《送礼》《昨天、今天、明天》《卖拐》等小品，都受到观众极大欢迎，成为每年春节晚会的支柱节目。1991年春节晚会有450位演员参加演出，比过去任何一年的演员阵容都大，各省市电视台也选送了大量节目供中央电视台挑选参加春节晚会。1992年后，中国第一代电视文艺导演逐渐淡出，赵安、张子扬、郎昆、孟欣、陈雨露等中青年导演逐渐成为春节晚会的总编导。从1989年到1998年，春节晚会的平均收视率一直保持在50%左右。[①]1998年以后，春节晚会改在央视新建的一号演播厅里举办。表演空间由过去的一个演区扩展到中央和东、西、南、北五个表演区。舞台也由平面转向立体，变为多层升降舞台。歌舞表演场面越来越宏大。

2000年以后，一年一度的春节晚会呈现出某些疲态。针对社会对央视春节晚会内容老化、形式僵化的批评和质疑，每年央视的春晚导演组都在节目内容、形式、表演团队、舞台呈现方面有所创新，力图以年轻化、新面孔和高科技手段的运用来吸引年轻一代观众，继续打造“普天同庆、盛世欢歌”的国家文化仪式。如2005年，邰丽华和20位聋哑姐妹在手语老师的配合下的舞蹈《千手观音》、2006年，布仁巴雅尔和妻子乌日娜以及7岁小侄女英格玛演唱的《吉祥三宝》、2016年歌手谭维维携手华阴老腔老艺人表演的《华阴老腔一声喊》等，都是给全国观众留下深刻印象的节目。2018年，春节晚会以激光矩阵、粒子跟踪系统、无人机、全息影像等手段营造的表演意境和舞台空间，也让观众感受到高科技的震撼。同时春节晚会通过微博、微信等社交平台与观众进行互动的方式对年轻观众也很有吸引力。

尽管影响不再像八九十年代那样重大，但中央电视台的春节联欢晚会仍然是每年中央电视台必须要举办的节目，仍然是当代中国规模最大、影响最

① 张传玲：《中央电视台春节联欢晚会收视率情况》，载《电视研究》1998年第4期。

广、耗资最巨、制作水平最高的一台超级电视晚会，因此2014年春晚被定位为国家项目。春节晚会对民族和民俗文化的深刻影响，使其不仅对中央电视台，而且对于整个中国电视和当代中国文化都有着重要的意义，在除夕之夜观看春节联欢晚会已经成为中国亿万个家庭的共同习俗，春节晚会也因其传达出的浓浓亲情和殷殷期盼而成为全球华人最壮观的节日庆典。

春节晚会之所以获得如此巨大的成功，是与整个中国改革开放的背景联系在一起的。80年代初，在结束了十年“文化大革命”后，在结束了唯有“样板戏”的年代以后，随着改革开放政策的全面实行，农村联产承包责任制的巨大成功，人民群众，特别是广大农民的生活得到了重大改善，于是人民群众急切需要欢乐，需要获得渴望已久的各种不同的艺术享受，而春节这个传统节日和正在普及千家万户的电视，就成为满足人们这个愿望的最好契机。正是在这一背景下，春节晚会才会在全社会引起巨大反响，所以，与其说是晚会艺术创作的成功，不如说是电视综艺节目的艺术形式和思想内涵适应了时代的要求。

由于电视文艺晚会广受群众欢迎和社会关注，于是，在各种重大的节庆和国家、民族重大政治历史纪念活动中，文艺晚会成为庆典中不可缺少的部分。从20世纪80年代初到21世纪以来，中央电视台和各地电视台都举办过许多大型文艺晚会，这些晚会场面壮观，气势宏大、色彩瑰丽、动情感人、艺术感染力很强。如1989年庆祝中华人民共和国成立40周年的《我爱你，中国》、1991年庆祝中国共产党诞生70周年的《拥抱太阳》、为华东水灾义演的《风雨同舟，情暖人间》、1995年纪念抗日战争和反法西斯战争胜利50周年的《光明赞》、1997年庆祝香港回归的《回归颂》、1999年庆祝澳门回归的《中华日月明》等。

进入21世纪后，则有北京奥运会开幕式（中央电视台转播）、上海世博会开幕式演出（上海电视台转播）。中央电视台走向阳光——庆祝西藏百万农奴解放50周年文艺晚会展现了50年来西藏在中国共产党的领导下发生的翻天覆地的变化。上海电视台《黄河大合唱》诞生70周年大型歌会，是上海电视台联手黄河流域九家省级卫视进行跨地直播，画面中的壶口瀑布、黄河大桥、黄海石油平台等都具有强烈的现场感和视觉冲击力。云南电视台的“地球之声”跨年晚会，以公益和环保理念为定位。以及2013东方卫视跨年盛典、胜利与和平——纪念中国人民抗日战争暨世界反法西斯战争胜利70周年文艺晚会、亚洲相互协作与信任措施会议第四次峰会文艺晚会、2018年庆祝改革开放40周年文艺晚会、2019年上海东方卫视长江流域12省市春节联欢晚会，以及中央电视台历年的春节晚会等，这些大型文艺晚会将电视综艺节目这一节目形式推向其高峰。

除了春节晚会和大型文艺晚会，中国综艺节目在20世纪80年代还发展出另一种具有广泛影响的形态，即栏目化的日常性综艺节目。1981年元旦，广东电视台开办了文艺专栏《万紫千红》，内容既有风光旅游，也有综艺晚会和群众自娱性的竞赛节目，其中的一些小栏目如反映市井生活的《朝见口晚见面》和喜剧系列小品《乐叔与虾仔》很受观众欢迎。1990年3月14日中央电视台创办的《综艺大观》开播，节目以现场感和参与感为特色，以直播的方式表演相声、小品等语言类和歌舞类节目以及游戏节目。由于其创作意识的平民性、内容的广泛性和形式的多样性，使得《综艺大观》广受欢迎，在长达十四年的时间里，先后有王刚、成方圆、倪萍、周涛等主持人主持过该栏目。除《综艺大观》外，90年代中央电视台还推出了《东西南北中》和《曲苑杂坛》等综艺栏目。

在《综艺大观》等节目的引领下，各省级电视台都创办了自己的综艺栏目，如上海电视台的《今夜星辰》《大舞台》，上海东方电视台的《共度好时光》，北京电视台的《五彩缤纷》，河北电视台的《万花丛》，吉林电视台的《农村俱乐部》，湖北电视台的《欢乐今宵》，山西电视台的《五彩世界》，青海电视台的《河湟风》，西藏电视台的《七色风》，山东电视台的《星光50'》，四川电视台的《综艺大世界》，广东电视台的《艺术太空》，辽宁电视台的《第二风景线》等。90年代中期以后，大量质量平庸的晚会引起了观众尖锐的批评，就连一度极受观众欢迎的《综艺大观》在1997年之后，收视率也一直走低，1999年《综艺大观》全面改版，但收效甚微，之后几度改版不见成效，终于在2004年停止播出。

90年代末，随着卫星电视的发展，综艺节目却又以新的方式火爆起来。1997年湖南卫视《快乐大本营》开播，掀起了以轻松搞笑为特点的综艺节目风潮。《快乐大本营》区别于以往一本正经的观赏性或表演性的电视文艺栏目，整个节目由一个个游戏组合串联而成，同时穿插明星表演的歌舞、小品、相声等，不仅调节了气氛，更增加了观赏性。《快乐大本营》采取分组对抗形式，安排明星嘉宾与普通观众共同参与各式各样新鲜而好玩的游戏，紧张刺激的竞技状态、新颖的形式和充满趣味性的环节在短期内迅速积聚了大批忠实观众，节目的最高平均收视率曾达到33%。[①]《快乐大本营》的成功刺激了其他省级电视台，许多省级电视台同类节目的模仿跟进，再一次在中国电视界掀起了栏目型综艺节目热。

2005年以后，随着表演类真人秀节目的兴起，栏目型综艺节目热逐渐退潮。但综艺元素广泛出现在各类节目中，带来了各类节目的综艺化和明星化。而互联网技术的发展和数字娱乐媒体的出现，则造成了综艺节目向网络媒体的发展，结果便是数量众多的网络综艺（网综）节目出现。

第二节 综艺节目类型

除了比较特殊的春节文艺晚会，综艺节目的类型大致可以分为大型庆典性晚会和栏目型综艺节目两大类。两类节目在节目性质、特点、观众心理、对主持人的要求等各个方面都有所不同。大型庆典晚会的空间往往是广场、剧场或室外大型露天空间；晚会的场面浩大、参与人员众多、控制难度较大；在电视转播上常常采取直播方式。而栏目型综艺节目的演播空间一般都是电视台的演播室，场面虽然不大，但更为突出娱乐要求，气氛热烈而欢快，充满轻松而搞笑的表演，在电视转播上经常采取直播和录播相结合的方式。

① 陈龙：《在媒介与大众之间：电视文化论》，学林人民出版社2001年版。

1. 大型庆典性文艺晚会

大型文艺晚会是指为重大事件、重要时刻、各种节日而举办的综艺晚会。它具有场面的仪式化、元素的符号化、表演的群体性特点。

由于是以综艺晚会的方式为庆典营造欢乐气氛，因此晚会的文艺表演是庆典活动的一部分。它要通过现场表演创造出庆典性和仪式感，具有很强的仪式性的特征。作为仪式感的体现，一般大型庆典性文艺晚会都具有场面大、参加人数多、气氛严肃、主题明确等特点。如2008年奥运会开幕式文艺表演，剧组从全国各省市、全军共抽调了演职人员近两万人，包括导演、编导、排舞师、演员及非专业表演者、现场道具师及普通工作人员。如担任“击缶”表演的是从全国五大军区，经过严格挑选出来的2008名战士，表演“自然”与“梦想”的是河南少林寺塔沟武术学校的2000多名学生。整个开幕式文艺表演配备各种电脑灯具近3000台，使用了140余台大功率数码投影设备，在表演区、大型道具和体育场结构沿口立面营造了灯光的多维效果。

仪式是在特定的时刻和特定的场所举办的祭典性活动，而不是每天每日的经常性活动，所以仪式首先意味着非日常化。要创造出仪式感，首先就要通过一系列手段将其与日常生活区别开来，如选择特别的场所、制定特别的规则、营造特别的气氛、遵守既定的程式等。在文艺晚会中制造仪式感的手段有：用舞美手段布置特定的环境，使其具有庄严感或使人能够产生特定的联想，在参加演出的演员和参与现场的观众中营造特定的气氛，使他们意识到自己置身其中的是一项重要活动，用特定的节目加强或渲染这种气氛，用主持人来引导整个仪式等。主持人角色有点类似古代祭仪典礼上的巫师或祭司，因此他（她）是绝对不能随便开玩笑的，否则就会破坏晚会的气氛，破坏整个仪式。所以，作为庆典性晚会的主持人必须端庄大方，一举手一投足都有司仪的风范。而观众在观赏庆典性晚会的时候，也会感觉到这类晚会特有的严肃性和纪念性，与栏目型综艺节目的感觉是不同的。仪式的另一个特点是定时举行和不经常举行。曾经有一段时期晚会太多太滥引起群众反感。其实问题并不完全在于晚会的节目制作质量，关键是过多的晚会违反了人的心理和仪式的原理。因为仪式是不能经常举行的，如果违反这一原理经常举行仪式，那么，仪式特有的庄严感就会变成滑稽感。

大型文艺晚会可用于各种政治性、历史性的庆典，如每年的“七一”“十一”晚会，香港回归、澳门回归晚会等事件，奥运会、世足赛等世界性赛事等。大型文艺晚会还可以用来宣传某个行业或某个主题，比如宣传公益活动、法制、保护环境、计划生育、人口普查、交通安全等内容的晚会，因其基本追求是宣传某个专题，同时行业特点比较明显，所以又被称为专题晚会或行业晚会。

2. 栏目型综艺节目

栏目型综艺节目是指以栏目形式出现的综艺节目，一般说来没有重大的主题诉求，它具有表演的随意性、现场的欢乐性和演员与观众互动性特点。

栏目型综艺节目的主要目的是满足观众的娱乐需要，为生活增添欢乐，因此，在节目的制作中，无论制作人还是主持人，都十分强调节目的娱乐性。在节目中，演员和主持人的表演非常放松与随意，比如请到现场来的影视演员，不像他们在影视作品中扮演角色那样表演严肃，而是会尽量配合主持人，以游戏的方式来进行表演。而主持人也非常放松，有时他们在台上拿起手机就拍照，状态与生活中一样，一点也不像在台上演出，甚至说错台词、“吃螺丝”也没有关系。在栏目型综艺节目的现场，演员、观众与主持人常常可以打成一片、同台演出，完全没有日常生活中明星与普通人的距离，这让许多观众感到兴奋、新奇和亲切。而轻松娱乐和充满趣味更是所有栏目型综艺节目的共同特点。栏目型综艺节目的表演环境通常安排在电视台的室内演播室，以造成某种家庭化的感觉。节目主持人的角色定位是家庭成员或是家庭熟悉的朋友。因此，主持人不必一本正经，他们可以轻松随意地主持晚会，可以打破规则，可以出表演者的洋相，或是以喜剧方式搞笑。分清大型庆典晚会和栏目型综艺节目的区别是非常重要的，如果分不清节目的不同要求，就会在实践中碰壁，比如主持春节晚会的成功经验并不能原封不动地搬到栏目型综艺节目，正如中央电视台的节目主持人倪萍主持不好搞笑节目，而艺人出身的台湾节目主持人胡瓜也不适合主持重大节庆晚会一样。

第三节 大型晚会的主题与结构

1. 主题的确立与表现

大型文艺晚会的主题是晚会的灵魂，鲜明的主题可以把许多零散的节目贯穿起来，就像一根红线把珍珠连成一串那样，使每个节目处在恰当的位置，使整个节目产生更强烈的艺术效果。大型文艺晚会的主题应当是特定时刻观众的审美意识和心理需求，而不是直接进行政治宣传。

大型文艺晚会的主题主要是通过具有强烈情感化的节目来体现。意味着在整个晚会的过程中，无论是节目创作、结构安排、串联词还是舞台环境，都要围绕着从感情上打动观众这一点来进行。如 1986 年春节晚会上，那个以歌颂老山战士牺牲精神为主题的节目《婚礼》，没有用一个“伟大”“牺牲”这样的词语，只是通过除夕的团聚和分别这一典型环境中的感情的颤动，强烈地表现了爱国主义的主题。由卫生部主办的国际护士节专题文艺晚会《五月的圣洁》中，编导以情为主线，以患者的倾诉、天使的诉说及人们对护理保健工作的歌颂，道出人与人之间的相互理解与亲情。晚会在歌舞《第八十四个祝福》中开始，在情深韵美的《白衣姑娘》中结束。节目有歌曲《我是你放飞的白鸽》，表达了飞行员对白衣天使的感激；《我曾悄悄地对你说》《我心中的你》等歌曲、舞蹈则表达了白衣天使的美好心灵；相声《说规范》在寓情于乐中道出护士工作的严谨与崇高；小品《温馨的一课》颂扬了医护战线上几代人崇高的人生境界。

情感化的目的是让观众在观看节目的过程中放弃冷静、客观、漠然的态度，放松僵硬的身体，并随着节目的进行在内心不断涌起激动的情绪，在感情上认同现场、投入现场，并与整个现场的气氛融为一体。这就需要编导在晚会节目顺序的安排上精心设计，通过一个又一个独立节目渐次冲击观众的心灵，让观众的情绪渐渐推进，情感的浓度渐渐积累，直至高潮，最后冲破观众情感的闸门，让观众的情绪得以宣泄。如民政部等四部门联合举办的《爱在人间》晚会，就是一台以全社会对孤儿的关怀之情来贯穿的晚会。晚会开始时灯光渐暗，引导观众的心境沉静下来，在舒缓而低沉的音乐中，演员开始以凝重的舞蹈描述了孩子被遗弃的痛苦。这些可怜的小生命从降生那天起，就充满着对爱的渴望，他们哭求、挣扎，他们向社会伸出渴望关怀和温暖的手。晚会上所有的节目，都围绕“人间真情”这一主线，贯穿着孩子的渴求和社会的关爱，如舞台剧《妈妈，你在哪里》展现了孩子们幼小心灵所经受的创伤；主题曲《遥远的钟声》，表现钟声给孤残儿童带来的希望；李春波一首《美丽的时光》，使许多观众回忆起自己儿时美好的时光，更加强了对孤儿失去童年欢乐的感受；短剧《胜似妈妈》表现了一位伟大母亲的爱心；而这些节目中穿插的彭丽媛、那英的一首首歌曲都让观众感情回荡。

在情感化节目中，用几个互相有关系的节目组成“节目包”，使本来分别独立的节目组合起来承担引出、讲述、强化等作用，充分利用核心节目或真实人物、纪实事件本身所具有的情感张力，就能发挥“1＋1＞2”的效果。如1989年春节晚会上，主持人先介绍聂卫平的姐姐聂姗姗和患有白血病的安徽小保姆，再由聂姗姗讲述她为小保姆治病的情节，接着人们看到身在现场的小保姆泪流满面，她发自内心的一席话语，使在场的和电视机前的观众都为之动情，每一个人的心里都被一股热流激荡着。这时紧接着就是韦唯演唱的《爱的奉献》，那优美动听的旋律一经唱响，更是催人泪下，马上就在场内场外产生强烈的共鸣。这歌与其说是韦唯唱的，不如说是全体观众唱的，因为那时观众心里正期待着这样一首歌，当这首歌真的响起来时，那歌声便成了全体观众的心声。中央电视台97教师节晚会中，讲述一位21岁的小学音乐老师为救两个孩子伤重而亡。节目安排是这样的：先是由蔡明和一群小学生表演一个音乐小品，老师在教学生音乐课，最后是学生在即将被车轧着的时候，老师冲上去，为救学生而牺牲。小学生们伤心至极，再也不唱那首《春天在哪里》的歌，然后换了一男老师来当音乐老师，在劝说学生上音乐课时，舞台上的大屏幕出现蔡明的照片和画外音，告诉孩子们不要放弃学习。音乐小品之后，主持人说刚才表演的是真人真事，这时大屏幕上出现这位年轻的音乐老师生前拍摄的一张张照片，接着摄像机镜头转到坐在观众席前排的十几位小学生，主持人说他们就是杜老师生前教过的学生，其中一位就是被杜老师用生命救下的孩子，主持人现场采访这些孩子，重点采访那位被杜老师救下的学生，这些孩子在摄像机前泣不成声。主持人再说杜老师的父母今天也到了，然后现场采访杜老师的父母，将情感推向晚会高潮，再以孩子们高唱一曲《报效祖国》为结束。

除了通过节目，主题还可以通过舞台空间来表现。如中央电视台和湖南电视台举办的毛泽东诞辰100周年大型文艺晚会《人间正道是沧桑》是在湖南韶山毛泽东的故居前——韶山冲上屋场举行。因此这台综艺节目不仅是以精湛的文艺节目来表现主题，毛泽东故居这个场所本身即具有独立的表意作用；如中央电视台和山西电视台合作的《黄河神韵》，节目现场是山西的黄河壶口，在滔滔黄河面前，除了那些独唱、合唱、重唱、歌舞、民间舞蹈以外，黄河应当说是最重要的节目，因为还有什么节目能比黄河本身更能表现黄河神韵这个主题呢？所以，一些纪念性的大型文艺晚会要在特定的环境去表演，除了环境本身能给人新鲜感外，更重要的是这些场所本身就能表现主题，表现节目所要追求的历史感。如天安门、长城、黄河、圆明园、卢沟桥、延安宝塔山、毛泽东故居、泰山、黄帝陵、孔庙等，这些具有特定政治历史意义的地点，只要一出现在观众面前，就能使人产生联想，就能丰富演出的信息含量，使演出的情与环境的景两相交融，使环境进入演出中，成为整个晚会的一部分。如建国40周年的晚会《我爱你，中国》将天安门广场作为广阔的舞台，把人民英雄纪念碑和故宫作为前后景；上海东方电视台和北京电视台纪念中国抗日战争50周年的晚会，将晚会现场放在万里长城；四川电视台庆贺青城山、都江堰被列为世界文化遗产，晚会把舞台设在都江堰水渠边的广场等，都充分运用了环境的手段。

人物服装、人物造型、灯光等也都可以表现主题。如2008年北京奥运会开幕式文艺表演，就综合运用了多种手段表现中华灿烂文明的主题。从长达147米的LED大卷轴作为开场徐徐展开，这个承载着中国传统文化意象的卷轴成为了整场演出的惊艳开端，然后是四大发明、汉字和戏曲，这些节目是中华文明中最有代表性的文化提炼。长卷上浮现出2000多年前丝绸之路的商队和地图，上千名水手手持黄色巨桨组成巨大船队，再现郑和下西洋的盛况。“画卷”中古琴师独坐琴台，在以追光为主要照明的基础上，以金黄色逆光为底色，在顶部施以淡淡的暖调光，使琴师极具造型感。“文字”一段中，数百名持竹简吟诵的演员身着白色间赭色服装、高耸发冠，是春秋战国时期儒家弟子的造型，这些不同的表现手段都表现了“灿烂的中国文化”的主题。

2. 结构的设计与安排

综艺节目的结构特点与戏剧、电影这些叙事艺术不同，它不是以故事情节为贯穿线，而是以主题和情绪为贯穿线，其各个组成部分也不是情节的一部分，而是各自独立的作品，将这些形形色色的独立节目统一起来，成为一台完整连续的综艺节目，正是晚会结构所要解决的问题。设计出好的节目结构，对于晚会的创作是有着非常重要意义的。

（1）大型晚会的结构类型

大型晚会的结构大致可分为线状结构、篇章结构和多元结构三种类型。

线状结构，指以晚会的时间进程为线索，串联起一个个节目，其中又分单线结构和多线结构。单线结构是许多晚会通常运用的结构方式。多线结构指两条以上的线索，常用于异地传送的节目，如大陆的中央电视台、上海东方电视台和台湾电视公司、台湾中国时报双向传送的“千里共婵娟——中秋夜·两岸情”中秋晚会，就是由两地在中秋之夜共同表演节目，画面则在两地间不断切换，组成一台在时间上连续、空间上跳跃的晚会。最近几年，中央电视台春节联欢晚会在总体结构上都采取多线结构，如 2017 年央视鸡年春晚，以中央电视台一号演播厅为中心，设置西昌、上海、桂林、哈尔滨四个分会场；2018 年央视狗年春晚，以中央电视台一号演播厅为主会场，广东珠海、山东曲阜、泰安、海南三亚、贵州省黔东南州黎平县肇兴侗寨为分会场；2019 年中央广播电视总台春节联欢晚会，以中央电视台一号演播厅为主会场，设置江西吉安井冈山、吉林长春以及广东深圳为分会场。

篇章结构又称板块结构，是将全部节目分成几大部分的结构方式，如 1993 年文化部、总政治部、北京市政府广电部、中国文联联合举办的纪念毛泽东诞辰100周年文艺晚会“山高水长”的结构是“序”“高山篇”“大河篇”“尾声”四个篇章。1997年中央电视台欢庆香港回归晚会的结构是“序”“水篇”“火篇”“土篇”“尾声”五个板块。1999年庆祝澳门回归晚会“中华日月明”的结构为“序”“历史画卷——华夏瑰宝”“世纪诗篇——正气丰碑”“千年交响——中华日月明”四个部分。2008年奥运会的文艺表演“美丽的奥林匹克”分为上下两篇，上篇“灿烂文明”和下篇“辉煌时代”。上篇“灿烂文明”以大长卷作为舞台演出载体，将中华几千年文明里最富特点和特征的造型、故事、事件一一从上略过，体现东方文明的发源、历史、优秀文化，可说是形神兼备。下篇“辉煌时代”以人与自然和谐为主线，有“星光”“自然”“蓝色星球”“梦想”“主题歌”等部分。2018年我们的四十年——庆祝改革开放40周年文艺晚会分为序曲、上下篇和尾声。上篇“壮阔东方潮”以音乐短剧的形式，再现了改革开放以来中国翻天覆地的变化。下篇“奋进新时代”以6个乐章，全面展现中国特色社会主义进入新时代，迎来从站起来、富起来到强起来的伟大飞跃。

多元结构，就是以线状的叙述串联起不同板块，或是将多个不同地点的演出组合成一台晚会，这种结构方式有时也被称为散点式结构，就是将各个不同拍摄地点的图像资料和不同场景中演出的文艺节目组合成晚会，如中央电视台庆祝建国50周年的庆典晚会“江山如此多娇”，把事先录制的反映革命老区、经济特区和重要城市的群众、港澳地区同胞乃至世界各地华人热烈庆祝建国50周年的电视画面剪辑到晚会的演出节目中。大型晚会“我爱你，中国”，也是将天安门城楼、人民英雄纪念碑、太庙、天坛、颐和园、香山、植物园等处的演出情景交叉剪辑在一起组成晚会。

（2）大型晚会的结构安排

一台晚会大致可以分为四个部分：开头、中间、高潮、结尾。

综艺节目，特别是大型文艺晚会的开头，最重要的任务是营造气氛，并通过营造气氛把观众带入特定的情境——晚会的情境。通常做法往往是选择两个（注：一个不够，三个太多）气氛热烈的节目，如群舞和合唱作为开场。如文化部1995年春节晚会的开头是以80名英姿飒爽的女子军乐手演奏主题音乐《辉煌》开始的。

为什么晚会要选择气氛热烈的节目作为开场节目呢？这是因为晚会开始前，观众的注意力是分散的，他们可能还在想着各自生活中许多琐碎的事情，他们的情绪也是零碎纷乱的和个人化的，这种情绪并不符合晚会的要求。如何使他们能够忘却自己的世俗杂务而集中注意力到晚会中呢？作为晚会的编导，很重要的是首先以特别热闹的节目在最短的时间里吸引观众注意力，这就像户外活动或广场艺术要吸引周围人观看就要用特别响的声音如开场锣鼓来吸引人们的注意力是一样的道理。中央电视台春节晚会的编导袁德旺曾提出春节晚会非常重要的是要研究 8 点到 8 点零 5 分的观众心态，这 5 分钟的节目一定要吸引观众，引导观众看下去。因此，开场节目的重要任务，就是要把千百万人各种不同的情绪变为单一的晚会情绪，使所有在场者的情绪状态变得单纯、变得简单。这样，编导就容易调动起观众的情绪，使其顺利地进入晚会的情绪场。

但是开头并不限于歌舞，有时候打破陈规的做法反而更能吸引观众。如陕西电视台 1997 年春节晚会采用由外景转入内景的方式，外景选在黄河壶口，用弹三弦的陕北后生说书（正月里来是新年，一串串灯笼映红了天），壶口看黄河激流、听震撼人心的呐喊，随即转入内景“舞起龙灯闹新天”，使内外景浑然一体，给人以“无边春色来天地”的感觉。欢庆香港回归晚会则用了故事性的开头：晚会开始是一面墙，墙倒塌，在废墟上出现一个小女孩，她在废墟上焦急地寻找着，时而神情茫然，时而恐惧不安，最后是一声令人心碎的“妈妈——”，形象地表现出香港失去了祖国母亲，引出整个晚会的序篇。而上海东方电视台为希望工程捐款晚会的开头，是以在大屏幕上展示记者拍摄的农村小学的照片，这些使人揪心的照片一下子营造了整个晚会的气氛，给人顿生同情之心和援手相助之念。节目开头这种展开方式为晚会的节目进行和捐款营造了良好的气氛，也是整台晚会感情线的开头，人们对贫困地区失学儿童的怜悯之心，始终贯穿节目之中。

中间部分是晚会的主体。中间部分的任务是积累和推进情绪，即将开头引起的情绪保持住，并通过不断出现的新节目把整个晚会的情绪推上去。从节目本身来说，中间部分的节目要丰富、饱满，节目中要有若干闪光点，有几个质量上乘、能支撑起整个晚会的、能打动观众的节目。作为整个晚会的展示部，要让丰富的各类节目充分发挥出其魅力。《回归颂》中，通过各个板块，展示了不同的节目：第一板块是器乐与雕塑，第二板块是戏曲演唱，第三板块是歌曲组唱，第四板块是民族歌舞，第五板块是音诗，第六板块是歌舞组合。这些以不同艺术形式表演的节目，不仅抒发了中国人民的极大喜悦，而且展示了节目的丰富性和魅力。

通常中间部分要安排一些动情节目，一般这些节目是纪实节目或抒情性强的歌曲，纪实节目如1986年春节晚会是婚礼，1995年春节晚会是《看看黄河水》；抒情性歌曲如1985年春节晚会是歌曲《十五的月亮》，1988年春节晚会是毛阿敏演唱的《思念》。中间部分还要安排支柱节目，如小品和相声。这两类节目一般不可能安排在开头或结尾，而中间部分却正是这类节目的用武之地。如《辉煌十五年》中间是反映安徽凤阳县农民在极度贫困的情况下，决定秘密实行联产承包制的纪实小品《手印》；反映国有大中型企业工人在改革中奋力拼搏、创造业绩的小品《脊梁》。

高潮一语原是来自戏剧，通常是指戏剧中最激动人心的时刻、冲突最激烈的时刻和情感的最高点。综艺节目中的高潮一般用来指晚会中特别精彩的节目或是特别动人的节目，这些节目或是特别优美动人，给观众审美上的极大满足，或是有着强烈的感情因素，对观众的感情冲击强烈。

综艺节目高潮的时间安排目前有三种不同的做法：

一是按时间空间的黄金分割率，即以0.618这个系数来计算，那么高潮应该在全部节目的中间偏后一点时间点上。因此如果是一台50分钟的晚会（《综艺大观》），高潮应该在31分钟左右，也就是最精彩的节目大致是在这个时间点上呈现，如果是100分钟时间长度的晚会，高潮大致应在62分钟。

二是按剧本结构，即以戏剧作品的高潮点作为参照。这里有两种计算方法，一种是中国式的戏剧结构，以起承转合作为结构的四部分，那么，高潮是在“转”的位置上，亦即是总长度的四分之三处；另一种是西欧的古典戏剧结构，以五幕剧为例，高潮点是在第四幕的结束时，即在时间总长度的五分之四处。如果晚会的时间长度是100分钟的话，那么高潮大致在75—80分钟处，如1997年春节晚会的高潮是诗朗诵《北京时间》，这个节目就是在晚会总长度的四分之三处。

三是按传统戏曲演出中折子戏演出的方法，高潮应当是在倒数第二个节目的位置上。传统折子戏演出时，通常都是将质量最高、分量最重的折子戏放在这个位置上，因为这出戏足以压住全台而不致使观众中途离席，因此这出戏又被称为压台戏或压轴戏。按照这一方法，不管晚会时间长度是多少，都将最有冲击力的节目放在倒数第二个节目。如1996年公安部春节晚会《今宵霓虹为你开》中，高潮是由牺牲的兰州市刑警大队大队长刘晓东的妻子李京梅出来讲话，烈士妻子的一番动情的话令全场观众（大部分是公安干警和他们的亲属）和电视机前的观众为之动容而抛洒热泪。

一般说来，如果晚会的时间超过一个小时，就需要两个以上的高潮，才能吸引住观众的注意力。而高潮的安排应当遵循戏剧的原则，即越往后面越强烈。也就是说，后一个高潮位置上的节目，其精彩程度和感情强度要略高于前一个高潮位置上的节目。如1987年春节晚会，晚会策划组就是将整个晚会分为四个部分，每个部分的高潮都是感情戏，而整个晚会的高潮则设在晚会时间总长度的四分之三处，将最有感情的节目《血染的风采》放在这个位置上。

高潮需要铺垫。如1997年春节晚会的高潮是诗朗诵《北京时间》，这是一段长达两分半钟的大段朗诵，如果没有足够的铺垫，不但起不到高潮的作用，还会压抑观众情绪。因此，晚会编导人员在这段朗诵之前，特意安排了四次报时，并从时代背景、国情、民情等方面加以说明，层层递进，造成观众对于零点的期待逐渐升温，使《北京时间》的配乐诗朗诵水到渠成地达到高潮。如1987年春节晚会在介绍80岁高龄的老助产士刘英事迹之后，当年经她接生的部队某研究所所长登台向这位无名英雄献花。此时此刻，许多观众都被深深触动，引发出对人生真谛的思索，紧接着一曲《繁星从眼前升起》正是对默默奉献精神的咏叹，使人们的感情在诗情哲理的辉映之中得到升华，受到了激励，达到了感情的高潮。而在达到高潮之后，编导还要善于保持和延长高潮所调动起的情绪，使其达到更好的效果。而如果不注意这点，就会失去本来可以达到的效果。如1988年春节晚会，当台湾“山地歌王”万沙浪与大陆歌手韦唯同台演唱《相聚在龙年》时，万沙浪的表演真挚感人，演唱时泪如泉涌，深深地打动了渴望两岸同胞团聚的观众之心。如果接下来插一个台湾同胞返回大陆探亲，与分离几十年的亲人相聚抱头痛哭的场面，就能把合唱引起的情绪更强化和推上去，形成一个小小的高潮。遗憾的是接着上的节目就是相声，演员的嬉笑打断了原先的情绪，没有形成应有的高潮。

结尾一般要求是对晚会主题的呼应，是整台节目的总结。因此一般说来需要有一个比较强烈的节目给整个晚会画上句号。所以，经常是热闹的大歌舞场面或气势磅礴的大合唱接全体演员谢幕。如1998年春节晚会的《万鼓催春》就是这样的结尾。《回归颂》结尾，则是彭丽媛的独唱《明天更辉煌》接全体演员和观众的大合唱《歌唱祖国》作为结束，然后是党和国家领导人上台接见演员并和演员合影。

结尾节目的表现方式是多种多样的。只要有一定的深度，一定的气势，能给观众留下美好的回忆或深刻的印象，能让观众感到振奋或充满希望，都可以成为一台晚会的好结尾。如有时是以动情的方式，如公安部春节晚会《今宵霓虹为你开》的结尾是以电视剧《西部警察》中人物原型，原兰州市刑警大队长。在一次追捕罪犯的行动中牺牲的刘东的妻子出场，刘欢演唱，然后和全场所有干警齐声高唱“少年壮志不言愁”为结束，现场效果非常强烈、非常动人。有时是意境悠远，余味无穷，如陕西电视台1997年晚会的结尾是在纷纷扬扬的雪花中静场运用关于“灯笼”“过年”和“跨世纪”的兄妹二人童声对话转入童谣《灯笼会》，再过渡到儿童的嬉笑声和悠扬的长安社火音乐中。有时也有出乎意外的结尾，如1988年春节晚会的结尾是突然有人高举“晚会重地”和“在此下马”的木牌直入会场。只见“唐僧”滚鞍下马，和三位徒弟走进表演区，随着《四小天鹅》舞曲声起，“八戒”踩着准确的台步，居然跳起了芭蕾舞。“悟空”抡起金箍棒化作几道金光。“唐僧”和“沙僧”上前向观众双手合十施礼。而那匹真的白龙马安详地静候在入场处。现场顿时沸腾，观众开怀大笑，这个别出心裁的结尾被称为神来之笔。

3. 大型晚会的节目节奏

在具体节目的安排上，大型晚会要求做到统一、完整、合理、有节奏感。统一是指所有节目都是统一于主题之中，但统一不是说所有节目都必须直接反映主题，而是说应当与主题有关，包括直接和间接有关。完整是指所有节目都是整个晚会有机的一部分，而不是有些节目游离于晚会结构。合理是指节目的安排和晚会的时间长度要符合观众的需求，要以观众的心理需求为依据。以春节晚会为例，为什么春节晚会一般都在 4 小时多一点呢，就是因为观众的生活习惯大致是 8 时全家人吃完年夜饭，而中国人又有守岁的习惯，所以一般除夕这天要到 12 点以后才会睡觉，所以春节晚会的最佳时间就是从晚上 8 时开始，过零点结束。而从情绪把握上说，晚会的重点是要把握好开头、结尾和中间部分的高潮点。

晚会还要有节奏感，节奏是任何一种艺术品的内在韵律，晚会也不例外。特别是大型综艺节目，往往持续几个小时，没有节奏的调整，观众就会产生疲劳。如春节晚会一般都在 4 个小时以上，最长时甚至长达 6 小时。没有节奏的调整就会影响观众的收视状态和收视效果。因此，中央电视台春节晚会的编导都知道，春节晚会第二个关键点是晚上 10 点半，这时观众已看了 2 个小时的节目，是 4 小时节目中的疲劳期。这时要有意识地调整节奏，安排一个想象不到的处理，让观众的精神为之一振。

节奏还要求节目与节目之间的安排张弛有序，情绪有起伏，强弱有变化，重要节目前面有铺垫（怎么引发事件或人物），后面有强化有渲染。调节节奏的办法是将对比性强的节目安排在相邻位置，如在一个大场面节目之后安排一个演员较少的表演，如激烈喧闹的节目之后，安排一个比较安静的节目或独舞或配乐诗朗诵，在一个悲伤的节目之后安排一个振奋的或喜剧性的节目等。如 1987 年的春节晚会上，编导在大联唱之后、除夕钟声敲响之前，安排了《春天的钟》这首节奏舒缓的女声独唱。往年在这个时刻，联唱节目之后还是火爆欢乐的节目，但这首深沉舒展的歌，却收到出奇制胜的效果。调节观众心理节奏还可以利用悬念手法。悬念在戏剧艺术中是创造观众期待情绪的一种有效手段，通过设置悬念可以达到吸引和延长观众注意力的作用。综艺节目中可以采取连环扣的串联方法来运用悬念，“把晚会中最使人感兴趣的节目、演员或其他有吸引力的要素，同其他串联成分（点题、衔接、活跃气氛等）有机组合在一起，做出晚会的总体线状设计，将使晚会更适合家庭的、节日的气氛，也将使节目自身的表现力得到扩展和补充，使晚会增加整体效应。”[①] 当然，意外节目的出现最好是观众意料之外情理之中，如《综艺大观》第 155 期，本是讲戏迷故事的，出场演出的艺术家大都为京剧艺术家或喜爱京剧的朋友，表演的不是京剧清唱，就是小品、相声之类，内容也是讲戏迷的故事。没想到，编导推出了以演唱流行歌曲出名的刘欢来演唱，给许多喜爱流行音乐的观众一个意外的惊喜，而刘欢唱的《情怨》，是以京剧韵律谱写的戏歌，可以说也没离题，是在情理之中，这样的安排就很成功。

第四节　栏目型综艺节目的特征与表现

由于栏目型综艺节目是往往采用日播或周播的形式播出，因而日常播出的状态决定了节目的日常化，为了吸引观众，避免重复单调乏味，因此更要强调节目的新鲜感和趣味性。

1. 节目特征

（1）节目类型的多样

早期综艺节目的形式是以各类表演节目为主的，如歌舞表演、小品、相声、乐器演奏、魔术、杂技等组成一个电视栏目。如中央电视台的《综艺大观》，节目类型中就包括了各门类的艺术，并以小栏目形式将这些艺术表演组合起来，拼盘式组成整个栏目，如《开心一刻》是小品、相声，这个栏目推出过《聪明的剧务》《咱们的居委会》和《奇志碰大兵》等系列小品;《送你一支歌》是歌曲，推出过许多观众喜爱的流行歌曲;《东方百宝箱》是介绍各民族艺术的;《艺术彩虹》是介绍海外艺术家的小栏目;《新起点》是推荐新人新歌的;《周末有约》是对明星和艺人进行访谈的。台湾中视的《我爱星期六——冰上璇宫》是以室内溜冰场为实景拍摄场地，节目中既有对冰上运动技巧和项目的介绍，

① 黄一鹤:《对春节晚会的思索》，载沈纪主编，黄望南副主编《电视文艺文集》，人民出版社 1993 年版，第 263 页。

又邀请著名歌星和艺人同台演出，在五颜六色的灯光中载歌载舞，再加上一些奇特有趣的道具，非常吸引观众。台湾华视的名牌综艺栏目《综艺 100》则是以歌舞、短剧、杂技等为主，加上各种非文艺节目，将社会生活中感人动情的事搬上舞台，使节目在喜庆热闹之余让观众感受温馨。

主要由观众参与的模仿秀也是常见节目类型之一，如江苏卫视的《欢乐总动员》中的“超级模仿秀”：每期选出 4 名明星模仿者，模仿明星的唱歌、跳舞或表演，然后请嘉宾打分，有时模仿的明星就是嘉宾本人，往往有很强的喜剧效果。台湾综艺节目《开心 100》中模仿秀加评委点评的环节是节目的核心板块。虽然大多数模仿者都是业余人士、业余表演水平，但对观众而言，模仿者与角色的似真性会形成一种视觉奇观。除模仿明星外，还可以模仿经典作品的经典场面，甚至模仿公众人物，特别是政治人物，如台湾节目中就经常有模仿政治人物的表演，从《2100 全民乱讲》到《全民大闷锅》再到《全民最大党》，用演员扮演、调侃、解构政治人物，影射、解读政治事件，将政治作为搞笑的对象和话题，是台湾电视节目中常有的现象。如有一个叫《搞笑》的节目，其中有一个单元“总统会客室”，就是由一位艺人男扮女装演“副总统”，从装扮上和谈吐语气上都极尽模仿当时的吕秀莲，另一位男主持人扮演她的助手“廖参事”，演播室布置成会客室的样子，办公桌后面的墙上挂着一副对联，上下联中各有“秀”“莲”二字，以此来表达隐喻的意思。每期节目都会有一位艺人到访，与“副总统”就一些最近发生的政治新闻或艺人的动态，进行几分钟的搞笑谈话。艺人告别时，“副总统”总会说：“别忘了到‘总统府’领纪念品。”而客人刚一离开，演播室灯光立刻暗下来，“副总统”和“廖参事”交头接耳，大说客人坏话。除吕秀莲之外，李登辉、陈水扁、张俊雄、谢长廷等人都有艺人的模仿者。

各类演艺明星是栏目型综艺节目的重要节目资源，因此，在栏目型综艺节目中使用明星是一个惯例。如请明星当场表演、对明星进行访谈、拉明星一起做游戏、揭明星小隐私、拿明星开玩笑、请明星与观众互动等，都是使用明星的手段。从小孩子身上寻找节目的笑料也是经常使用的手段之一，比如用一些能引起笑料的问题向孩子提问，引出他们的超过大人常规思维的回答。如《快乐大本营》中的“快乐小精灵”环节就是让孩子的才艺表演吸引观众，每期出现的孩子、出现的形式、表演的内容都是不同的。安徽卫视的《超级大赢家》中的“小鬼辩论赛”就是以让孩子们辩论的方式戏拟在中国一度流行的大专辩论赛，孩子们越是一本正经地展开辩论越能带来喜剧效果。而“快乐小精灵”则从鼓励小孩子拥有较强的独立生存能力出发，设计一些问题来考验孩子，看他们各种情况下的反应：如“陌生人来敲门怎么办”“送信途中遇到各种干扰怎么办”，等等。容纳许多非正规表演节目，正是栏目型综艺节目的特征。

（2）节目的搞笑色彩强

与大型晚会的庄重、严肃相比，栏目型综艺节目要求是放松、欢快、更为突出娱乐要求，甚至是强调搞笑，这也就是节目的魅力所在。

与大型晚会的不出错要求相反，栏目型综艺节目对于节目现场的要求更多是强调现场效果。节目中不但不怕说错、唱错，甚至会有意设计一些小的“错误”，因为这正是博得观众欢乐的因素之一。比如发掘明星的丑事、让明星在现场观众面前出一点小小的“洋相”，就是许多台湾综艺节目的法宝。如台湾综艺节目中，主持人吴宗宪“恶搞”香港艺人梁朝伟、刘德华等，就是以“整人”的方法逗观众发笑。而在一次节目中，当有观众现场问胡瓜唱日本歌是不是汉奸？机智的胡瓜立刻说，不是不是，多唱日本歌，只是为了多赚日本人的钱，让他坐飞机来，骑摩托车回去。于是台下哄堂大笑。台湾的《MUCHTV》在北京申奥成功后的一段时间，曾推出过一档教北京话的节目，节目中一位男主持与两位女主持扮成师生，通过一个在北京特色场所拍摄的短剧来学习北京话，极尽搞笑之能事。比如台湾节目主持人吴宗宪在《Jack Show》中，经常以古怪的造型和装扮出场，在歌手赵传唱歌的时候拼命做怪腔，在嘉宾动情流泪时用卫生纸塞自己的鼻孔表示流眼泪等。胡瓜在《综艺大集合》中扮演的老师要求学生展示音乐才能，但每个学生都表现出非常的“无能”，不是跑调，就是错词，但他们还是洋洋得意。这时胡瓜只能张大嘴，做吞下教鞭状，表示教这样的学生，还不如死了算了。安徽卫视的《超级大赢家》中“超级剧场”板块，曾经借用电视剧《宰相刘罗锅》的播出契机，在节目中表演一个洋医生为刘罗锅治病，用大锤想把罗锅砸平，引出许多搞笑效果。

利用明星搞笑的是台湾综艺节目《康熙来了》。节目每期设定一个话题，邀请台湾或者香港、大陆等地的当红明星来到节目当中，以这位明星嘉宾为轴心，另外邀请与他 / 她相关的好友、幕后工作伙伴化妆师、场务、保姆等人做现场爆料嘉宾。在节目中，主持人小 S 徐熙娣多才多艺，蔡康永知识渊博，不时穿插搞笑元素，讨论的话题也不单单是艺人的工作，更多的延展到了明星生活的背后。如女明星卸妆、女艺人分手后的疯狂行径、哪些男明星爱哭、明星微整形，等等。特别是小 S 善于搞笑，更是带动现场气氛的爆笑点。比如采访刘德华的那集中，虽然小 S 当时是有孕在身，但是搞怪本性不改，在与刘德华跳完舞之后，手仍然勾住刘德华的肩膀不放，摆出一副粉丝喜爱偶像的小女生模样。刘德华不免有些尴尬，但节目现场气氛活跃，观众都觉得刘德华尴尬的样子十分好笑。浙江卫视的《王牌对王牌》也是利用明星嘉宾，节目每期围绕一个主题邀请两支王牌团队，用歌舞秀的形式引出当期主题和两队嘉宾，由两队固定队长各自带领多名热门 IP 嘉宾进行对决，通过才艺比拼、游戏竞技，决出王牌中的王牌。

以搞笑的方法来做游戏、以搞笑的语言来制造喜剧效果，甚至在节目中强调出丑、做鬼脸、有意唱错说错、或调侃长得难看的搭档主持，以“审丑”形态造成娱乐性，经常是这类节目的特征之一。

2. 节目的设计与表现

（1）丰富多变的节目板块

设计出丰富多变的节目板块，是栏目型综艺节目避免单调枯燥、强化娱乐效果的重要手段。《快乐大本营》整个节目由轻松有趣的任务和游戏贯穿。其小栏目一般分五类，第一类是动作性的，如“快乐天平”“火线冲击”。第二类是知识性的，如“精彩二选一”“小猪问答”“危险地带”。第三类是综合判断类游戏，如“音乐通”“快乐健身操”。第四类是表演类节目，如“快乐传真”“快乐小精灵”。第五类是谈话类，即“快乐会客室”。每一期都不重复，不玩相同的游戏，每一期都会有新的兴趣点。如“精彩二选一”每期都有，但每期的问题是不一样的，而且问题设计通俗、有趣，所以尽管是固定环节，仍然有变化感，不让人感到沉闷。如台湾华视的《金曲龙虎榜》节目以中西流行歌曲排行资讯为主，除精彩的歌舞及MTV之外，更有短剧和趣味单元，很受青年学生欢迎。它先后推出的单元有“歌曲排行榜揭晓”“歌迷俱乐部”“六点档”“招牌花”“胡先生与邓小姐”“电视演唱会”“广告新人奖”“舞蹈教室”“鸡同鸭讲”等。“排行榜”主要是吸引歌迷关心歌曲行情的升降，透过销售调查与民意投票来排榜，促使歌星市场化。“六点档”走舞台化短剧路线，强调现场感和夸张表演，以抓住观众。台湾中视的《鸡蛋碰石头》中有十几个生动活泼的单元，互相替换。首先推出的单元是“时髦爷爷、鸡蛋妹妹”。这是趣味型短剧，撷取当今的社会百态。由巴戈扮演时髦爷爷、蓝心湄扮演鸡蛋妹妹，两人配合默契，生动活泼的表演，轻松幽默的对话，令观众莞尔一笑；“英雄救美”则是以现场游戏为主，由特别来宾及现场观众进行轮盘游戏，趣味盎然；“皮偶秀”是特别能引发观众情绪的单元，为增加可视性，节目组花巨款制作了两个与男女主持人形象相仿的皮偶；“小蓝莹”中蓝心湄俏皮新颖的造型，趣味百出的童言童语，受到普遍好评。

在丰富的节目板块中，很重要的一点就是要设计好核心板块，用台湾综艺节目界的说法就是主力单元，这是节目成功的关键。如《欢乐总动员》的核心板块是模仿秀，这个节目也是整个栏目的亮点和最吸引人之处。节目组从全国范围内挑选优秀的模仿者，如上海的刘德华、北京的李若彤、南京的黎明等，对他们进行精心包装，这个节目极大地刺激了观众的参与心态和普通人表演的渴望，成为了《欢乐总动员》节目的招牌。《金曲龙虎榜》的主力单元是“鸡同鸭讲”，这个节目源自简单的纸上游戏，节目组先以正常问题访问艺人并拍下实况，再重新配上新问题，剪进他以前的回答，形成驴唇不对马嘴的大笑料，让受邀艺人、现场观众与电视观众都笑得前仰后合，成为《金曲龙虎榜》中最为火爆和热门的单元。在节目发展过程中，后来又加入了巨型的道具鸭，生动形象配上艺人突兀、滑稽的“自我”剖析，使得节目更有趣味性和娱乐性。

（2）板块不断变动和更新

一个综艺娱乐节目要不断制造新的娱乐效果，就不能固守已有的板块，而是应当根据变化的社会情况和观众需求，不断调整节目构成，不断寻找新的娱乐点，不断创造出新的小板块出来，如台湾综艺节目《天天开心》就不断推出各种类型的时装或古装短剧，如“养父情”“人财两得”“开心街”“冤家路窄”“名师出高徒”“愚侠难过美人关”“和气生财”“色不迷人人自迷”等。台湾华视的名牌栏目《连环泡》的节目单元坚持常变常新，每个新单元的播出期不超过三个月，以不断更新的单元吸引观众。如“皮偶秀”“多情城市”“宝岛小夜曲”“模仿泡”“卡拉泡”“粘 TT”等，所谓“粘”就是在外景拍摄中，随便遇到一位观众问他要到哪里去，要不要外景队跟拍，如果观众不介意的话，外景队就“粘”上他，并且一“粘”到底，将他所有的活动都拍摄下来，常常给人一种新奇趣味的感觉。而台湾华视的《综艺 100》在其发展中，许多小单元都是见好就收，如“枕边细雨”“后窗”“热门话题”“非广告”“100 专辑”“星际新闻”等。80 年代台湾华视集逗趣喜剧、人物访谈、歌舞表演等的《连环泡》则强调新闻特色，特别强调时效性。节目每天下午三四点开始录制，当晚在家庭团聚时播出，节目内容基本是当天的突发事件和社会焦点问题，给观众提供最新信息和娱乐动向。如节目中的“中国小姐”单元跟你说社会问题，“对骂集”吵的是停车问题，很能引起观众的共鸣。而大陆的《快乐大本营》就曾经把健身操引入节目中。《欢乐总动员》中特别强调时尚元素，各种新潮时髦的服装打扮、物件都会出现在节目中，如跑步机、笔记本电脑、跳舞机等，把各个时尚的玩法引进演播室，都是为了制造新奇的观看效果。

（3）强调节目主持人的表演才能

栏目型综艺节目中，营造欢快的现场气氛离不开主持人的现场掌控，因此主持人是节目中最重要的因素。如台湾华视的名牌综艺栏目《综艺 100》的主持人张小燕，就是整个节目的灵魂，她凭借连珠炮式的快嘴，让节目容纳大量信息，她总是能够准确把握观众情绪，善于掌控和调动现场气氛，使观众的热情保持饱满状态，特别是在大场面晚会主持中表现得收放自如。80 年代以后，随着观众娱乐性要求的提升，栏目型综艺节目更为倚仗主持人的表演，特别是以滑稽表演和搞笑短剧为主的现场表演，主持人是否具有表演能力成为节目的关键所在。如台湾中视的《黄金拍档》就是以五位活宝式的主持人倪敏然、张菲、徐风、罗江、检声的临场反应，演出一幕幕令人捧腹大笑的短剧，这五位主持人拥有丰富的舞台经验，只凭一个简单的故事大纲，就可以表演出一串串完整、有趣、逗笑的故事来。他们每次造型不同，身份不同，变化莫测，很有卖点。他们扮演的“七先生”“董娘”“二百块”“检场”角色，几乎家喻户晓。在台湾中视的《欢乐 100 点》中，主持人张菲男扮女装，充分发挥歌唱才华和机智反应，特别是在短剧“志明与春娇”单元中，更是将喜剧才能展示得淋漓尽致。在《龙兄虎弟》中，他和费玉清联手主持，发挥各自强项，张菲能说会道，费玉清能唱会演，两人配合默契，将节目现场气氛搞得非常热闹。而华视演艺人员训练班出来的胡瓜，更是以口齿伶俐、反应迅速、妙语连珠著称，他很有观众缘和亲和力，又善于插科打诨，成为节目中不可缺少的活宝。台湾华视的《钻石舞台》中，主持人胡瓜除邀请各路明星上台演唱外，更与曹兰、阳帆搭配，表演短剧如“兰格格与小瓜瓜”“阳婆婆”等。胡瓜演的大哥有严重口吃，带着手下跟班（阳帆饰）回家省视摆面摊的双亲，由此而引发爆笑情节。台湾中视的《鸡蛋碰石头》中的两位主持人巴戈、蓝心湄，则以他们独特的卡通式造型和风格，成为节目的设计重点和卖点。特别是蓝心湄以古灵精怪、人小鬼大、憨直活泼而又有点狡黠的主持风格，赢得了观众的喜爱。《快乐大本营》中，主持人何炅身材轻盈、眉眼灵活，他的主持活泼开朗、幽默轻松，再加上伶牙俐齿、机智活泼的李湘，很受青少年观众的喜爱，也获得相当部分中老年妇女观众的疼爱。而安徽卫视的《超级大赢家》中的“超级剧场”板块，也是依靠主持人李彬、周群、李黎的幽默滑稽表演，来制造笑料，产生强烈的现场效果。

（4）营造欢快的现场气氛

栏目型综艺节目非常注重营造欢快的现场气氛，不说教、不沉闷、始终保持强烈的娱乐色彩是这类节目的重要特征。人们在电视机前的心理绝对不同于在剧院、影院里观看电影或舞台演出。如《快乐大本营》以游戏为重要特点，就是因为做游戏节目恰是对文艺晚会的仪式化、教条化与矫揉造作的反拨。由于游戏的过程和结果都不可预料，游戏的效果也无法事先编排，所以相对文艺表演而言，游戏的人为痕迹较小，而参与感、交流感更强，容易营造轻松随意的亲切感和欢乐气氛的真实性。《快乐大本营》特别注重参与性，强调观众参与和现场的融合，即台上台下的表演和现场的一体性，强调完全融入现场气氛，着力营造“大家做游戏”的现场气氛，它的成功来自很多方面，如游戏环节设计、现场环境安排等。观众的位置、打出的标语、明星宣传画等都是散乱出现，甚至舞台与观众座位距离极近，前排观众几乎可以随时上台，主持人适时地给观众集体发言的机会，台上台下气氛非常热烈。

与大型晚会的节目和主持人不同，栏目型综艺节目不怕出错，因为出错也是娱乐的因素之一，特别是看嘉宾和主持人出错时的“洋相”更好玩，主持人也不必担心会忘词或是演员表演出错。这种相对来说比较自然的状态使主持人和嘉宾的心态更为放松。《快乐大本营》的两位主持人李湘、何炅经常会犯讲错话、念错字、结巴等毛病，但观众从没因此指责他们，反而会因为他们的真实可爱而更加喜爱他们。《快乐大本营》做节目的观念极度地宽松，制片人汪炳文曾说，节目“有很多毛病”，但可贵的是他们并不害怕这些毛病，而是化腐朽为神奇，把一般节目编导们认为是毛病的东西化为鲜活的效果。这种一反以往那种节目中“怕出错”的做法，恰恰是获得真实感和轻松感的重要心理基础。所以《快乐大本营》的编导们说，中央电视台的直播都很紧张，而我们就像“玩儿”似的。

第五节　撰写串联词

在大型晚会中，起结构连接作用的往往是由主持人解说的串联词。串联词的作用主要是联结节目、体现主题、介绍背景、抒发感情和营造气氛。串联词除了由撰稿人撰写外，有时也由节目编导或节目主持人自己撰写。串联词在撰写中可以运用各种技巧，从节目内容、主题思想、演员表演、现场情绪、内幕花絮及社会背景等不同角度出发，对节目给予解释评说，对主题加以发扬深化，对观众进行交流引导。

1. 连接节目

节目之间串联词基本的作用是承上启下，完成节目与节目之间的衔接和转换，使不同的节目上下连续，整体贯通。节目之间串联词可以从节目内容、表演者、主持人、节目故事、演出背景等角度对上面的节目进行介绍、点评、发挥并引出下面的节目和演员。组织进一台晚会的节目一般说来都会有某种内在的关联，如主题的关联、表演内容或表演者的关联、节目内容的关联等。串联词就是将节目与节目之间隐含的关系以串联词的方式说出来。有时候，节目与节目之间，并没有太多的直接联系，这就要需要串联将前后不同的节目衔接起来，如 2002 年 1 月 26 日的《综艺大观》介绍云南大理的一期节目中，就是以大理有代表性的“风花雪月”来串联节目的：

刘仪伟：我得感谢你带我到大理来，真是不枉此行，看到了那么多美妙的风光，又看到了那么多美丽的姑娘，而且衣服还那么漂亮，就像你穿的这身衣服，真好看。

曹颖：是吗？那问问我们当地的朋友，你们觉得我穿的这身白族的衣服好看吗？（现场观众：好看！）那你知不知道为什么我特别喜欢这身衣服，尤其喜欢这顶帽子？

刘仪伟：挡风？

曹颖：不是，因为帽子也代表了风花雪月。

刘仪伟：怎么又是风花雪月？

曹颖：是真的。我跟你讲，这个飘动的穗子代表了风，这些鲜艳的图案代表了花，上面有一圈白色代表了雪，这个幅子的造型代表了月。怎么，长知识吧？

刘仪伟：长知识。而且我还看到了苍山雪，洱海月，特别是今天晚上皓月当空，我决定用照相机把它拍下来，带回家去。

曹颖：那我们马上就出发好不好？让我们带上白族同胞的祝福，也带上洱海的月光。

曹、刘：一同上路！（下面接《带着月光上路》）

节目过渡的方法也有很多，可以三言两语就介绍出下面节目，或说一些看似无关紧要的话，再转到下一个节目，有时候可以制造悬念，比如给出一些线索或不给线索，让观众猜下一个节目是什么或是谁出场，也可以在主持人之间进行一些问答式对话或开一个小玩笑。

2. 体现主题

无论大型晚会还是栏目型综艺节目，节目虽然能体现整个主题，但有时常常不够直接，因此，明确地说出晚会主题的任务常常要落到串联词上，这时串联词重要的任务就是如何以既明确又抒情的方式说出主题，如《共度好时光》有一期内容是谢晋 - 恒通明星学校的学生怀念袁国英老师的，在学生读了一封给去世的袁国英老师的信之后，主持人曹可凡、袁鸣说了这样一段话：

袁鸣：古人说：一日为师，终身为父。这不是指什么血缘上的联系，更重要的是精神上的延续。

曹可凡：人的生命都是有限的，但是艺术的生命却是可以绵延不息的。上一代艺术家的言传身教，滋润着下一代的明日之星。于是，他们的艺术生命就源源不断地注入到一个更加鲜活的生命中去了。艺术就是这样一代代延续，精神就是这样由平凡走向永恒。

袁鸣：这就是教育工作者的崇高、伟大之处。今天从昨天出发，明天的星光要在今天孕育！我们头顶的星空能够永远星光灿烂，原因就在这里。人生一台戏，真情最美丽！

曹可凡：谢晋 - 恒通学校的学生们，将以一首校歌告慰他们永远的袁妈妈！

这台晚会的节目虽然都是与袁国英和学生有关，但还需在节目之间插入直接表现主题的串联词。这样不仅可以强化节目之间的联系，也可以将已经非常感人的现场气氛再向前推进，使节目感情氛围得到强化，也使节目所要表达的境界得到升华。

3. 介绍背景

撰写串联词时，很重要的一点就是要根据观众的兴趣，针对观众关心的东西进行引导，如节目的演员和有关演出的背景故事等，都是观众关心的方面，观众对这些东西也往往存有陌生感和神秘感。因此，串联词就可以从这些方面入手来引出节目本身。如 1995 年上海东方电视台和北京电视台为纪念世界反法西斯战争和中国抗日战争胜利 50 周年举办的“永恒的长城”大型演唱会中引出《长城谣》时，串联词介绍了这首歌的时代背景：

> 1937 年，有一位热血青年在武汉唱了一首新歌《长城谣》，歌中深情地唱道：“万里长城万里长，长城外面是故乡”，这位热血青年就是上海著名的声乐教育家、歌唱家周小燕。时隔 58 年，周小燕教授今天登上长城，和周小燕歌剧中心的 6 位学生一起演唱这首《长城谣》。

而东方电视台的一次晚会上，主持人曹可凡则是从介绍演员改名字背景引出著名沪剧演员马莉莉和她表演的节目：“马莉莉原名马丽丽，美丽的丽，观众要问为什么要将美丽的‘丽’改为茉莉的‘莉’呢？原来马莉莉小时候使用的是繁体字，‘丽’字的繁体字笔画太多，马莉莉每次写自己的名字都要写出格。父亲为此大伤脑筋，不得已改成了茉莉的‘莉’。名字虽然改了，但马莉莉的‘出格’依然如故。日后，当她走上沪剧舞台，正是靠了这种‘出格’精神在继承前辈艺术家的基础上，锐意创新，自成面貌，这才成功地塑造了一系列栩栩如生的艺术形象，在艺术上奠定了自己的地位。”①

4. 抒发感情和营造气氛

营造气氛的开场有许多途径，如可以从回顾历史事件和人物说起，可以

① 曹可凡、王群：《节目主持人语言艺术》，上海人民出版社 1997 年版，第 5 页。

从某些事情或情景说起，也可以从周围的环境或特定的地点说起，借这些具体的东西表达感情、抒发胸臆，以引起观众心灵上的共鸣。如 1995 年东北三省春节晚会《关东人》的开场白就是用一段话营造出浓烈的气氛：

辽：观众朋友们，东北三省办春节晚会，今年是第三届了。头一届是我们辽宁电视台承办的《关东美》，说的是关东大地山美岭美平原美，江美河美湖泊美，森林美，农田美，金矿铁矿煤矿油矿从里往外翻着花儿打着滚儿拧着劲儿地美！

吉：第二届是我们吉林电视台承办的《关东情》，唱的是咱关东人的乡情、亲情、手足情。离家闯关东的别情，开发大东北的豪情，建设大钢都大电站大油田大码头大企业的热情，白山情、黑水情，松辽平原处处情，化作长白四季情！

黑：第三届是我们黑龙江电视台承办，题目叫作《关东人》。回首过去，发配关东的是强人，闯荡关东的是能人，逢山开路遇水架桥开荒种地采矿淘金几代艰辛创业人。油田里有“铁人”，赛场上有“飞人”，驾驶楼里坐着当年赶车人，呼啸奔腾继往开来一代新人胜故人！今天晚会一片浓情献给亿万普通人，请的是名人，推的是新人，男女老少欢聚一堂——

合：都是关东人！

5. 开场白和结束语

开场白和结束语虽然是比较常规的，但也是串联词的一部分。开场白的任务是将观众导入晚会的情境，为整个节目奠定基调。因此开场白要用有力的话语吸引观众的注意力，调动起观众的情绪。开场白比较常用的有开门见山、拐弯抹角、营造气氛等方法。

开门见山的方式直截了当介绍当期的节目或嘉宾，演出地点或演出单位等，可以很快进入节目本身，但容易导致公式化和套话，所以要注意避免总是重复同样的话，而要力求做到有变化、有新意。拐弯抹角的做法是并不直接进入节目，而是先从主持人自己或别人的事说起，待把观众的注意力吸引住了，再转到第一个节目。如《正大综艺》第 85 期，就是以赵忠祥和杨澜对话，赵忠祥讲 1965 年自己在北京昌平县农村，有一天早上在路上遇见三条狗的故事。开场的这种由彼及此，由某人的故事或某些感触引发节目的方法有新意，能带来出人意料的效果，如果所说的事情很有意思而主持人说的又很风趣，观众的情绪就能一下子被调动起来。开场白也可以用抒情性串联词把观众引入特定气氛，如《综艺大观》第 124 期的主题是“走进童年”，即是让所有成年人在儿童节这天，重温童年的梦，重忆儿时的情，主持人倪萍的开场白是：

今天是六一儿童节，对于我们每个成年人来说，童年已是逝去的梦。今天，在我们《综艺大观》现场，请所有的来宾都再戴一次红领巾，再做一次小学生，让我们闭上双眼，回到 10 年前、20 年前甚至 30 年前，让我们一起走进童年……

结束语的任务是让观众非常明白地知道节目结束，同时又有一些余味。经常用的有直接宣布、象征性宣布、抒情性总结等。直接宣布节目结束是许多栏目性的综艺节目采取的方式，好处是简洁明了，其局限是容易给人例行公事的感觉。因此，如果要出新意或特别效果的话，串联词就不能用这样的结束方式。象征性宣布是不说再见的方式，以热闹歌舞加上字幕、舞台上空飘下彩色纸屑、最后一个歌唱节目等方式结束节目。如全国电视文艺星光奖 10 周年文艺晚会《星光灿烂》的结束语是：

倪萍：星光和目光，灿烂的辉映。泪水和汗水，幸福的交融。经历了多少不眠之夜，今晚，我们托起了这绚丽的星空。

赵忠祥：星光汇进了你的奉献，星光洒下了我的深情。我们难忘今晚的相聚，我们期待着再次的相逢。

倪萍：朋友，我们相约——

倪、赵：来年再相逢！（后面是最后一个节目，歌舞《今晚星光灿烂》）

大型晚会的结束语则需要对整个节目进行总结，使晚会的主题得到强化，使观众的情绪得以升华，给观众留下最后一个美好的印象。所以串联词要有情感的强度和语言的力度，要将思想和主题蕴含于富有感情的话语之中。如上海东方电视台三周年台庆晚会的结束语是由四位主持人分别说出：

这里是太阳眷恋的东方，阳光在这里孕育，希望在这里成长；这里是海风吹醒的东方，种子在这里萌动，思想在这里豁然开朗；回首三年路，记住奋斗的甘苦，但不沉醉于成功的喝彩。挥挥手，不带走一片云彩！笑看三年情，握住共同的理想，但不沉迷于遥远的幻想。握握手，未来在我们的手中。这是我们年轻的东方，它充满无穷的力量。

结束语的方式很多，可以是戛然而止，也可以是语已了情未了，还可以说上一段话让观众有回味的余地，有时也可以提出问题等。总之，要根据晚会的总体要求来设计结束语，同时结束语也要和整个节目的风格相一致。

思考题

1. 什么是电视综艺节目？
2. 试述春节联欢晚会对中国电视综艺节目的影响。
3. 试述大型庆典晚会和栏目型综艺节目各自的特点。
4. 撰写一台综艺晚会（中秋节、国庆节或校庆周年晚会）台本。
5. 晚会串联词的主要作用是什么？

本章参考文献

朱宝贺:《电视文艺编导艺术》，中国广播电视出版社，1996 年。
张凤铸主编:《中国电视文艺学》，北京广播学院出版社，1999 年。
赵化勇、胡恩主编:《电视文艺文集》，北京出版社，1998 年。
李献文:《台湾电视文艺纵览》，中国广播电视出版社，1997 年。

第四章　益智节目

益智节目是电视文艺节目中主要的节目类型之一。益智节目，就是以参赛者的各种知识竞猜、才艺竞演和游戏竞赛性作为节目的基本构架和主要内容。节目中，参加者必须遵守节目制作者所制定的规则，并按照这些规则来进行竞赛、游戏和表演，整个益智活动的形式和内容就是节目的形式和内容。益智节目在中国电视界曾有过不同的名称。如综艺节目、游戏节目、游艺节目、竞技节目、竞赛节目、娱乐节目、益智节目等，但无论哪种名称，其实质并无根本区别，都是不同类型和形式的竞赛，因此可以归入同一类节目的范畴。益智节目现场气氛热烈，具有相当的刺激性和悬念，观众参与性强，制作成本低廉，是世界各国电视屏幕中经常见到的节目类型，在英美电视界，此类节目一般被称为 Quiz show 或 Game show。

第一节　益智节目概述

1. 节目样式的形成

益智节目的源头最早可以追溯到 1938 年 5 月 31 日英国广播电视公司在亚历山大宫举办的拼写竞赛《拼写蜜蜂》，这是一个正确拼写英语单词的游戏节目。1950 年，受广播有奖竞猜节目的启发，美国电视界开始制作电视有奖竞赛节目。如《我的职业是什么》，内容是由名人组成小组来竞猜某一参加者的职业，获胜者可以得到由制造商提供的商品或奖金，通常是 50 美元或 64 美元。1955 年，美国 CBS 推出名为《6.4 万美元问题》的智力竞赛节目，节目的高额奖金立即吸引了美国的观众，成为全美收视率最高的节目。同时也在随后的几个月里，引来了十几个模仿者，如《大惊讶》(奖金 10 万美元)、《6.4 万美元挑战》(奖金 12.8 万美元)、《21 点》(奖金没有上限)等。1957 年美国商业电视网排名前 10 的节目中，有一半是益智节目。但不久，一些参加过节目的选手揭发有的参赛者得到训练并事先得到了答案。在出现作弊丑闻后，高额奖金的益智节目退出了黄金时间，有些节目则停办。

20 世纪 60 年代之后，各国益智节目随着技术发展而不断更新。70 年代，在制定了一系列防止作弊的措施之后，平民化的有奖竞猜节目替代了需要记忆大量知识的纯粹智力竞赛型节目，再度成为有高收视率的节目。1972 年 9 月美国哥伦比亚广播公司推出益智节目《价格正确》，内容为主办方拿出物品让观众猜测价格，猜对了就能把物品带回家，从一包意大利面、小电动装备，到免费游、敞篷汽车，奖品不断更新升级，节目不定期会推出价值百万美元的大奖。节目播出后受到的欢迎程度近似疯狂，每天都有来自美国各地的观众来到演播大厅，参加这个节目的现场拍摄，节目的现场观众每场有 400 多人，其中大部分是退休老人和家庭妇女，还有很多是学生。为了能上节目，许多人是早上 6 点就来排队，这个节目连续 35 年保持高收视率，主持人鲍勃·巴克也因节目赢得 17 次艾美奖。1975 年，美国全国广播公司推出了《幸运之轮》获得空前成功，据统计，节目在美国有 1600 万观众，全世界每周有 10 亿观众。[①] 这个节目最吸引观众的是两个元素，一是猜字谜；二是节目重要道具轮盘的设置。节目中选手每次转动轮盘时的手气至关重要，这种博运气的方式增加了竞争的不确定性，使节目更为刺激。90 年代以后，国外益智节目呈现多样化的发展，除传统的知识竞赛外，还出现了新的竞赛内容，如歌舞才艺、体育技巧和力量、科学知识与发明、商业素质与管理能力等方面的竞赛。同时节目形态也日益多样化，如个人比赛、小组比赛、团队比赛、家庭比赛等。

① 苗棣等：《美国经典电视栏目》，中国广播电视出版社 2006 年版，第 154 页。

在当代世界文化交流日益增多和迅速流传的环境中，一档成功的益智节目往往会被其他国家或制作公司购买、模仿，从而产生许多不同国家的节目版本。

2. 中国益智节目的发展

中国电视益智节目始于20世纪80年代初。最早出现在电视屏幕上的益智节目是广东电视台举办的智力测验节目，接着中央电视台举办了北京中学生智力竞赛。1984年4月，中央电视台举办全国青年歌手大奖赛（以下简称“青歌赛”）。与此同时，上海电视台也出现了一系列竞赛类节目，如《60秒智力竞赛》《卡西欧杯家庭演唱大赛》等。上海的电视竞赛不仅种类繁多，而且比较注重竞赛的娱乐性和游戏性，比赛现场充满了生动活泼的气氛。对此，电视学者郭镇之总结说：“上海的电视竞赛节目有三个主要的特点：一是扩大了竞赛的门类；二是注重了竞赛的游戏性和娱乐性；三是群众的广泛参与。”①

1990年，中央电视台与泰国正大集团合办了《正大综艺》，这是最早有全国影响的益智节目。这档以世界风光为主要内容的节目，由于引进，采用明星或名人猜谜，现场观众参与等形式，把一般的风光片变得妙趣横生。这个节目彻底改变了中国电视竞赛节目枯燥乏味的课堂问答方式，让众多的中国电视观众见识了电视竞赛节目的魅力。《正大综艺》也由此成为中央电视台收视率最高的名牌栏目之一。

90年代初，受海外同类节目影响，内地的电视益智节目又发展出另外一种样式，即游戏样式，这类节目因此也被称为游戏节目。在这之前，中国电视中的竞赛内容多是各类知识和技能，竞赛风格往往是一本正经的、严肃的。在看到了港台的《鸡蛋碰石头》和《百战百胜》等节目之后，内地电视人受到很大启发，于是多家电视台立即将这种以游戏为主，具有很强娱乐性的节目形式搬上电视屏幕。山西电视台在全国率先设立游戏类栏目《电视桥》。1993年，上海东方电视台推出《快乐大转盘》，1994年上海电视台推出《智力大冲浪》，都是以游戏方式进行竞赛。与此同时，全国各个电视台也相继

① 郭镇之：《中国电视史》，中国人民大学出版社1991年版，第224—230页。

推出了自己的游戏节目，这种由主持人和嘉宾、现场观众一起做游戏的方式，形式活泼、现场气氛活跃、观众的参与感很强，因此大受欢迎。

进入 90 年代中后期，益智节目更是以其平民性、娱乐性、参与性和数额不菲的奖金奖品吸引了无数的中国观众，掀起了又一轮竞赛节目的高潮。不少电视台还通过购买版权或合作的方式相继从法国、英国、日本等国相继引进一批名牌竞赛节目并将其本土化，开始了一个复制欧美益智游戏节目的时代。如 1998 年 CCTV-2 以英国广播电视公司《Go Bingo》为蓝本进行本土化改造的《幸运 52》，节目以李咏为主持人，采取场内外互动方式开设，知识性、游戏性与竞赛性并重，充分调动观众参与的热情。而李咏漂染的长鬈发、花哨的礼服套装、夸张的手势和主持成为栏目的风格。2000 年 CCTV-2 模仿英国《谁想成为百万富翁》，推出《开心辞典》，节目以王小丫为主持人，更为注重知识本身。担任主考官的王小丫曾是新闻播音员，她的主持风格亲切文静，无论是出题或是揭示答案，都不张扬，不捉弄人，很有亲和力。东方卫视引进英国 ITV《The Cube》开发的《梦立方》运用高科技手段和电影化的视觉表现手法，在一个智能化的透明立方体内，以多个游戏项目从平衡、记忆、技巧、敏捷等各个方面，对参与者的身心状态，进行综合的考验。

进入 21 世纪以后，随着广大观众对电视节目过度娱乐化的反感，对国学和传统文化的热情重燃，文化类益智节目再次走红。2013 年河南卫视和爱奇艺联手开发了以写字为内容的《汉字英雄》，采取网台联动方式，集合全国各地识字最多的青少年，让他们在舞台上展示自己掌握汉字的能力，同时挖掘选手的日常生活故事。在益智游戏竞技的形式中，表现当代青少年对汉字知识与文化传统的认知。2013 年中央广播电视总台、国家语言工作委员会则联合推出《中国汉字听写大会》，节目邀请来自全国 31 个省、自治区、直辖市以及在内地受教育的港澳台学生 160 人，组成 32 支代表队，进行汉字听写比赛。这两档节目的参赛者虽然都是中小学生，但其意义并不仅仅在于青少年。节目唤醒了人们对汉字之美的回忆，强化了人们对文字书写的重视，意识到汉字书写对于中华文化的价值，因而是一项以汉字书写能力为核心的文化传承活动。其后跟进的类似节目还有 2017 年浙江卫视的《汉字风云会》等。

在写字节目的引领下，其他内容的文化类节目也纷纷跟上，2014 年中央电视台科教频道在元宵节前推出《中国谜语大会》，内容是猜灯谜，通过屏幕上中学生组队竞猜和电视观众同步互动猜谜的比拼方式，打造全民猜谜平台。2014年由中央电视台和国家语言工作委员会联合主办《中国成语大会》，从300位成语高手中，通过游戏晋级赛，决出一名年度成语冠军。这两档节目让许多观众领略了中国谜语的丰富与有趣，重温了中国成语的寓意与来历，激发起人们对中华传统文化的尊重和家国民族情怀。

2016年，中央电视台科教频道推出董卿主持的《中国诗词大会》，节目以"赏中华诗词、寻文化基因、品生活之美"为基本宗旨，"力求通过对诗词知识的比拼及赏析，带动全民重温那些曾经学过的古诗词，分享诗词之美，感受诗词之趣，从古人的智慧和情怀中汲取营养，涵养心灵。"[①]《中国诗词大会》让观众重温儿时的诗歌记忆，节目中民间高手对中国诗词的热爱令人赞叹，而才女陈更、武亦姝等人在节目中出众的表现，更是让她们成为观众熟知的名字，节目甚至带起了全民学习诗词的热潮。至2019年2月，《中国诗词大会》已播出四季，持续受到人们的关注和喜爱，成为现象级的电视节目。而借助"小成本、正能量、大情怀""台网同标"等利好政策，中国电视中的文化类综艺节目在2017年出现了井喷，社会影响力不断增强。

3. 益智节目的魅力

益智节目不像综艺表演有悦耳的歌声、优美的舞姿、幽默的表演，也不像电影或电视剧有漂亮的演员、有吸引人的故事，为什么却会有较高的收视率，对观众有很大的吸引力?

首先，益智节目具有娱乐的要素，即刺激、对抗、悬念等。观众可以设身处地体验紧张，得到某种满足。看一场设计巧妙、竞赛激烈的节目，也如同看足球场上两队激烈拼抢、奥运会上的争金夺银一样激动人心。在竞赛开始的时候，结果是未知的，一切都在悬念之中。因此，这类节目深受观众喜爱的原因在于："它向观众提供了观看真实的人和真实的情感的机会。观众旁

① 张素芹：《"中国诗词大会"带动学诗词热潮　寻文化基因　品生活之美》，《广州日报》2016年3月7日。

观着结果难卜的角逐，如同坐山观虎斗，焦急与兴奋感油然而生……总之，竞赛节目向大多数人奉献他们准备在电视屏幕上寻觅的东西——悬念与兴奋。”① 有网友在观看《中国诗词大会》后坦言：“优秀选手之间的过招总是能够碰撞出火花，观众看了之后直呼特别的过瘾，更是为自己心仪的选手捏着一把汗，希望她不要出错，能够顺利过关。很多人一定都还记得选手陈更和朱彤这两位才女在场上进行超级飞花令的那个时刻，二人的表现让人目不暇接。”②

其次，大部分的竞赛内容都是观众所熟悉的或略知一些的，虽然他们并不一定知道问题的答案，但他们也可以在看电视的同时，和现场的参赛者一起做题目，借此机会对自己的知识、能力和反应做一番测试，看自己能不能做出这些精心设计的题目。同时也可以和现场参赛者比一比，看看自己是否与他们一样聪明或是比他们更强，看看自己的反应程度是否与他们一般敏捷，看看自己的运气是否比他们更好抑或不如他们等。在进行同步猜题的时候，观众还可以借此考查节目的制作者，即出题者的出题水平是否高明，是否具有智慧，出的题目是否巧妙有趣，还有什么新奇的测试方式与手段等。再有，在节目中和节目结束的时候，观众可以和参赛者分享情感，他们可以和胜利者同享欢乐，和失败者分担遗憾，可以看参赛的胜利者赢上一大笔钱而议论纷纷，或暗自羡慕。有些竞赛节目还显示出独特的吸引力，如给观众提供现场对明星名人的测试，看他们经受知识与反应力考验的机会，看他们成功通过时的得意之情或出洋相时的窘迫境况，有时是名人回答问题的风趣与幽默——不论是即兴还是预先准备好的——都能使观众倍加兴奋与满足。正如电视学者郭镇之所言：“电视竞赛成功的真正奥秘是它的趣味性。知识具有内在的魅力，能力的显示给人以美感。观众在观看知识竞赛时，和观看体育比赛一样，为不断的悬念所吸引，他必须不断地判断，不断地做出选择，在强烈的现场气氛中他不能无动于衷。参赛者在竞争过程是往往有好胜心理、侥幸心理，观赛的人可能产生赌博心理、偏爱心理。但这一切都是游戏，是以

① [美] 埃德加·E. 威利斯、卡米尔·德·艾利恩佐：《电视脚本创作》，李瑛译，中国广播电视出版社 1991 年版，第 115 页。

② http://sh.qihoo.com/pc/907f16e3c69e9e07e?cota=4&sign=360

知识和技能为媒体的娱乐活动。虽然许多人声称，他们看竞赛节目是为了增长知识，但知识竞赛既不是传播知识的优选场所，也不是检验才能的主要途径，临场发挥的机智、即兴表演的生动才是它吸引人的地方。正因为这种游戏性，观众往往并不看重参赛者的水平和表演的质量，而更看重竞赛过程带给人们的兴奋。”①

对于节目的参与者来说，参加节目的理由和心态是五花八门，比如原本不想去，被朋友同事或别人拉去参加；从来没有去过电视台，没有参加过电视节目制作，想看看电视节目到底是怎么做出来的，被好奇心驱使；无聊，反正没有其他事可干，看到节目制作组在征求报名，于是就随便报了名，没想到居然被选上了；看到别人在节目中的表现，觉得自己并不比他们差，想通过参加节目来证明自己的能力和提高自信心等。但普通人参加节目的理由一般是这样三种：一是展示自己的才能，并通过展示才能得到满足。人都是有表现欲的，特别是那些有一技之长的人更是如此，即所谓的技痒难熬。通过参加节目，可以一展自己的特长，比如唱歌、跳舞、绕口令、模仿、各种民间艺术、绝活等。而对于那些知识丰富、博闻强记的人来说，参加知识、猜谜等益智类的竞赛，同样可以一展自己的强项，向别人显示自己知识的广泛和头脑的充实等。因此参加竞赛游戏类节目，可以极大地满足参加者即那些普通人的表现欲。二是提供了迅速出名的机会。人都有想成为名人的梦想，而电视竞赛节目正是为普通人满足内心这种梦想的一条捷径。在日常生活中，要想成为政治家或企业家，要想在科学研究或文化艺术创作上做出一番成就从而成为社会上的知名人士，对于普通人来说太难了。而通过参与电视节目而出名却要容易得多。首先，参加节目没有任何身份限制，只要参加报名，就有可能被选中参加节目，即使一时没有被选上，只要坚持不懈地报名，终有一天会被选上参加。其次，对于参赛者来说，参加节目的要求并不高，不需要掌握那些常人难以掌握的高深知识或高难度技能，只要具有比其他人多一点常识，只要具有一技之长（哪怕是业余水平），或是记忆力强，多留心各种题目，或是反应比较快，头脑比较灵活，就有可能在节目里胜出。而一旦在节目里胜出，

① 郭镇之：《中国电视史》，中国人民大学出版社1991年版，第226页。

就可以在转眼间成为知名人士，得到社会的注意和其他人的尊敬。三是奖金或奖品的诱惑。只要参加节目，无论作为参赛者上场还是作为现场观众，都可以得到一定数量的奖品，而那些参加者，特别是最后胜利者，甚至可以得到丰厚的奖品或高额奖金，这也是吸引参赛者的重要因素之一。

对于节目制作者来说，节目低廉的制作费用和较高的收视率则是吸引他们的主要因素。一般说来，益智节目的制作费用要比其他娱乐节目，特别是文艺晚会和电视剧的制作费用少得多，而节目吸引观众的数量则十分可观。在作为“眼球”工业的电视行业中，这样的投入产出比，自然令节目制作部门格外动心，对它青睐有加。因此，益智节目无论对于电视观众、参赛者还是节目制作者来说，都具有很强的吸引力，这也就是电视屏幕上尽管不断有人指责，但这类节目却依然大行其道并长盛不衰的根本原因。

4. 竞赛节目的价值

益智节目和游戏节目拥有较高的收视率和广泛的影响，但比起同类娱乐类的电影或电视剧来说，一度受到的社会评价却较低。许多观众虽然也收看此类节目，但对节目又往往持贬低或否定的态度。不少文化精英对益智节目和游戏节目完全不屑一顾，认为此类节目除了庸俗搞笑和低级趣味没有任何有益的东西。不过，近年来随着《中国汉字听写大会》《中国诗词大会》等文化类节目的出现，观众包括文化精英在内的观众已经极大改变了对竞赛节目的看法，更多地看到了这种节目形式对于传播文化的作用。

从文化发展的角度看，益智节目和游戏节目的出现其实是必然的。竞赛和游戏是人的本能，是伴随人一生的活动。孩子们从小就生活在竞赛和游戏中，从被抱在大人怀里时玩的“逗逗飞”到童年时小伙伴之间的捉迷藏，从孩子们玩的过家家、老鹰捉小鸡、包袱剪子锤到大人的舞狮、摔跤、斗歌、划拳，竞赛游戏在人生的各个阶段都有不同的存在形式。从部落村社的游戏，到城市和国家的游戏，世界各民族各地区，在发展过程中都形成了具有各自文化特点、民族特点、地域特点的竞赛和游戏项目。即以中国各民族而言，就有汉族的赛龙舟、舞狮，蒙古族的叼羊，高山族的竿球，哈萨克族的姑娘追，侗族的抢花炮，拉祜族的打马桩，傣族的丢花包，黎族的跳竹竿等。这些竞赛方式经过长期的流传和发展，已经成为民族文化不可缺少的一部分，成为民族文化的象征。而拔河、猜谜、击鼓传花等这些竞赛游戏方式，则已经突破民族地域的限制，成为中国各民族人民共同的竞赛游戏方式。同时，许多竞技活动经过长期演变，成为体育比赛的项目和内容，成为世界各国人民共同的竞赛与游戏，如赛跑、球类、棋牌等。

电视竞赛和游戏节目是竞赛游戏活动的电视化和传播化。电视利用大众传媒的力量，突破了街坊、村社、部落、族群的局限，将不同地方、不同职业的人们聚合在一起，进行竞赛和游戏，同时又赋予这种竞赛和游戏以传播的价值。电视竞赛游戏节目一方面继承了民间竞赛游戏传统，如猜谜、竞技、赛歌赛舞等（当然不是所有的游戏都可以转化成电视节目，只有那些适合电视媒介的游戏才能转化成电视节目），同时也在民间游戏的基础上创造出了新的竞赛游戏方式，如竞猜、模仿、传话等。因此，电视益智节目和游戏节目可以看成是人类在游戏活动上的新延续，是电子传媒时代地球村社的游戏方式，从文化上可以完全归入人类文化的范畴。人们在电视节目中进行竞赛和游戏，与他们的祖先在村落中玩游戏和竞赛并无本质的不同，都是人本能的表现和身心健康的需要。

游戏对于人的成长和生存，对于集体精神和民族文化的维系，都有着重要的意义。在人的儿童时代，游戏是儿童学习和启蒙的方式，儿童正是在充满情趣的游戏活动中学习知识、发展想象力和创造力。在成年后，游戏又是人达到身心健康的方式，使人在世间琐事和生活压力下能够通过游戏得到解脱、获得娱乐、宣泄情绪、缓解压力、消除生理和心理的疲劳、恢复生活的勇气。游戏还有助于培养荣誉感和集体精神，比如在竞赛和游戏中，只有通过团体的合作一致、顽强搏斗才能获得胜利。游戏还有助于培养认同感和民族精神，比如许多少数民族都有本民族特有的游戏方式，这正是这些民族识别自我、认同族群的标志。如在海外华人中，舞狮、舞龙并不只是一项简单的体育活动或娱乐活动，对于他们来说，舞狮、舞龙是中华文化的象征，是表明自己中华儿女身份的标志，是对血缘与祖先的认祖归宗。

第二节　益智节目及延伸类型

从最早的节目形态到后来的发展，益智节目的基本内容与其他类型节目要素的结合，使益智节目的外延不断扩大，出现了各种不同的类型。从当代世界电视节目的发展状况看，各国的益智节目大致可以分为知识竞猜、才艺展示、综合技能、运气博彩四大类型。

1. 知识竞猜型

知识竞猜型节目是以各种知识的竞赛为主要内容的节目。这类节目是看哪一个选手掌握的零碎知识比别人多，主要是比参赛者在记忆力和智力方面的能力。知识竞猜型节目不受地域、年龄、体能、性别等的限制，因此可以吸引各个不同阶层、不同年龄、不同职业、不同收入的观众参加和收看，具有很广泛的群众性，是益智节目中最主要的节目类型。

在各个具体节目中，各类知识竞猜型节目在内容上往往有不同的侧重，如《正大综艺》主要是世界各地的风光和与此有关的知识；《东芝动物乐园》是关于动物的各种知识；《幸运52》是经济生活中的各种知识；《开心辞典》是各种实用有趣的生活知识和文化知识；《智力大冲浪》是各种与现实生活有关的社会知识，包括各种法律、政策和百科知识等；《汉字英雄》《中国汉字听写大会》是关于中国文字的知识，和人们对文字笔画与书写的正确性；《中国成语大会》《中国谜语大会》《中国诗词大会》则分别是关于中国成语、民间谜语、古典诗词和现代诗词的知识。

益智型节目的题目并不限于书本知识，艺术欣赏和各种生活常识同样可以作为竞赛的内容，比如流行歌曲的名字、商品的价格、烹调的技巧、居家和旅行中的生活常识等。一般说来，在知识竞猜型节目中，娱乐性强的节目比较容易受观众欢迎，因为虽然观众需要在节目中获得知识，但大部分观众收看节目的目的主要不是学习知识，而是通过节目得到娱乐。

2. 才艺展示型

才艺展示型节目是益智节目最早以及最大的延伸类型。此类节目以各种文艺表演的比赛为其基本比赛内容。包括唱歌、跳舞、唱戏、曲艺说唱、模仿表演等。才艺展示型节目是竞赛节目中非常稳固的一类，因为唱歌、跳舞和各种艺术表演是人的天性，在各个阶层都有广泛的爱好者。许多人有很好的嗓音条件，又喜欢唱歌，许多人年轻时学过一些艺术表演，有人可能还做过成为艺术家的梦，这类节目就是给这些人一个表演的机会，让他们一展身手，圆年轻时的梦想。80 年代中期，中央电视台就举办过一系列电视大奖赛，如“全国青年歌手电视大奖赛”“全国戏剧小品电视大赛”“中央电视台主持人大赛”以及相声、舞蹈、民族器乐、京剧表演、猜谜等电视大奖赛。这些竞赛对中国电视竞赛节目的发展具有开创性的意义。其中“全国青年歌手电视大奖赛”（以下简称“青歌赛”）从 1984 年的首届至 2014 年底已举行十六届。“中央电视台主持人大赛”和中央电视台的《挑战主持人》都是考验电视节目主持人的主持能力的竞赛节目。

才艺表演竞赛节目在近年来发展出许多不同的类型。如东方卫视《欢乐喜剧人》为代表的喜剧表演竞赛，节目组从全国网罗各路民间喜剧人才，通过相声、小品、曲艺、幽默表演、杂耍、变脸等节目样式产生最具喜剧天分的人才。以《演员的诞生》为代表的表演类竞赛，节目以演技为唯一视角，邀请三位一线影帝影后坐镇，为有演技实力的平凡人搭建了一个与顶级影帝影后面对面切磋演技的平台。以《声临其境》为代表的声音竞演，节目每期邀请包括演员、配音演员在内的四位嘉宾同台竞声，通过台词功底、配音实力和互动搭档进行比拼。

虽然才艺展示型节目可以为作为选拔表演人才和新秀的有效途径，但是，这类节目主要不是面对专业人士，而是大量的业余艺术家和文艺爱好者。因此，才艺比赛的很重要的一点就是它的群众基础，如果一项比赛的群众基础很好，对它感兴趣的人很多，节目就会有源源不断的报名参赛者，就会不断提高竞赛的水平，就会有许多观众关注它，那么它的收视率自然就会高。河南电视台的《梨园春》栏目中有一个小栏目“戏迷擂台赛”，就是因为有许多戏迷关注它、热爱它，不断有人报名来参加，所以节目办得越来越红火，成为栏目中的主要板块之一。广西电视台的竞赛节目内容多是赛歌赛舞，是因为当地观众中能歌善舞的人很多，有很雄厚的群众基础，不难找到节目的参加者。而上海由于是国际化大都市，有很多外国人。于是上海电视台就有条件举办《外国友人学中国文化大赛》《外国人中华才艺大赛》，使观众从比赛中看到中外文化的差异以及由此带来的有趣细节。同样中央电视台的《非常6+1》也是将平民选手作为主角，通过他们的表演，帮助普通人圆梦舞台。

3. 综合技能型

综合技能型节目是以各种技能为内容的竞赛，所以这类节目又被称为竞技节目。综合技能型节目竞赛的范围较广，除了知识与才艺外，几乎生活中所有内容都可以进入比赛的范围，比如创意表演、科技制作、家务劳动、厨艺展示等。如英国的《机器人大战》节目，参与者不但要熟练地操纵机器人，还要掌握设计和制造机器人的技巧；日本的《超级变变变》是以创意和造型表演为竞赛内容；英国的《剪刀石头布》做的是许多人在儿童时代就曾玩过的“剪刀石头布”游戏等。80年代中央电视台曾引进过一档德国竞技节目《夺标》，是德国农民通过伐木、踩水车、制作简易飞行器飞翔等竞技项目进行比赛的节目。国内有90年代上海东方电视台的《快乐大转盘》。21世纪以后有中央电视台从法国引进的《城市之间》、湖南卫视的《奥运向前冲》《智勇大冲关》等。近年来的《最强大脑》是从科学角度，通过各种智力竞技，决出世界最强大脑。比如选手面临的第一关就是数字谜盘项目。选手需要在最短时间内将已被提前打乱的1—15个数字还原成排列的初始状态，系统将按照还原速度进行排名，前80人才有资格进入下一轮挑战。而《非你莫属》比赛的是选手的职场能力。节目每期都有5位选手，他们是来自全国各地的真实应聘者，都拥有一些特长，而节目组聘请的12名企业高管组成现场招聘团，对应聘者进行评判和挑选。

在综合技能型节目中，最主要的类型则是体育类的竞技节目，这类节目占据了综合技能型节目的大多数。节目主要是比赛身体的体能，如身体反应的敏捷程度、协调能力、平衡能力、奔跑速度、力量大小等。具体内容可以是奔跑、攀爬、躲闪、在运动情况下保持身体平衡等。比如《奥运向前冲》比赛内容是在一条720米长的赛道上设置了过独木桥、撑竿跳和攀岩等项目《智勇大冲关》比赛内容是跑步机跨栏、踩滚筒、过旋转平衡木、人体冰壶球、飞人攀岩等。中央电视台的《城市之间》中“勇攀高峰”环节的男选手接力攀登，“激流勇进”环节中的参赛选手趴在充气模型的水平台面上惯性滑行比赛，特别是“小牛”环节，选手要通过吸引小牛钻进代表自己国家的圆圈而得分，但又不能让小牛顶到，选手因为躲避小牛追逐而爬到栅栏上、躲在桶里面等各种状况使现场充满趣味性。体育类竞技节目紧扣住了当下人们追求快乐和充满刺激、充满挑战的游戏心理，往往使节目的参与者与观看者非常兴奋，感到一种天性的解放和少年狂式的愉快。江苏卫视的《星跳水立方》是跳水竞技节目。节目中多位明星在北京奥运会水立方跳水馆内，按照国际泳联的跳水规则进行对决，同时邀请奥运冠军担当教练，国际跳水裁判现场打分。

技能型节目除了为那些身怀绝技的人提供一个展现身手的舞台，让他们能够在大众面前表演他们的技能之外，最主要的是为那些并没有什么特长的普通人提供参加节目的机会。因为在日常生活中，掌握高难度动作和绝活的人毕竟不多，但到电视台参加节目，走上比赛的舞台，却是很多普通人都有的念头，节目正是满足了大多数普通人梦想的节目。

4. 运气博彩型

运气博彩型节目虽然也运用知识竞赛和技能竞赛等手段，但它的主要落点是在博彩，也就是高额的奖金上。运气博彩节目主要是利用人对金钱的渴望和发财心理来吸引观众和参赛者。如恩德摩公司的《成交不成交》，就是一个考验选手逻辑判断力和运气的博彩型节目，选手是否接受“银行家”的出价，而将手中的手提箱售出是核心。节目就在“银行家”与选手之间的不断博弈之中，在一个个成交与不成交的悬念之中，直至最后。节目中大部分人由于过分贪婪，不断地博，往往放弃了很好的机会。节目想告诉人们的是，要在正确的时机做正确的交易，抓住时机的人才能取得最后的成功。运气博彩型节目的内容和形式都是围绕赢钱来设置的。这类节目刺激性强，对观众有相当吸引力，它使小孩子可以幻想发财，老人家可以羡慕别人发财。在国外是一种主要的竞赛游戏节目类型，如欧美和日本、韩国都有同类型节目，在中国台湾和香港地区也十几年来长盛不衰，而在中国内地则较为少见。节目的进行过程往往是以金钱的数额来统计，节目每往前推进一步，金钱的数额就会增加，直到积累至相当大的数额，而随着金钱数额的增多，对参赛者的压力就越来越大，而对观众则刺激性越来越强。

除了知识和技能，这类节目的重要因素是运气，只要参赛者的运气较好，有时就能赢取数额不菲的奖金。如美国的《幸运之轮》中独特的重要道具——轮盘的设置，就体现了运气的重要性，轮盘的扇形区隔分为奖励和惩罚两部分，奖励内容包括不同金额的奖金、旅行机会、珠宝等，惩罚部分则是“破产”和“失去机会”，如果选手转到“破产”则本回合累计的奖金全部归零，并失去本次机会；如果转到“失去机会”，则由下一名选手转动轮盘。在节目中经常会出现选手已经领先很多，但不幸转到“破产”，从而失去前面累积的奖金和最终角逐大奖的机会。因此，在每次转动轮盘时，选手的手气至关重要。

第三节　节目的整体设计

益智节目从20世纪80年代开始到现在，在竞赛内容上越来越丰富，在竞赛形式上越来越多样，而竞赛节奏则越来越迅速。

益智节目的竞赛内容最初主要集中在科学文化历史方面，但进入90年代，特别是21世纪以后，大量其他方面的内容进入了益智节目，如时尚、经济、法律等。在竞赛形式方面，则表现为越来越多样。90年代初，中国观众刚开始接触竞赛节目时很容易满足，简单的猜题形式就会受到观众欢迎。今天，简单的问答形式已满足不了当代观众的需求，随着益智节目和游戏节目数量的增加和影响的扩大，就连一些长期受到观众欢迎的名牌节目，也不得不在竞赛形式上做出调整，如中央电视台的《正大综艺》，从创办以后，猜谜形式已经变化了几十种。在竞赛的节奏上，则越来越快，表现为答题时间越来越短，如英国竞赛游戏节目《价格是对的》首次与观众见面时，每个问题的限定时间是5分钟，参赛者有充裕的时间思忖推敲每件商品的价格。而后来回答问题的时间越来越短，直至回答一个商品价格问题的时间不超过20秒。抢答题这种竞赛方式的出现就是适应了加快竞赛节奏的需要。抢答题要求参赛者在最短时间内，以最快的速度正确回答问题。因此，它考验的不仅是选手掌握知识的程度，也同时要求回答问题的速度，即反应的敏捷程度。同样，选择题这种题型的出现，也是为了适应快速答题的要求。因为益智节目成功的关键不在于竞赛者是不是长得漂亮，表演技艺是否达到专业水平，甚至也不在于奖金的数额，而在于节目是否有能力调动起观众的情绪和参与欲望。要使观众情绪和欲望被调动起来，关键在于将吸引观众的元素化为具体的竞赛规则。因为电视节目的叙事是通过规则来实现的，因此节目要选手怎么表现，他们就会怎么表现。

益智节目的设计主要是从竞赛内容、竞赛模式两个方面进行考量。

1. 竞赛内容

益智节目和游戏节目的内容大致可分为智力、表演、竞技三个方面。

智力方面的竞赛主要是记忆力的竞赛，竞赛方式是猜题，猜题的内容极为广泛，上到天文宇宙航空航天下到地理地球深海大洋，包括政治、历史、文化、经济、法律、道德等各个领域，上下几千年，纵横几万里，几乎无所不包。猜题是将各种各类的完整知识，打破其知识和理论构架，抽中其中的知识点，将其变为一个个相对简短的具体问题。如某些政治历史事件的时间地点、某些著名作品的作者、某些名词术语的正确解释、某些法律法规的内容、某些民风民俗的历史及意义、某些体育比赛的胜负结果、某些商品的市场价格等。

竞赛题目的设计是竞赛节目的核心。竞赛题目的设计要简洁易懂，让人一看或一听就能明白主持人问的是什么问题。因为无论是现场的参赛者还是电视机前的观众，都需要立即对问题做出反应，太长、太复杂、太晦涩的题目都容易使参赛者产生迷惑，也会使观众失去兴趣。题目的设计还要求难易适度，既不能太偏，让选手失去信心，又不能太简单，否则会失去挑战性。难易适度是指题目的难度既足以形成对参赛者的挑战，又不过于难，以至无人能做出正确的回答。题目的难易源于对参赛者水准的把握，同时也是针对电视机前的观众，一般说来，初赛题目应当大部分观众都可以正确回答，而决赛题目则大部分观众不能正确回答。对于难易程度的把握，出题者可以事先对于参赛者回答问题正确率做一个估计，然后再将实际的正确率与自己的期望值做一个比较，看两者的区别大不大，如果不大，说明出题者对于难度的把握基本准确，如果与实际水准的差距很大，就应当进行调整。在同一环节中，问题的难度要大致相等，而不要有的题很难，有的题却很容易。难度相等是竞赛公平性的体现，它使所有的选手在问题前一律平等，选手的胜出是凭借自己的实力，而不是靠碰到容易的题目。一般节目的前五条题目是简单浅显的题目，都是为家庭中从小孩到老人都能够参与收视的目的而设置。当竞赛游戏节目发展到一定阶段时，会积累一定数量的题目，这时就可以建立有相当容量的题库，以备不断使用。

在设计竞赛题目时，除了要广泛采用从自然科学到人文科学的各种知识之外，很重要的一点是竞赛题目应当具有知识的实用性和趣味性。所谓实用性是指生活中经常遇到的，或是在生活中有用处的知识，这样，竞赛题目才能使普通观众产生认同感和跃跃欲试的心情。比如在加油站不能打手机，艾滋病的三个传染途径是血液、性和母婴等，比如如何辨别假烟假酒、如何辨别注水肉等。竞赛题目还应当具有趣味性。竞赛节目虽然也有知识的问答，但它不是课堂教学，不是严肃的知识传授，而是以知识作为娱乐的内容，或是用知识来进行娱乐。因此竞赛节目的题目设计必须要能引起观众的兴趣。趣味性可以由许多途径造成，比如选择那些观众有印象，却不清楚正确答案的问题，选择那些观众自以为知道正确答案的问题，选择那些过去有定论而现在由于新研究而推翻旧结论的问题等，都可以造成问题的趣味性。因为这些问题足以构成对观众知识的挑战，却又能让观众有兴趣有能力迎接挑战。比如铁是不是黑色的，飞机顺风飞行速度是不是更快，悉尼是不是澳大利亚的首都等，这些题目普通人都能回答，但许多人往往答错。竞赛题目的设计还应当有新鲜感，要尽量避免使用那些人人皆知的，或是经常出现的问题，而想法要设计出别人没有想到的，或未在电视竞赛节目中出现过的问题，这样才能给观众新鲜的刺激，激起观众的收视兴趣。比如《幸运 52》中按主题词设置问题的做法就相当有趣味性，如主题词是海，五个问题分别是“观海潮、吃海鲜、探海底、打海仗、夸海口”，或“红海、黑海、里海、死海、胖大海”；主题词是动物，五个问题就是“独角兽、比目鱼、九头鸟、百足虫、千里马”；主题词是感情，五个问题是“喜、怒、哀、乐、愁”。趣味性有时要靠引进其他因素，如让参赛选手以观众熟悉的影视作品人物出现，往往能体现较强的趣味性。《中国诗词大会》第四季的题库也是按主题分类，分为节令类、咏物类（花草鸟兽类）、乡情类、亲情类、爱情类、友情类、英雄类等十多个主题，分类大致也是按照古诗词在日常生活中的应用频率高低以及主题立意的吻合度。每个上场答题选手在个人追逐赛环节选定一个主题包，包里的题目则在对应的主题范围内。主题包中，传统节令与四季更替内容的诗词数量较多，传统文化容量较大，应用度也较高。

竞赛题目的设计可以直接从书本上寻找，比如各种百科全书、历史书籍、报纸杂志、各种年鉴等。也可以通过向各方面专家咨询的办法，如《三星智力快车》的出题就是依靠许多科学家作顾问，而香港版《百万富翁》则采取由社会人士组成出题组的办法。节目邀请二三十名有大学文化程度的各阶层人士组成出题组。这些人之间互不相识，平时以电邮或传真的形式向节目部的“6 人小组”提交题目。而由“6 人小组”每周从 600 条题目中筛去那些太艰深或太含糊的，剩下的题目再以其深浅程度决定其价值。《中国汉字听写大会》则有 4 名工作人员和两名来自北京大学中文系的研究生作为出题组，专门负责找词的工作，他们从《辞典》《字典》《词库》等辞书中找，也从《水经注》《红楼梦》等名著中找，内容涵盖天文、地理、生化名词、方言术语、生僻地名等等。

表演方面的竞赛包括各类文艺表演形式，既包括传统的文艺表演如唱歌、跳舞、表演小品、模仿、各种说唱形式如说书、快板、相声、绕口令等，还包括那些并不是传统文艺表演的形式，如青年人喜爱的街舞、吉他弹唱、双节棍表演、老年人的健身舞、大秧歌、木兰拳等。作为节目的编导，应当要不断发现在社会上新流行的、可以用来作为竞赛内容的表演项目。

竞技方面的竞赛主要是做游戏，包括各个方面较量，如比速度、比力量、比准确性、比人的平衡能力、比创意能力等。竞技通常是以个人或集体做游戏的方式出现，气氛比较轻松愉快。如踩气球、投掷、过河、角力、用筷子夹滑溜溜的东西，在大的圆球上行走，蒙着眼睛找东西，蒙着眼睛在纸上画五官，用人体模仿事物，向一定距离外投掷东西等。竞技游戏项目的设计首先是趣味性。因为对于参赛者来说，是在竞技，但对于电视机前的观众来说，是在看节目。因此竞技游戏除了本身有一定的趣味性之外，有时还要靠引进其他因素，如让参赛选手以观众熟悉的影视作品人物出现，往往能体现出较强的趣味性。如《快乐大转盘》搞过一个“上海滩喜采年货”的游戏，这是一个竞技性的集体游戏，由三个队比赛，每队出两男一女，分别扮成电视连续剧《上海滩》中的人物，女选手扮成冯程程坐在黄包车上；一位男选手扮成丁力拉黄包车；另一位男选手扮成许文强在后面推黄包车。两位男选手必须买到规定的一大堆货物，每购完一样物品便堆在冯程程身上，最后推拉着黄包车到达终点，哪一队先到终点便获得胜利。由于《上海滩》是观众熟悉的影视作品，所以看到选手的滑稽表演，观众觉得特别有趣。和竞赛题目一样，竞技游戏也要有新鲜感。老是做些不变的竞技游戏，观众就会厌烦。中央电视台的《城市之间》之所以引起观众的相当兴趣，是因为这个引进的法国竞技节目中，有不少竞技项目的设置给人以耳目一新之感，如“摇摆足球”“落水皇帝”“激流勇进”等。还有一些来自法国的趣味娱乐节目，如消防车用水将汽车托起，在火车的传动杆上放置饮料杯，火车开动而饮料杯却不落等，如在不到10秒钟的时间里汽车拉掉桌上的餐布，而桌上的餐具却完好无损，没有随餐布而落下。

竞技游戏项目还应当具有刺激性。刺激性是指相对日常生活而言的具有惊险、强烈的因素在内，有某种极限的意思，比如竞技性节目在策划中要注意节目的难度、奇度、险度。难度是指游戏动作的完成应有一定的难度，并非轻易可以完成，要从体力和智力技巧两个方面加强难度。险度，指在安全的前提下，增加险度，增加刺激性和对抗性。

竞技项目的生存之道是不断创新求变，从竞技样式到竞技场地，从使用的道具到参赛人员的身份等，都不断变化，争取每次都玩出新花样。这样才能长久吸引观众的兴趣，保持节目的活力。

2. 竞赛模式

任何成熟的竞赛游戏节目都有自己的基本模式，这个模式既是节目的标记，也是节目的特点，因此，竞赛模式的设计是节目整体设计的关键。

（1）猜题方式

智力竞赛的猜题方式可分为选择题和问答题。选择题是出题者不仅提出题目，而且告诉竞赛者一组答案（一般为两个至五个答案不等），正确答案就在这组答案之中。竞赛者必须在这组答案中选择唯一正确的答案。选择题可以有多种设计，如在一组错误答案中设计一个正确答案，或在一组正确答案中设计一个错误答案。问答题是出题者提出题目，竞赛者回答问题，由于出题者并未向竞赛者提供任何可供选择的答案，所以竞赛者必须完全靠自己对问题的把握说出正确答案。问答题也包括许多内容，如猜字词、猜物件、猜人物、猜商品价格等。不同节目的设计者可以根据节目的不同要求选择竞赛题型。

（2）竞赛环节

竞赛过程通常分为若干环节。竞赛环节的设置不仅使整个节目段落分明，也有利于竞赛内容的安排、竞赛节奏的调整与商业广告的插播。竞赛环节的设置主要受竞赛时间长度的制约。一般说来，竞赛环节的时间长度为10—20分钟，一小时左右的竞赛节目，通常可以分成三个到五个竞赛环节。

竞赛环节的设置策略大致有递进式与非递进式两种。递进式环节竞赛难度是步步递进，逐步提高的。在递进式环节中，通常是最初一两个环节的难度比较低，答题者比较容易通过，这样的设计主要是为了使竞赛者提高信心，使观众提起兴趣，其主要目的当然是吸引观众；中间的一两个环节，题目变得难了起来，但只是较难，有实力的答题者应该还是可以通过的；最后一个环节应该是最难的，只有少数甚至是极少数真正有实力的或幸运的答题者才能通过。也就是说，在竞赛环节上，应该是开头容易，越到后面越难，到最后一环非常难。一般有巨奖的竞赛节目常常采用递进式，如《歌唱小蜜蜂》中，主持人 Joey Fatone 开场白后，乐队就开始唱歌，现场观众（都是报名来参赛的）都站起来随音乐舞、唱起来。Joey Fatone 来到观众当中，随机挑选观众接唱乐队的歌，如果歌词唱对了就取得上台比赛资格，挑选满 6 人上台，比赛就开始。第一轮选手轮流接唱乐队的一首歌，唱对歌词的选手进入下一轮，换另一首歌由剩下的选手接唱，唱错的歌自动由下一个选手接着唱，唱错者还有机会再接唱。这样产生出的四个选手进入第二轮，第二轮是选手两两 PK，产生出第三轮的两个选手，这两个选手再 PK，会剩下最后一个优胜者。但要想拿到奖金还要往下挑战，选手要过三关，这时一共允许这个选手错三次，过第一关获得 5000 美元，过第二关获 15000 美元，过第三关获 50000 美元。在《谁想成为百万富翁？》中选手必须连续答对 15 道题才能得到最后的百万大奖，因此题目越来越难。一般来说，前五题是比赛的第一阶段，这个阶段的题目相对比较容易，主要考查英语中的俚语含义、民俗文化和生活常识。一般选手都能顺利通过第一阶段的。第二阶段难度依然不是很大，但对于选手的知识面提出了比较高的要求，涉及到戏剧、文学、音乐、体育、时政等诸多方面。节目问题最难的一部分是第三阶段，许多是关于其他国家的种族问题，一般的选手在日常生活中很难接触到，问题出得刁钻古怪，只有极少数的选手不被难倒。顺利通过这三个阶段的选手将获得百万大奖。《十倍钱进》规则更简单，只要回答对 5 道题。各题的奖金按照十倍递增，分别是 1 千元、1 万元、10 万元、100 万元、1000 万元。参赛者回答问题的难度主要体现在准确度上，5 道题回答的百分比区间分别为 40%、30%、20%、10%、完全正确。《中国汉字听写大会》采用三级赛制。节目邀请全国不同地区中学生组队参赛，初赛获胜的 160 位选手将形成 32 支代表队，每 4 个队为一组进行 8 场复赛。复赛产生 8 队 40 位选手进入半决赛。两场半决赛产生两队 10 位进入决赛的选手。《中国诗词大会》每位上台的选手最多可回答 10 道题，中间如果出现失误，便停止答题，选手得分以每一题百人选手团中答错的人数叠加计算。每场比赛，106 位挑战者将全部参赛，每场比赛都由个人追逐赛和擂主争霸赛两部分组成。每一期先在百人团中产生四位挑战者，挑战者们参加个人追逐赛的比拼，百人选手团与挑战者共同答题，如果百人选手团答错，其面前的战船将会被击沉，每道题的沉船数量即为挑战者的得分。每位挑战者最多可答10道题，挑战者中总分最高的一位，与百人选手团中答题正确率最高且最快的选手，将进入“飞花令”环节的比拼，胜者即取得攻擂资格，向擂主席位发起冲击。擂主争霸赛共有9道抢答题，抢到并答对者得一分，答错则对方得一分。率先获得五分者则为该场擂主。《汉字英雄》采用13宫游戏模式。每个宫格内都有一道题目，选手从第一宫格出发答对便向前面一格迈进，回答错误并将向左或向右平移一格，走出13格外代表游戏结束，而从入口对面最后一个宫格走出去即表成功。

而在非递进式的环节中，各环节没有难度的递进，只有竞赛项目的改变，就像体育比赛中的个人全能和接力赛，在不断变化的比赛内容中，竞赛者通过各种比赛显示出自己的综合实力。这种方式的特点是，参赛者即使在某个项目中的比赛成绩不理想，也不会马上被淘汰，如果其他项目的得分很高甚至有可能取得最终的胜利。因为这种方式是以各环节的总积分高低而决定胜负的。为了强化现场的气氛，节目设计常常在参赛者边上或背后用大屏幕显示其所得分数。

（3）帮助因素

虽然选手过关主要是凭借自己的实力，但为了使竞赛更有趣，一些竞赛节目的设计者还设计了帮助过关的因素。帮助过关是在参赛者无法回答问题的情况下，可以在节目制订的求助方案中寻找一种适合自己的方式，如打电话、出锦囊看妙计、向现场观众求助等。如《百万富翁》的游戏规则。答问题赢奖金，每个参赛者可以寻求三次帮助，每答对一题奖金上升一级，最高奖金100万美金，遇到没把握的问题，参赛者可以选择拿走此前累积的奖金退出比赛。《你比五年级小学生聪明吗?》参赛者可以有三次机会寻求帮助：偷看、抄袭、搭救。《开心辞典》就设置了三种帮助方案，即参赛者可以在现场求助朋友、电脑去掉一个错误答案和打电话给亲人求助这三种方式里挑选一种。设计求助方式是为了满足观众希望他们喜爱的选手过关的心理。

除了帮助过关，有些节目为了延长悬念，强化紧张气氛，还设计了过关障碍，不让竞赛者轻易过关，特别是过最后一关的时候，更不能让参赛者轻易就得到最后的胜利。因此，节目的设计者一般在这里要设计一些障碍，以阻止胜利很快到来，比如干扰比赛者、限制比赛时间、提高题目难度、其他选手制造障碍等。如《幸运52》中的“智力陷阱”就是如此设计的，这个节目规定，谁最先拿到10个商标（即10分）谁就是胜利者。于是节目的设计者做了一个规定，在所有参赛者中，谁先拿到9个商标，就由其他参赛伙伴给他选题。如果这位选手正确回答，他就得到最后1个商标，获得胜利；如果他回答错误，那么除了他不得分之外，其他参赛者就可以各增加1个商标。而此时其他参赛者可能也已经得到了8个商标，再增加一个商标就意味与他站到了同一起跑线上，也有了向最后胜利冲刺的权利。这就增加了变数，增加了节目的紧张感和可看性。《勿忘歌词》在赛制方面，每首歌在30—50秒之间。参赛者站立中央，乐队配合，根据大屏幕的词进行演唱，歌曲的最后一句是歌词填空，奖金级别是从三个字开始，难度逐渐递增。伴奏曲和歌词会在参赛者演唱中戛然而止，此时此刻，要求参赛者凭记忆唱出空缺的歌词。若正确无误，参赛者即可顺利晋级，进入下一关，反之，则遭到淘汰。如果选手确信自己的歌词是正确的，则可以直接“锁定答案”；如果选手对自己的答案不能100%的确认，则有三次求助机会，分别是：亲友帮助，提示两个单词和在提供的三个选项中选择一个，然后“锁定答案”。一旦“锁定答案”，选手的命运只有两个：要么淘汰，要么晋级。当LED屏上的歌词颜色变成绿色，选手过关，有机会赢得更多奖金；变成蓝色，则淘汰，带着上一轮的奖金离开。如果选手可以正确答出九首歌的歌词，那么他将有机会参与在流行歌排行榜排名第一的歌曲问答，再正确将成为最终胜利者，获得100万美金。

为了使竞赛更有悬念，还可以选择使已经淘汰的选手复活的措施，如《中国诗词大会》第四季每一场有四位选手参赛，每位选手最多答六题。挑战者与百人选手团同步答题，百人选手团答错的数量即为选手得分。首次答错者可以通过“绝地反击”环节进行自救，办法是选择“横扫千军”“你说我猜”或“出口成诗”进行自救。自救成功者将继续答题，失败则终止答题。（“横扫千军“：选手须和12位百人团选手对抗飞花令，说不出诗句者为失败。“你说我猜”：选手须在180秒的时间内和点评嘉宾一起搭档答对8道题。“出口成诗”：选手须在150秒的时间内说出与大屏幕上12个关键词相关联的12联诗句。）《中国汉字听写大会》中，也会给前几轮被淘汰的选手留下最后的争夺机会，节目规定所有未进入决赛的30支代表队中表现最佳的一名选手将进行一场附加赛，争夺最后5个进入决赛的名额。在15位选手的最终决赛中，胜出者即为本届听写大会的冠军。

（4）淘汰方式

竞赛就是通过各种测试手段将实力较弱的参赛者不断地淘汰出局，使实力最强的参赛者通过淘汰其他人的办法成为最后的胜利者。淘汰大致有三种方式：

分数淘汰制：即将分数最低的选手淘汰出局。这里分两种情况，一是得分，参赛选手回答问题正确得分（即《幸运52》中的“幸运考场”环节），或是由于对方失误得分（如《幸运52》中的“幸运擂台”环节）。在分数计算上，正确回答问题越多，得分就越多。二是扣分，参赛选手由于回答问题错误而被扣分，回答问题错误越多，扣分就越多。但现在的竞赛游戏节目一般都鼓励选手回答问题，所以如果回答问题错误的话，一般是采取不得分的方式，而很少采取扣分办法。分数淘汰制通常实行累积计分，将总分作为评判选手成绩的凭据。分数淘汰制人为因素少，客观性强，相对公平，是一种普遍运用的淘汰方式。《中国汉字听写大会》《中国诗词大会》等节目，都是采取这种方式。

投票淘汰制：这里又分三种情况，一是专家投票淘汰制，即由坐在评委席的专家投票。这里起主要作用的是专家对选手水平的判断，一般说来，专家的专业水平高、艺术眼光比较准确，但也会有专家个人喜好的因素在内。二是观众投票制，即由现场观众来投票决定。观众投票制相对于专家投票制而言，艺术眼光、专业水平均不太专业化。但有一点往往是专家投票制所不及，那就是由于观众都是普通人，其审美感觉和审美趣味更接近社会一般水平，因此观众的选择往往比专家更接近普通观众和市场。观众投票制同样有个人的喜好因素，但由于是许多观众在一起投票，因而过于个人化的选择会在计票中被其他人抵消。在观众投票制中，参赛者的人缘因素会比专家投票时更为凸显。三是伙伴淘汰制，这是由参赛选手自己投票来逐出被淘汰者。每个参赛的选手都有一票，投票淘汰出局者的标准是看两个方面：一是选手的能力，因为每个选手的能力会影响本团体的总分或整个比赛的奖金；二是选手的人缘，即其与伙伴的合作关系。如果有两位选手得票数相等而无法淘汰时，则由本轮准确回答问题最多的人再投决定性的一票。由于伙伴淘汰制这种淘汰方式的特点很大程度上是看选手在伙伴中的印象如何，因此，就有可能在投票中将那些能力很强，但人缘较差的选手淘汰出局。当然选手们在淘汰别人时也不能太不公平，因为那些被淘汰的选手有可能参加一次最后的决赛投票，同时节目观众也有可能将不公平对待其他选手的参赛者逐出比赛。

在投票淘汰制中，专家投票制和观众投票制是目前中国竞赛节目普遍采用的淘汰方式。

抽签淘汰制：即由参赛选手抽签，抽出被淘汰者，这是一种靠运气或机遇的淘汰方式。益智节目和游戏节目由于主要是靠竞赛者的知识或能力决出胜负。因此，抽签淘汰制不可能作为贯穿运用的淘汰方式。但在节目的某些环节或某个关头，抽签淘汰制还是有其独特效果的，比如当两个决赛选手分数同样多时，就可以运用抽签淘汰制的办法。抽签淘汰制有很大的随机性和偶然性，淘汰的结果与参赛者的能力没有任何关系。抽签同样是人为因素小，客观性强的一种淘汰方式。

这三种淘汰制有各自的特点，可以运用于不同的竞赛类型节目，在节目设计时可根据不同淘汰制特点加以选择运用。

（5）奖金设置

给胜利者以奖励，这是奖金设置的心理基础，从古到今都是这样。所以一般来说，竞赛节目是需要奖励的。除了名誉，奖励通常有奖金和物品，现在物品奖励较少而奖金较为常用。节目究竟设置多少数额的奖金才算合适，并没有一定之规，要视不同节目的性质而定。比如儿童和青少年节目中的竞赛节目，其奖金就不宜太高，因为这样会对青少年起到不良的影响。而成人竞赛节目的奖金额就可以适当高些。一般说来，奖金数额越大，对参赛者和观众的刺激也越大。但是，节目的设计者不能为了刺激观众而一味提高奖金数额，这样就会产生负面影响，在电视界同行之间，应当对此类节目的奖金数额上限做出约定，以保持同类节目之间的大致平衡，不致引起无序竞争。在奖金金额的设定上，有的节目采取固定奖金数额，胜利者获得全部奖金的办法。也有的节目则采取不固定奖金数额，而是让奖金数额随节目的进展而发生变化，其做法是奖金随着题目难度提高而提高。开头比较少，到中间开始变得多了起来，而到最后一关时，奖金也到了一个令人咋舌的高度，这样的设置就比单一的固定金额多了一点趣味性。

在奖金的发放上，所有竞赛节目的原则都是一致的，即胜利者得奖。但在具体做法上有一些不同，有的节目规定参赛者要通过最后一关才能得奖。也有些节目则在最后冲刺之前给参赛者一种选择，他可以选择回答，如果回答正确，他获取全部奖金，回答失败则分文不得；但他也可以选择不回答，于是他可以获得基本奖金，但失去赢取大奖的机会。也有些节目更宽容，设计者规定了竞赛中获取奖金的底线，参赛者只要过了底线，就可以获得基本奖金数。在节目中，是让参赛者先尝一点甜头，还是始终吊住参赛者的胃口，可以根据不同节目的要求进行设置。

第四节　节目的场外与现场组织

要使一档竞赛节目顺利制作，还需要有效的场外运作和现场组织。节目的场外运作除了营销宣传之外，主要是选择参赛者和组织现场观众，即建立方便有效的报名规则，挑选合格的参赛者，以保证节目的正常进行。

1.选择参赛者

（1）参赛者遴选方式

参赛者遴选方式有两种：一种是直接挑选，即节目组公布报名电话、地址或网址，参赛者个人报名，经过一定的选拔程序后，参加由电视转播的比赛；还有一种是间接挑选，即节目制作方与其他机构如合作电视台、其他媒体、企业、社会团体、学校等机构合作，由合作方选送参赛者的方式。

参赛者的遴选一般要经过报名、初试、复试这样几个阶段，如美国的《谁想成为百万富翁》的参赛者挑选分为三轮。第一轮，参赛者通过电话被要求回答三个难度递增的常识性问题，通过这一轮的参赛者将会接到电话确认他们进入第二轮，即半决赛。半决赛也是免费电话比赛，节目组在所有通过半决赛选手中再次随机筛选出 10 名选手参加决赛，每名决赛选手将和一位嘉宾一起被邀请到纽约参加电视决赛转播。也有将半决赛放到电视转播现场的，如上海东方电视台的《财富大考场》，每期节目挑选 100 位选手同时进入赛场比赛，他们通过三道题来角逐 6 个决赛名额。第一道题由 100 名选手同时回答，答题时间为 10 秒，答对的选手进入第二题比赛。第二题的时间也是 10 秒，答对的选手进入第三题。第三题不计时间，而是选择答对选手中用时最少的前 6 名进入决赛。

（2）参赛者类型

从竞赛者的构成来看，大致可以分成个人型、小组型、家庭型和单位型四种主要类型。个人型是以个人作为参赛者，一般常见于智力竞赛和表演方面。个人竞赛者具有最广泛的社会性，无论在国内外竞赛游戏节目中，都是最主要的参赛者类型。个人作为竞赛者，可以最大程度发挥个人的能力，不受其他人的干扰。但个人竞赛有时容易冷场，所以需要在比赛过程中加强气氛。有些节目设计者于是为这类竞赛者设计一个搭档，让个人比赛者在比赛的某个环节上与搭档一起比赛，如《幸运 52》，其目的就是使气氛热烈。小组型是在个人参赛型基础上发展起来的一种参赛者类型。如《中国汉字听写大会》就是由全国各地初赛获胜的选手形成 32 支代表队，每 4 个队为一组进行 8 场复赛，复赛产生 8 队进入半决赛，两场半决赛产生两队 10 位进入决赛的选手。家庭型是以一个家庭的全部成员作为参赛者，多见于才艺类和技能类的竞赛，如中央电视台的《神州大舞台》。家庭作为参赛单位也有较广泛的社会性，家庭型选手往往能体现较浓的人情味，带给现场一种温馨的感觉。集体型是以集体作为参赛者，如单位、团体、城市等。集体型的参赛者因为参赛人数众多，往往有热烈喧闹的特点，比较容易将现场气氛煽动起来，容易起哄。

从年龄、职业、地区等构成来说，最好要考虑参赛者的广泛性。如参加《中国诗词大会》第二季的 100 多位选手来自全国各地，各个民族，各个行业，上至七旬老人，下至七岁儿童，既有大学教师，也有普通农民，还有在中国学习、工作的外国留学生。《中国诗词大会》第四季时，节目组在参赛选手的选择上更加趋向选择素人，选手覆盖空乘人员、工程师、保安、出租车司机、个体户、公务员等33个行业。

（3）参赛者选拔原则

选拔参赛选手的标准首先是广泛性，节目制作机构应当鼓励尽可能多的人参赛报名，因此对于报名参赛不应附加太多条件。对于参赛选手的选拔来说，更重要的是公平性。公平性不仅是让所有报名参加比赛的人处于同一起跑线，还要防止各种因素干扰比赛甚至作弊，为保证竞赛的公平起见，与节目制作的有关人员应实行回避。如《谁想成为百万富翁》的制作机构就规定，节目制作人员及制作人员的亲属，与节目制作、管理、裁判人员关系密切的个人，参与节目合作的个人及团体，如电视台、广告赞助机构、事务所以及节目所属的母公司成员都不得参加比赛。另外，已经参加过决赛的参赛者不能再次参与比赛，但可以参加关于比赛的特别节目。

2. 节目的现场组织

竞赛节目除了需要有创意的整体设计和完备的场外运作，还需要对竞赛现场的精心组织，对现场气氛的调动和渲染，对节目录制各环节的准确控制。在节目的现场制作中，要注意下列几个方面：

（1）坚持节目的现场性

竞赛节目是现场制作完成的节目，它不像综艺节目那样需要反复排练，而是像日常生活中的游戏一样，是在一种轻松愉快的气氛中进行竞赛。因此，竞赛游戏节目在制作上首先是坚持节目现场制作完成的特点，这里要注意三点：

第一是除了向参赛者介绍竞赛规则和注意事项之外，不给参赛者规定动作或台词，让参赛者根据自己的理解和水准进行现场发挥。同时，运用一切方法让参赛选手尽可能地放松，包括事前与选手的沟通和现场对于出错选手的安慰与鼓励。第二是不怕出错，也不嘲笑参赛者和现场观众。参赛者和现场观众在竞赛和游戏过程中，往往会发生一些差错，这毫不令人奇怪，节目的编导和现场的主持人大可不必紧张，他们必须明白，竞赛和游戏过程中差错的出现是正常的，甚至是难免的。因为如果整个竞赛游戏过程过于完美，一点差错和洋相也没有，反而会让人怀疑编导在参赛者上做了手脚，使人怀疑参赛者的资格。因此，对于节目的设计者来说，在进行整体设计时，就应当考虑到出错这一现场制作中的普遍现象，一方面是容忍出错，也可以把出错作为现场感的一种标志，巧妙地利用参赛者甚至主持人的出错来强化现场的气氛。在开始现场制作前的脚本写作中，就有关于出错的预案，甚至还可以有意设计出一些出错和洋相以体现即兴性，提高节目的可看性。同时，给节目的现场主持人以充分发挥的余地，把游戏过程中事先无法完全规定的东西交给节目主持人作现场处理。第三是不要频繁重来。竞赛节目当然也要提高节目质量，但是竞赛游戏节目提高节目质量的办法不是像影视作品拍摄那样一遍遍重来，因为现场气氛一旦被调动起来，就会在参赛选手、主持人和现场观众之间形成一个很好的心理场，使三者形成一种良好的互动关系，而频频重来则有可能使热烈的现场气氛冷却下来，并影响和削弱现场的互动性。

（2）强化现场观众的参与性

现场观众不是演员，而是偶然参加到节目中来的普通人，他们不熟悉节目制作的要求，要使观众能配合节目制作，节目的编导应当在节目开始前，将节目的制作过程、制作要求对现场观众交代清楚。但这仅仅是观众参与性的前提，要强化现场观众的参与性，最好的方式就是使观众成为参赛现场的一部分，而不仅仅是一个旁观者，这是竞赛游戏节目现场观众的关键。

要使观众成为现场的一部分，首先是要给观众更重要的地位。节目的编导和主持人应当把参赛者和现场观众看成是节目的主角，因此在节目开始的时候要郑重其事地向电视机前的观众介绍现场观众和参赛者。介绍的办法除了主持人在现场口头介绍之外，也可事先进行拍摄一些画面，进行一些采访，在现场用大屏幕播出。而对于坐在后排的现场观众，重要的是不要把他们仅仅当成可有可无的道具，当作制造气氛的工具，而是当作参赛者的一部分来看待。其次是要赋予现场观众更大的权力，比如将一部分的裁决权交给现场观众，表现形式有多种多样，如设立“人气排行榜”，让现场观众投票，用大屏幕当场显示；让现场观众给参赛选手打分，以决定参赛者的成绩；赋予现场观众更多的知情权，有的竞赛节目是在参赛者回答问题前将标准答案交给观众，使他们能比参赛者知道得更多，于是现场观众看比赛时会产生某种心理优越感；给现场观众机会评论参赛者的表现；给现场观众以纠正权，当参赛者回答问题错误时，现场观众可以当场纠正他，甚至让高明的现场观众对参赛者取而代之，并获得更大的奖励等。

还应当使观众与参赛者有更紧密的关系。这就意味着现场观众不仅是一般意义上搞气氛的啦啦队，而且是参赛者的亲友，这些人对于参赛选手的关心是真的，是参赛者的后援团，随着场上比赛的进行，他们的焦急、紧张都是真实的。当然，现场观众的主要部分不是亲友，于是就要人为地使一部分观众与某一个参赛者成为一队，使观众与参赛者产生关联，使观众进入竞赛，产生团队的感觉。由于一部分观众是某一个选手的后援，而另一部分观众是另一个选手的后援，于是观众与观众之间处于对抗状态，让现场观众参与到竞赛中，而不只是充当现场旁观者。

除了作为后援，现场观众还可以扮演智囊团的角色，即在参赛者不知道答案或拿不准的时候，给参赛者支招出主意。我们在日常生活中总是能发现某些旁观者有跃跃欲试的心理。比如在公园里经常可以看到一群人围着两个下棋者，在下棋的过程中，老有人插嘴，给别人出主意；再如在游戏机房，看别人玩电脑游戏时，自己也手痒想上去一试身手。这就是竞赛引起的参与欲，这种原理同样也可以运用于竞赛游戏节目。观众的这种参与欲越强，现场的互动性也就越强。

（3）善于制造调动气氛

竞赛节目非常注重节目现场的气氛。一个好的竞赛节目，在节目现场制作的时候，总是气氛非常热烈，充满欢声笑语，现场所有的人都被卷入了竞赛和游戏氛围之中，处于忘我的状态。同时，电视机前的观众则感到现场不仅气氛热烈，而且紧张、刺激，具有强烈的收视效果。要让现场气氛热烈、紧张，充满刺激性，一是利用节目本身的因素，比如比赛结果胜负未知充满悬念等。竞赛节目也像拳击比赛一样，谁也不知道比赛将会出现什么，谁也不知道谁将是最后的获胜者，这种强烈的悬念会使现场气氛也紧张起来。不过制造紧张气氛不一定要一味地保守秘密，对比赛结果稍稍作点提示，悬念反而会更强。二是从竞赛因素上加以调控。比如干扰参赛者，让参赛者在不稳定不平衡的情况下答题，如坐在滑车上回答问题，使参赛者除了紧张思索或集中精神竞技之外，还要对付额外的干扰，这就增加了现场的紧张气氛。控制答题时间，人为制造紧张，如《智力大冲浪》中的“横冲直撞”，每个参赛者都必须站在传送带前回答问题。限时限刻，奖品随传送带往前移动，到时间就一件一件往下掉，增加了紧张度，又非常直观。答题时间越短，越能体现紧张性。或是利用选手面对题目时的犹豫，如《谁想成为百万富翁》中主持人有一句著名的提问：“你确定这是最后的答案吗”当参赛者面对挑战的关口不确定自己的答案正确与否时，他便会犹豫不决，举棋不定。主持人这话一出，一些不自信者便会放弃原有的答案，重新选择。选手这种真实的表现，比任何表演都更能展现人性的真实。甚至可以利用参赛选手的表情，将紧张的气氛传达给电视机前的观众，比如用特写镜头表现参赛者那充满紧张神情的脸会使电视机前的观众也感到紧张。三是利用布景、光、音乐等手段。如《谁想成为百万富翁》中当挑战者冲刺到最后关口时，场内只剩下一束冷蓝色的追光灯打在参赛者的身上，伴着急促的心跳音效，现场紧张而又凝重。四是主持人有意卖关子，吊观众的胃口。比如在宣布选手答案对错时，有意做点停顿。五是制造喜剧效果。如主持人与参赛选手开一些具有喜剧效果而又无伤大雅的玩笑，给失败选手一点小惩罚等。在国外的竞赛游戏节目中，往往将折磨参赛者作为制造气氛、吸引观众的手段，比如将已经失败下场的选手再叫到台上，再给一个机会，比如当场讽刺挖苦失败者，或让失败者自己谈失败感想等，这些手段国内竞赛节目中一般很少使用。

思考题

1. 益智节目的魅力何在？

2. 益智节目的社会功能有哪些？

3. 试述分数淘汰制、投票淘汰制和抽签淘汰制的特点。

4. 选择一档正在电视台播出的国内益智竞赛节目，为其第二季节目设计改版方案。

5. 选择一档国外益智 / 竞赛节目，将其与国内同类节目进行比较并分析其各自优劣之处。

本章参考文献

赵化勇、胡恩主编:《电视文艺文集》，北京出版社，1998 年。

关玲:《知行轨迹》，北京广播学院出版社，2000 年。

[英] 大卫·麦克奎恩:《理解电视：电视节目类型的概念与变迁》，苗棣、赵长军、李黎丹译，华夏出版社，2003 年。

苗棣等:《美国经典电视栏目》，中国广播电视出版社，2006 年。

第五章　真人秀节目

真人秀节目，是展现普通人在特定环境和情景中真实反应和个性表现的节目。真人秀的主角不是专业演员，而是有意参与节目并经过特别挑选的普通人。在节目中，他们按照制作者精心制定的游戏规则进行表演，节目制作者则以纪实手法跟踪拍摄整个表演过程，经过精心制作后向观众播出。真人秀节目是近年来国外发展最迅速的节目样式，已经成为各国电视屏幕上最热门的节目类型，并出现了连锁化的倾向，即出现一个经典版本后，各国电视传播机构迅速购买节目版权并推出本国本土的同名节目。真人秀节目在美国电视界通常被称为真实电视（Reality TV 或 Reality TV Show）。

第一节　真人秀节目的发展

一、国外真人秀节目的发展

真人秀节目的源流最早可以追溯到20世纪50年代美国电视节目《一日女王》，在节目中，女性通过种种可怕的考验后，可赢取作为奖品的皮衣和家用电器，《一日女王》也被认为是真人秀的雏形。

真人秀节目作为一种独立的节目样式，是1999年荷兰电视台播出的《老大哥》。节目挑选出10名选手，把他们封闭在一处别墅里，完全与外部世界隔离，不能接触电视、报纸、电脑、电话和收音机，也不能接触亲朋好友。在这个环境中，他们被要求做游戏，谈论一些话题，如你的第一次罗曼史等。他们的所有生活细节都被屋里无所不在的摄影机和麦克风记录下来，连厕所和浴室也不例外。每周会有一天晚上制作成一小时左右的节目，向电视机前的观众展示屋内发生的大小事情。除此之外，观众可以登录节目网站，并透过屋内特定的5部摄影机，看到屋内的真实状况。在共同生活的85天里，选手们每周六要选出两个最不受欢迎的人，而每天守候在电视机前的狂热者们则用声讯电话，在两人中选出一个他们不喜欢的选手出局。最后留下者可以获得巨额奖金。在这期间，选手们可以定期到一个有摄像机的屋子里，面对镜头，向他们心目中的“老大哥”倾诉。通过24小时不间断的影像监控，人们能看到许多隐私内容，尤其是性方面的生活镜头。这个节目还刻意设置许多游戏鼓励和怂恿参赛者呈现和暴露自己的身体，比如做人体模型、扫描身体部位等。故意在黄金时段用这些偷拍的手段所得到的画面来刺激收视率。虽然有媒体认为这个电视节目中人们之间的关系就像是老鼠在笼子里，为了生存，人们必须彼此攻击、发起战争，认为这是一个下等、窥视癖的电视节目，也曾有人怀疑观众是否会在电视机旁边看这群普通人10周。但事实是，1999年12月30日，在只有1600万人口的荷兰，竟然有400万人守在电视机前观看《老大哥》第一部的结局，等待最后胜利者的诞生。《老大哥》惊人的收视率和巨额广告使得这个节目形式迅速在西方世界流行，澳大利亚、德国、丹麦、美国、法国、波兰、希腊、南非、匈牙利、巴西等18个国家照搬制作了各自的版本。《老大哥》也因此被称为电视真人秀之祖。它所开创的节目样式和游戏规则给了各国电视人极大启发。之后，美国的《诱惑岛》、法国的《阁楼故事》、德国的《硬汉》，也相继推出，这些真人秀节目因满足了观众的窥视欲，都成为西方世界最抢眼的电视节目。

较低的制作成本、惊人的收视率，巨额广告收益以及其他相关收益，使得真人秀节目迅速成为欧美国家各商业电视台竞相制作的节目样式，真人秀节目的类型也日趋多样。如按照冒险传统开发出室外生存真人秀《幸存者》《海盗王》，让观众体验荒凉的旷野和神秘海盗巢穴；为爱美女性开发的整容整形真人秀《天鹅》《改头换面》《我想要张明星脸》，是让女性在电视中改变自己的容貌；表现职场生存竞争法则与残酷无情的职场竞争真人秀《学徒》《富贵险中求》，让观众看到现代商业环境中的“丛林原则”，及选手在残酷竞争中的生存技能；以两性关系为基础的恋爱真人秀《郎才女貌》《泡妞达人》，表现男男女女在相处、恋爱、择偶中的种种情境；而吸引全社会广泛注意的才艺表演真人秀节目《美国偶像》《英国达人》《你认为你能跳舞吗?》，让平凡的普通人实现梦想，从芸芸众生中脱颖而出，成为万众瞩目的明星。其他如生活教育真人秀、房屋装修真人秀、公益活动真人秀、角色互换真人秀，可以说是五花八门、丰富多彩。

二、中国真人秀节目的发展

中国真人秀节目的发展大致经历了三个阶段。

第一阶段是新奇与稚嫩模仿。中国内地真人秀节目雏形最早是1996年广东电视台制作的《生存大挑战》。节目实录一些大学生在只带5块钱的情况下，从广州到佛山，在几天时间里设法解决吃饭和住宿问题。这个节目考验参与者“置身于一个特定环境的生存能力”，已经具备了某种真人秀的特征。2001年广东电视台推出第一届《生存大挑战》节目，从全国500多名应征者中挑选了三名挑战者，要求他们在6个月的时间里，只带一个背囊、一双运动鞋、一些药品及地图、指南针、水壶、帐篷和4000元钱，完成八省区38000公里边境旅行。但因为制作方没有制定竞赛规则去强化竞争性，所以这个节目更像是一部具有探险性质的风光纪录片。2001年第二届、2002年第三届《生存大挑战》，在借鉴美国《幸存者》节目的情况下，节目制作者引入淘汰机制，设置竞争游戏和巨额奖励，使节目的观赏性大为增强，可以说是国内第一档真正的真人秀节目。此后，四川电视台的《走入香格里拉》、浙江卫视的《夺宝奇兵》、贵州电视台的《峡谷生存营》都属于这类节目。

第二阶段是模仿、抄袭和创造的混合，真人秀节目的巨大魅力开始展现。2004年2月，湖南卫视以《美国偶像》为范本，与蒙牛乳业合作，推出以年轻女孩唱歌表演为内容的《超级女声》。2005年，第二届《超级女声》设立长沙、广州、郑州、杭州、成都5个赛区，以“想唱就唱”为口号，节目不设任何门槛，所有报名选手先参加各分赛区的海选，最后在进入年度总决赛的10名选手中决出冠亚季军。在节目的最后阶段，全国范围内收看《超级女声》总决赛的观众有2亿人左右，形成风靡中国的“超女现象”。美国的《时代周刊》甚至将“超女”冠军李宇春作为封面人物。《超级女声》在中国电视娱乐节目中具有划时代的标本意义，它催热和创造了一些词语，如海选、PK、饭团等，同时也改变了中国电视的娱乐生态。

《超级女声》点燃了中国观众对选秀节目的激情，开启了2004年到2006年的“全民选秀”时代。中央电视台的《梦想中国》《非常6+1》《星光大道》，上海东方卫视的《莱卡我型我秀》《加油！好男儿》《舞林大会》，江苏卫视的《绝对唱响》《名师高徒》，北京卫视的《红楼梦中人》，重庆卫视的《第一次心动》，浙江卫视的《与星共舞》，福建东南台的《星随舞动》，广东卫视的《赢遍天下——舞彩缤纷》等，都是这阶段的真人秀节目。但随着真人秀节目的快速发展，不少节目滑向庸俗低俗，传出选手买票、拉票的丑闻，电视选秀节目公平性受到观众质疑。为此，广电总局不得不出手干涉，2007年年初，广电总局规定选秀节目比赛时间限制在75天之内，上星频道的选秀节目数量不能超过三个。2007年9月广电总局出台明文规定：不得采用手机投票、电话投票、网络投票等任何场外投票方式。各省级、副省级电视台上星频道选秀节目不得在黄金时段播出等。这些措施都控制了真人秀节目泛滥的态势。使得真人秀节目在一段时间内陷入低迷，有人甚至预言，真人秀节目在中国将走向没落。

第三阶段以2010年7月《中国达人秀》开播为标志，真人秀节目在中国电视屏幕再度爆发。《中国达人秀》是上海东方卫视向英国独立电视台购买的节目模式版权。2012年浙江卫视从荷兰Talpa公司购买《荷兰之声》节目模式版权，与星空传媒旗下的灿星制作公司合作，打造了节目的中国版《中国好声音》，这两个节目都大获成功。之后，模式引进的方式被国内媒体大量采用，其中韩国电视真人秀节目更是被引进的热门，湖南卫视从韩国MBC电视台引进《我是歌手》（2013-1）、《爸爸去哪儿》（2013-10）；浙江卫视从韩国SBS电视台引进《奔跑吧，兄弟》（2014）；上海东方卫视从韩国引进《妈妈咪呀》（2012，原型节目是在韩国的王牌节目《Super Diva》）；中央电视台引进韩国 MBC 电视台的《无限挑战》制作的《了不起的挑战》等。此外还有江苏卫视从德国引进的《最强大脑》（2014 年首播）等。

这一阶段真人秀节目的特点是直接购买国外节目的版权、严格按国外节目制作，与国外制作团队直接深度合作。版权方会向购买版权的中方提供几百页甚至上千页的节目宝典，从情节设计、灯光、音乐、舞美到地点、流程，连一封邀请函的写法都一一详细说明。同时，还会派出专人进行现场指导，参与节目的制作、执行、营销等各个环节。以《中国达人秀》为例，其宝典规定了节目制作的所有细节。比如规定主持人是烘托选手的配角，所以不在舞台中心而在侧幕，也不用任何化妆造型；所有的声音都用话筒现场收音，不用任何煽情的现场配乐；海选必须要在剧场，以强调仪式感和对小人物的尊重；每个选手从报名开始就被跟拍，每个选手都有 7 台摄像机跟踪，完整记录其动作、表情、心理变化等等。从采访到拍摄机位，宝典都有详细要求。对选手如何提问？碰到不同的问题如何应对？机位该如何架设？有能力的电视台几个机位？没有能力的电视台几个机位？宣传口号以及每个区域的宣传策略分别如何？《中国达人秀》在节目制作中严格地将制作流程标准化，每场录制都由来自《英国达人》的“飞行制片人”远渡重洋亲自坐镇指导，确保这种标准化能够执行到底。而《中国好声音》在购买节目模式版权的同时，还花重金购买价格昂贵的原版转椅，以满足节目的标准要求。国外成熟的节目模式为中国电视界带来了先进的制作理念和制作方式，满足了电视台对节目性价比的追求和普通观众收看电视大片的欲望，缩小了国内电视媒体在制作水准、传播理念、经营观念、管理方式上与西方主流媒体和制作公司的差距，对于中国真人秀节目整体水平的提高具有积极意义。

随着中国经济转型，互联网的快速发展，“90 后”“95 后”消费群体的崛起，中国偶像产业开始进入发展窗口期。于是偶像养成类真人秀节目应运而生，出现了《星动亚洲》《创造 101》《偶像练习生》《天生是优我》《超次元偶像》等节目，这些节目主要是在网络平台上线，体现了中国“90 后”“95 后”一代年轻人明星崇拜、自我欣赏、渴望快速成名的时代特征。

第二节　真人秀节目的特征与魅力

真人秀节目是在传统竞赛游戏节目基础上发展起来的节目类型，它打破了真实的电视节目与电视剧等虚拟的电视节目的界限，集纪实性和虚拟性、生活性和游戏性于一体。它有纪录片的纪实性特征、肥皂剧的戏剧性特征、竞赛节目的胜负性特征、脱口秀的观点性特征、游戏节目的虚拟性特征等。因此真人秀节目曾被冠以不同的名称，如真实肥皂剧、纪录肥皂剧、游戏纪录片、真实情景剧、构建纪录片、实境电视等。这些混乱不一的节目名称也反映出节目特征的多样性。

一、真人秀节目的特征

以现有的真人秀节目与纪录片、肥皂剧和竞赛节目作比较，其基本特征主要有以下三点：

1. 拟真性

无论哪一类的真人秀节目，都是表现真人在真实环境中的真实反应。与电视剧这样的虚构类作品相比，真人秀节目确实是真实的。

首先，无论参加真人秀节目的是生活中的普通人，还是节目组特意找来的明星，都是以真实人物（自己）而不是以角色身份（演员）出演的。其次，真人秀节目中的环境是生活中的真实场景，如真实的野外、真实的商场、真实的乡村、真实的学校、真实的住宅等。这种真实的场景，要比演播室或摄影棚内搭景真实得多，因而显得更具亲和力。最后，参加者在节目中面对各种不同情境的反应都是他们自己的真实反应。也就是说，节目并没有事先编造的剧本，参加者在节目中的行为也不是按照导演指令的演出，在节目中一切都是不可预测的。这些，都是真人秀节目的真实所在。

但是，真人秀节目中所有的这些真实，都是有前提的。首先，《幸存者》中的荒野，《学徒》中的商场，《爸爸去哪儿》中的乡村，虽然是自然的、真实的场景，但这些真实环境都是节目制作者设定的；节目中出现的各种问题或情境，包括要解决的种种困难也是节目制作者设定的；而选手们在面对各种险情的挑战时所产生出来的反应虽然是真实的，却是节目制作者诱发的。因此，真人秀节目中的真实在理论上并不是真实的现实，而是一种拟真实的状态，是电视节目为了制造出真实感而向现实生活的最大逼近，这种状态虽然比其他电视节目都更接近真实，但依然只是一种拟真。正如电影《楚门的世界》所揭示的那样，尽管真人秀节目看上去一切都同真实生活一样，但那些看上去同现实生活场景无异的场景，从节目的意义上说其实是表演场景，而选手在规定的情境和预设的规则中的真实反应，则是某种程度上的表演。节目的制作者很清楚这种摄像机镜头前的真实反应的市场价值，在这种表演背后的是观众对于他人隐私的窥探欲望。

2. 纪实性

真人秀节目的基本手段是纪实。也就是说采用类似纪录片的手法进行拍摄，它注重对事件过程的展示和对过程中细枝末节的关注，尤其是选手们的个性展示。在真人秀节目中，镜头不仅局限于台上，还记录每一位选手的排演情况，记录他们从报名到成名的生存状态。他们的背景和动机，都被摄像机忠实地记录下来，这些内容经过拍摄和剪辑后向观众播出，让选手在大众面前成为笑柄或偶像。

真人秀节目首先是对原生态的尊重和记录，包括选手的表情、动作以及他们隐藏在表情之下的态度，抱怨的或是赞同的细节等。《学徒》在拍摄时，摄影师几乎是整日整夜跟在选手身边，夜晚记录下他们在宿舍的一举一动，早晨记录他们在接到特朗普秘书的电话后，紧张不安的情绪。争吵时记录下每个人愤怒的语言和他们脸上扭曲的表情，小团队合作时通过表情细节捕捉反应，比如谁与谁之间发生了矛盾。在比赛结果出来后，记录下胜利者的得意之情，失败者的沮丧之状。如《地狱厨房》中厨师选手因无法承受压力而大哭、大怒。选手临时抱佛脚往煮过头的食物里加水，把没有做熟的食物放进微波炉。甚至还有人图省事，把已经扔到垃圾桶里的食物捡出来洗洗再上盘等。这种真实情景正是观众感兴趣之处。从《老大哥》中几十台摄像机24小时的详尽拍摄，不放过选手任何一个细小动作，到《美国偶像》中的失败者对着镜头大骂评委（尽管这些话被打上标记看不见，声音也作了技术处理，但观众还是可以从语境和选手的肢体语言中感知他们所说的话语）。从《极速前进》中摄像机全程24小时追踪选手们挑战智力、体力极限的实况，到《小人国》中表现孩子们的原生态反应。可以说在摄像机的镜头的窥视下，选手们的表现是一览无余，镜头不仅记录着他们美好的一面，同时也不可避免地记录下不美好的一面，如某些可笑的动作、尴尬的表情、特别是那些竞争中落败者个人情绪的宣泄。真人秀节目的特点就是要将选手在竞赛中的真实心态和全部情感完整地记录下来。“真人秀节目展现的表演内容是一个完整的表演过程，它与传统选拔赛明显不同。传统选拔赛目的明确，即选拔所需的人选，只表现‘秀’的成分，而缺乏‘选’的过程。这也是为什么人们不认为‘歌唱大奖赛’类节目是真人秀节目的原因之一。观众所看到的传统选拔赛已经是‘精装’的部分，过程被剔除掉了，呈现在观众眼前的只有精华。在真人秀节目中，过去在电视节目制作人眼里需要被剔除的‘糟粕’恰恰成为节目中的‘精华’。”[①]

但是许多真人秀节目与纪录片纪实性不同的是，它更侧重于对选手隐私的详尽记录，节目对参与者的生活实行完全的监视，暴露真实的人性阴暗面成了节目最诱人的因素。这种对他人相互厮杀行为的观赏，对于人性的赤裸裸地展示，无疑是满足了电视观众的窥探欲望。正因如此，有许多人反对这种节目，认为它违反人类的尊严。节目中的选手类似古罗马斗兽场中的角斗士，为了赢得最后的大奖，在节目中选手们在票选淘汰中用尽心机、玩要计谋：先组成同盟对付少数人，然后再违背盟誓，对自己人下手这样的策略屡见不鲜。在《阁楼故事》里更有男女情愫交织在钩心斗角的利益关系中，令选

---

① 谢耕耘、陈虹：《真人秀节目：理论、形态和创新》，复旦大学出版社2007年版，第2页。

手间的关系更为复杂。这些既是真人秀节目的魅力所在，也是其最招致反对的主要原因。

3. 戏剧性

尽管真人秀能够带给观众窥视的快感，如果真实记录的只是平淡的生活，那么观众对节目的关注是不会长久的，要想调动观众的观赏兴趣，就要让节目好看，而好看的诀窍就在于竞赛的过程充满了戏剧性。也就是说在记录性的基础上，真人秀还需要强调戏剧性。

戏剧性首先来自冲突，有了冲突才会促使人物去行动，由此展示出人物的性格，并且推动情节的发展。戏剧冲突大致可分为三种，即人与自然的冲突、人与人的冲突和人的内心冲突。在一些著名的真人秀节目中，大致都包含有这三种冲突，在《幸存者》中人与自然的冲突，是选手们在一个原始小岛，几乎没有任何现代生活设施。选手们不得不在这样的环境中生存，他们要自己砍柴、搭建棚屋、寻找食物，并与老鼠、蛇、蚊子和数不清的热带昆虫搏斗。在《学徒》中，选手们在纽约“现代丛林”般的商业环境中，与看不见的商业之手进行残酷斗争。真人秀节目的淘汰制更是带来最为残酷的人际冲突，不是别人走，就是自己走。没有任何中间的选择，即使是最好的朋友，到最后的竞争关头也只能殊死相搏。这不能不让许多选手内心中产生某种自我冲突，恶争还是退让，友谊还是前途，两难的选择往往使许多选手产生内心冲突。可以说真人秀节目的规则实际上就是在制造冲突性，在不断地冲突中推进节目，激起观众的收视欲望。

戏剧性还来自不可预知的结局，即悬念。有人说真人秀节目如同一场惊心动魄、情节曲折的连续剧。确实，在这一点上真人秀节目与电视剧相像，都充满悬念。在比赛过程中，几乎是每一环节都以悬念来贯穿，比如这一环节谁会走人，谁能留下，在最后关头谁能夺冠，都是很强的悬念。真人秀节目过程中始终充满竞赛的元素，有强烈的胜负感，直至最后的结局。无论是队与队之间，还是人与人之间，这种竞赛有时是温情和友谊的，有时是残酷无情的和赤裸裸的。节目在某种程度上揭示了现代社会的“丛林”特点，而这正是节目的魅力之一。如果以文化原因排除这种残酷竞争的元素，那么真人秀节目的魅力也就将大大降低。比如 2005 年《超级女声》的“5 进 3”环节，就充分体现了这个节目青春残酷游戏的特点。当何洁和张靓颖站上 PK 台时，一贯冷静的李宇春不顾一切地冲上台，抱住何洁痛哭。《阁楼寻宝》中拍卖过程是节目的高潮，通常很戏剧化，因为任何人都无法预料拍卖的结果，这就形成了一个巨大的悬念。买主、卖主还有每位观众对某一件被拍卖的物品恐怕都有自己的估价，那么拍品最终究竟能拍卖多少、和自己的心理价位相差多少无人得知。因此大家一起等待、一起体验，这个过程最为扣人心弦，也是节目最吸引人、最成功之处。无论是明星真人秀还是草根真人秀，戏剧性的要求都是一样的。

二、真人秀节目的魅力

1. 打破了真实与虚拟的界限

真人秀节目不过只有十几年的历史，却已经成为世界各国最走红的电视节目类型，其之所以风靡一时，秘密就在于它打破了真实的电视节目与虚拟的电视节目的界限，做到了真人与表演的结合与统一，也就是说这一节目类型确实具有独特的魅力。

从传播理论上说，电视节目原先大致可以分为两大类，一类叫虚构节目，主要是以电视剧为代表，其人物与故事都是虚构的；另一类叫非虚构节目，以新闻节目和纪录片为代表，也包括综艺节目等，其人物与故事是真实的。两类节目不可混为一谈。但真人秀节目却将两类节目的特性合为一体，既有纪录片特征的纪实性，又有肥皂剧特征的戏剧性，还有竞赛节目的胜负性和脱口秀的观点性。真人秀节目的魅力在于：它的选手是真实的人物、讲述的故事是真实发生的，就这点而言，它大大胜于纯粹虚构的故事；同时与单纯的比赛节目、传统综艺节目相比，选手们不同寻常的境遇和家庭背景、奋斗经历或漂泊历史、面对苦难的奋斗或是家人间刻骨铭心的情感，又具有了电视剧般的煽情效果。同时真人秀也与电视剧一样具有强烈的悬念，无论在海选的初期，还是进入二十强、十强、八强、五强，直至最后的冠亚军，谁走？谁留？这些悬念都紧扣人心；在 PK、复活、最后的夺冠阶段，同样具有高潮、戏剧性的变化与激动人心的场面。而通过一次次的过关，一次次的淘汰，选手的表演能力也越来越强，越来越具有好演员的舞台魅力。正如国外某些电视理论家而言，如今的电视媒体已经越来越像电影了，区别是电影是由职业演员来演的，电视是由非职业演员来演。

真人秀节目这种混合特征从其当初命名过程就可以看出来，最初这类节目曾被冠以不同的名称，如真实肥皂剧、纪录肥皂剧、游戏纪录片、真实情景剧、构建纪录片、实境电视等。这些混乱不一的节目名称也反映出节目特征的多样性，而最终节目名称统一为真人秀（Reality TV 或 Reality TV show）正是概括了它的两个主要特征，即真人和秀。也正因为如此，观众对于真人秀节目的托儿或选手故事讲述造假特别不能忍受，因为这打击了观众对于真人的期待，违反了节目的主要特征。

2. 满足普通人的梦想

每个国家、地区、民族不同，但也有许多共同的东西，比如对于人生的梦想。不管在世界哪个国家，普通人特别是青年人心中都会有一个明星梦：那就是登上人生的舞台，成为万众瞩目的焦点，赢得来自世界的掌声。《美国偶像》主持人瑞安·希克莱斯特在每次节目开始前，都会说这样的词："每个人都有一个梦想，梦想登上这个舞台，成为世界上最出名的人之一，你能让这个梦想成为现实。"如《美国偶像》第一季冠军凯莉·克拉森和第四季冠军卡丽·安德伍德，凭借之后发行的流行音乐专辑，获得美国音乐最大奖——格莱美最佳流行女歌手大奖，而在参加《美国偶像》海选前，克拉森只是一名怀有演艺梦想的酒吧女招待。第三季冠军范塔莎·巴丽雅售出了超纪录的唱片，并获得奥斯卡最佳女配角。普通的英国大婶苏珊·波伊儿亮相《英国达人》后，通过网络视频传播，立即成为全球的名人。《超级女声》中三个普通的女孩李宇春、周笔畅、张靓颖在获得前三名后，立即成为全国著名的明星。这些"素人"通过真人秀节目，成为知名度直追超级明星的公众人物。《星光大道》更是捧红了许多来自基层、农村的选手，如阿宝、凤凰传奇、李玉刚、玖月奇迹、旭日阳刚、杨帆、“大衣哥”朱之文、“草帽姐”徐桂花等。《中国达人秀》第一季冠军刘伟是个失去双臂的残疾人，可是他奋发努力，夺得残运会游泳冠军，又克服种种障碍学习了钢琴和创作，最终凭借实力在舞台上成功。《妈妈咪呀》满足的是许许多多年少时有过歌星梦，却因为各种原因而搁浅，只能将梦想藏在心底的主妇们在节目中一展歌喉，成为万人瞩目明星的梦想。

3. 满足观众的窥视欲

在这个崇拜明星的时代，观众渴望看到明星不为人知的一面，真实的一面，甚至与其公开场合完全不同的一面。明星真人秀节目的内容，本质上与新闻报道中的狗仔队报道的明星私生活一样，满足的正是读者、观众的这种心理。从电视节目与明星关系史演变中，我们看到从影视明星上节目，到明星自己或与普通人一起做游戏、搞怪卖萌，再到明星在真人秀节目暴露某些隐私，电视节目越来越逼近明星本人真实的一面，而这，也是节目吸引观众的重要原因。毋庸讳言，真人秀节目满足了观众的窥视欲，特别是对明星隐私的窥视欲，这是与明星崇拜的时代特征相一致的。比如大多数观众看《与星共舞》是为了看明星，周杰伦当时的女友昆凌是卖点之一。《奔跑吧，兄弟》里明星们通过比较激烈的体力对抗表现出来的也是观众平时很少能够看到的另一面。《花样姐姐》里宋丹丹为花样团里其他人取团里的小名，她为自己起了个小妈，王琳为二姨，林志玲是三姨，姜妍是二胖，金晨是三胖，李治廷是大治，Henry 是大华，使观众看到了女明星们相处的另一面。至于《爸爸去哪儿》对明星在家庭教育方面的特点，明星如何与孩子沟通，都是非常吸引观众之处。而《中国好声音》中刘欢、那英、杨坤等导师在现场极具个性的表现，也让观众看到了导师们除了唱歌实力之外的个人魅力。

大部分观众喜欢去看明星真秀节目一方面是羡慕明星，他们的容貌颜值，他们的社会知名度和金钱，他们拥有的粉丝等；另一方面是想知道明星在生活中的真实状况，与普通人究竟有什么不同。观看明星的生活模仿他们，想象自己也能过上像明星一样的生活。当然，也有个别真人秀节目仅仅是将明星隐私的暴露作为卖点，不仅效果不好，还受到观众和学术界的批评。因此在真人秀节目中，既要满足观众对明星私人的了解，又不能进行全无节操的暴露与炒作，掌控暴露的尺度就非常重要。其实想要让明星拥有持久的吸引力，最好在一定程度上保持明星的神秘感，从不暴露个人隐私和家庭生活的演员陈道明就是一个例子。“对一位明星作品的了解，会强化观众对明星的喜爱，而对明星本身的不了解，则更会提升观众对其新作品的好奇心，如此才能形成良性循环，让娱乐业保持活力——好莱坞早年的造星工程已经证实了这一点。而在某种意义上来说，真人秀不是‘造星’而是‘毁星’的。真人秀邀请来的本身就是明星，无需再造。明星无论在真人秀中表现出色还是发挥失常，都会成为真人秀的卖点。”①

第三节　真人秀节目类型

真人秀节目包括许多不同的内容、不同的竞赛方式、不同的节目宗旨。在真人秀节目中，有些节目类型受到各个不同阶层的广泛欢迎，有些则限于部分小众观众，有的能持续很长时间，有的则昙花一现后悄然无声地消失。从国内外真人秀节目的发展情况看，下列几种是比较广泛的节目类型。

1. 野外生存型

野外生存型真人秀是真人秀节目中较早出现的类型，也是欧美真人秀节目中常见的类型。野外生存型是以户外环境为节目环境，比如荒野、海岛、沙漠等恶劣环境为背景，参赛者按照预先设置的竞赛规则进行比赛，节目注重竞赛选手的野外生存能力。如美国 CBS 的《幸存者》是从近万名应征者寄

① 韩浩月：《明星真人秀为何吸引力不再》，《新华日报》2019 年 3 月 20 日。

来的录像带中挑选出 16 名参赛者，然后把他们送到南太平洋的一个孤岛上，他们被分成两队，在 39 天里，他们在恶劣的生存条件下，除了维持生存活动、对付天然敌害和恶劣气候外，还必须完成节目设置的竞赛项目。每轮竞赛之后，从失败的队里淘汰一名队员，当两组总共只剩下 10 人时，就合并起来继续进行生存和淘汰的程序，最后决出 3 名选手，由此前被淘汰的 7 名选手组成评审团，投票决定谁是最后的幸存者。最终胜出者将赢得 100 万美元的奖金。而优酷网的《侣行》则是以一对情侣张昕宇、梁红在全球各个不同地点的旅行，表现他们在极限环境中的应对。他们走过的地方包括战火燃烧的索马里、南美密林的深处、火山和南极地区等。在途经阿富汗时，张昕宇、梁红及其团队通过三维光影技术，让高达 55 米的巴米扬西大佛在被炸毁 14 年后于原址重现。这个景象令人震撼，让许多阿富汗人为之落泪，也获得联合国的称赞和 CNN、路透社、《美国新闻周刊》等世界媒体进行了专题报道。德国总理默克尔也用法国著名小说《小王子》中“爱情不是终日彼此对视，爱情是共同瞭望远方、相伴侣行”这段话表达了对他们的祝福。从国外引进的节目则有《跟着贝尔去冒险》，由野外生存第一人贝尔·格里尔斯带领明星进行荒野求生的活动，从中看出明星个人的胆识、体能、性格等各个方面。

如果说最初的野外生存真人秀是恶劣环境的话，那么在后来发展中，这个类型扩大成了户外竞技真人秀。比如 CBS 的《极速前进》以惊心动魄的全球实地冒险竞赛为主要内容。参赛选手有 12 组双人搭档——生活伴侣、好友、家人等任何组合方式，他们将参加的是环游世界的比赛，参赛者不许带手机、携带的现金，交通方式或其他方面都有相应限制。整个旅程分为 13 段，在每一段旅程过程中，最后到达终点的队伍将被淘汰。进入最后一段的只剩下 3 支队伍，谁能最先到达终点，谁就能获得 100 万美元。而韩国的《跑男》和中国引进后改名为《奔跑吧，兄弟》则是以明星为主体的户外竞技真人秀节目。节目由 7 位搞笑性、艺能性极高的艺人为固定嘉宾班底，每期节目通过团队或个人形式进行游戏，通过脑力和体力的比拼获取金牌或提示继续闯关，最后决定胜者。输者将接受惩罚，胜者则得到奖励。节目中邓超担任队长，嘉宾有王宝强、Angelababy、郑恺、李晨、王祖蓝等。韩国 MBC 电视台、灿星制作和央视联合研制的《了不起的挑战》是以 6 位个性鲜明，缺点突出的明星，以挑战自己的缺点的方式去完成一些任务，比如“聚商之路”是在上海做小生意，从进货杀价到吆喝叫卖，每个步骤都亲自动手，自负盈亏，让明星们实打实地体会到了做生意的不容易。而加入上海消防车站中队这一期，明星们成为消防新兵，从最基本的体能训练，科目训练到团队合作，再到亲身参与火场、烟场的演习实践，全方位地感受到了作为一名消防官兵的伟大与不易。同样也是从韩国引进的《爸爸去哪儿》则是以 5 对明星父子或父女一起完成任务，展示了明星们对儿童不同的教育方式，以及在面对陌生的环境和任务挑战时不同性格的儿童的反应。与中国节目中儿童要在大人们的保护下完成任务不同，CBS 的《小人国》则从全国各地挑选了 40 位 8—15 岁的小孩，把他们放到一个无人小城里生活 40 天。在这段时间里，孩子们没有家长的呵护和老师的训育，也没有制度和规范，他们自己负责生活起居、协调各种关系、组织民主社区和政府，选出 4 个孩子作为领导人进行自我管理，同时还参加一些竞赛，每集产生一位获胜者，可得到 2 万美元的奖励。

2. 表演选秀型

表演选秀型是真人秀节目中参与人数最多，影响最广，形式最多样的节目类型。节目是让具有一定表演能力的参与者，按照预先设置的竞赛规则进行才艺表演，而专家和观众则对这些参与者进行淘汰和选拔，最后的优胜者将获得成为明星的机会。

表演选秀型真人秀节目中数量最多的是歌唱类。如《美国偶像》，节目内容是比赛唱歌。节目第一阶段时是初选，时间为 6 周，3 位评委和 1 位嘉宾到各地挑选人才，被选中的参赛者可以到好莱坞参加下一轮比赛。这样从各地选出 24 名选手（12 男 12 女）进入复赛。进入复赛后，第一阶段每周淘汰 4 人（2 男 2 女），3 周后剩下 12 名选手，进入复赛第二阶段，每周淘汰 1 人，10 周后剩下 2 人，进行决赛。获胜者即为当季的美国偶像，冠军奖品是一纸演唱合约。《美国偶像》自开播以来，收视率一直位居各大电视台节目榜首。2007 年的总决赛，全美有 6300 万观众收看节目，这个数字已经高出了美国总统选举的投票数。这个节目不仅捧红了一些草根明星，也使节目的评委波拉·阿布朵、兰迪·杰克逊、赛蒙·考威尔名扬天下。《美国偶像》也有许多不同国家的版本，现在全世界已经有 100 多个版本的偶像节目问世。

《英国达人》是一档旨在发掘英国业余表演人才的节目，比赛内容不限于唱歌，而是任何可以当众表演的才艺。通过预选的选手将在评委面前表演 1 分钟，如果评委不喜欢这个节目，他可以在演出的任何时间按按钮叫停。如果 3 个评委都按下按钮，选手必须终止表演。表演结束，或者表演被中断，评委发表评论，并决定选手是否可以进入半决赛，选手赢得两个评委的同意就可过关，被邀请观看选秀的观众意见也对评委的决定产生一定影响。半决赛一共有三场。每场半决赛有 8 个节目，评委可以在表演中途按按钮终止表演，评委在表演完成后给予评论，这将影响观众的投票决定。决赛是三场半决赛选出的 8 位选手的较量，评委同样可以按按钮终止表演，他们也同样对选手的表演做出评论。观众决定由谁胜出。优胜者不但获得 10 万英镑奖金，还可以在女皇伊丽莎白二世和皇室成员面前表演。使《英国达人》产生全球轰动效应的是“苏珊大妈”事件。2009 年 4 月 11 日，47 岁的英国大婶苏珊·波伊儿（Susan Boyle）走上了《英国达人》的赛场，身材肥胖的苏珊一出场就引发了现场的哄堂大笑，苏珊的自我介绍有点结结巴巴，甚至想不出 village（村庄）这个简单的单词。当评委保罗·赛门询问她的年龄时，苏珊坦然曝出“47”，现场的嘘声达到了顶峰。可是当苏珊开始演唱音乐剧《悲惨世界》中的曲目《我曾有梦》时，现场气氛在经过片刻的安静之后出现了戏剧性的变化。听众开始欢呼喝彩，转而达到了高潮，评委阿曼达·霍尔顿真诚地对她评价：“大多数观众都抱着冷嘲热讽的眼光看待选手，你则像晨钟一样敲醒了我们。”通过强大的网络视频传播，苏珊大妈迅速成为了全球的红人。据粗略统计，到当年 6 月为止，她演唱的音乐剧《悲惨世界》经典曲目《我曾有梦》在网络上已经突破了一亿的点击量。

《星光大道》的定位是“百姓自娱自乐”，是一个没有门槛、没有距离、没有限制的大众真人秀，力求为全国各地、各行各业的普通劳动者提供一个放声歌唱、展现自我的舞台。选手不分年龄，不分唱法，不分职业，只要你热爱音乐，擅长表演，就可以去《星光大道》。这里的明星一般只作为陪衬与助兴出场，给选手打分的评审团也基本都是非专业人士，同时现场观众都有投票机会。节目以唱歌为主，也包容多种表演形式，以擂台赛的形式依次决出周冠军、月冠军和年度总冠军。正如媒体报道所说，“爱好文艺的劳动人民基数很大”，《星光大道》从2004年开播至今，坚持高手在民间的思路，参加节目的选手大多都来自基层。他们是快递员、农民、环卫工人、卖菜大妈，比如东北的李玉刚，西北的阿宝、王二妮，山东的“草帽姐”“大衣哥”等，还有那些绰号跟外形同样带着泥土气息的选手——烤串姐、顶缸姐、洋芋疙蛋等。湖南卫视《超级女声》《快乐女声》，上海东方卫视的《我型我秀》《加油好男儿》《舞林大会》，中央电视台的《梦想中国》《非常6+1》《中国有嘻哈》等，都属于表演选秀型真人秀节目。

3. 职场竞争型

职场竞争型真人秀是真人秀节目中非常新颖的类型，参赛者不是才艺表演者，而是一些在职场、商场拼搏的白领人士。作为选手，他们要在节目中完成规定的商业项目，并达到一定的商业职场要求，并由评判者（通常是某个公司的老板）根据参与者的完成情况做出选拔和淘汰的决定。在逐步淘汰之后，最后的获胜者可以获得巨额的资金或是高薪的职位。代表节目有《学徒》《富贵险中求》《龙穴》等。国内有中央电视台的《赢在中国》、上海东方卫电的《创智赢家》、浙江卫视的《天生我才》等。

《学徒》是一个将商业运作技巧作为真人秀竞赛主题的节目，由马克·伯奈特制片公司与唐纳德·特朗普制片公司联合出品。节目组在全美各个州设立测试站，报名者要提供个人资料和10分钟录像，介绍自己的生活现状和商业理想。节目每期从20多万名报名者中选出16位学徒，他们中有美国名牌大学的工商管理硕士这类高学历者，也有普通的低学历者，这16位学徒将在纽约接受职场生存技巧的考验。当时还不是总统的纽约地产大亨唐纳德·特朗普扮演他们的雇主，实习地点在特朗普商业帝国内的不同企业。8男8女被分成两队，在接下来的13周中，每一周特朗普都会向他们下达一个任务，诸如卖矿泉水、设计宣传手册、出租房子、管理三轮车公司等。内容涵盖商业运作的许多层面：销售、促销、慈善捐助、房地产交易、财政、广告策划和设备管理，考验他们的智慧、创新能力、业内技巧以及脸皮是否够厚。每个项目完成后，获胜的队伍被邀请去豪华饭店享受美餐，失败的那队所有人员进入会议室，特朗普和他的 2 个助手，执行副总裁乔治·罗斯与公司首席执行官卡罗琳·凯切会发表评论和意见，然后每一个队员都可以发表意见和看法，选出 3 个被解雇者的入围名单。最后，特朗普把这 3 个人单独叫到会议室，再进行一些辩论和交流后，特朗普会冷酷无情地对其中一个人说：“你被解雇了！”（You are fired!）最终获胜者将成为特朗普的学徒，成为其商业帝国中一家公司的总裁，年薪 25 万美元，还可以获得一辆高级跑车。《学徒》播出第二集时就创下了全美 2000 万观众的收视纪录。特朗普对被淘汰者说出的那句话：“You are fired!”也一度成为美国社会火爆的流行语。《学徒》同时有挪威、瑞典、德国等不同国家的版本。

《赢在中国》是中央电视台财经频道的职场竞争真人秀节目。节目以“励志照亮人生，创业改变命运”为主旨，节目邀请中国当代知名企业家作为评委，通过一系列赛程设置来寻找5名最具创业潜质的创业英雄。节目分为机选、海选、面试、初赛、复赛、决赛六个阶段。首先从 3000 名选手中选出 1080 名选手进入海选面试，然后选出 108 名选手聚集北京参加初赛，再从中选出 36 名选手进入复赛，复赛选出 12 强选手进入决赛，12 强选手参加七场竞赛。每场淘汰一名选手，最终产生 5 名选手进入总决赛。经过专家点评，观众短信参与评选，最终产生本次比赛的冠、亚、季军和第四、五名选手。冠军将获得一家注册资本 1000 万元的新设企业经营权。亚军将获得一家注册资本 700 万元的新设企业经营权。第三、四、五名将各获得一家注册资本 500 万元的新设企业经营权。获奖选手将出任该企业的 CEO，拥有该企业 50% 的股份。职场节目还有中央电视台的《绝对挑战》，把求职现场搬进演播室，通过电视节目把人才求职、单位招聘、竞争上岗等过程真实地展现给电视机前的观众。天津卫视的职场招聘真人秀节目《非你莫属》则是从员工应聘、老板招聘两个角度，关注就业，表现应聘者可能会遇到的问题，老板希望招聘到什么样的员工等。每期节目有 5 位真实应聘者，他们有不同的专长的背景，每个人都希望能从事自己喜欢的工作。同时每期有 12 名企业高管组成波士团现场招聘，在经过评判和挑选后，向选中的应聘者发出工作邀请。节目中还有资深职场人士及心理专家，对应聘者进行就业指导、心理建议和职场忠告。

4. 服务技能型

服务技能型真人秀是真人秀节目中发展最快的一种类型，节目内容往往是满足普通人生活中的某种愿望或解决某种问题而展开的比赛或体验。通过有针对性的帮助和服务，生活服务真人秀在某种程度上改变了参与者的现实生活。比如当外貌改变时，人变得更加自信、更热爱生活等。

整容类真人秀节目有美国福克斯电视网的《天鹅》，取丑小鸭变天鹅的意思，为选手提供机会经历整容、精神治疗等过程，从而打造完美女性，重新塑造自己新的人生。节目组从全国范围内选出 18 名选手，这些女选手来到洛杉矶，一个由健身教练、临床医学家、训练者、美容外科医生、牙科医生、造型师组成的专家委员会为这些竞争者打造一个量体裁衣的计划。在三个月的时间内，候选人接受心理治疗、整容手术，并进行形体训练。整个过程他们处在摄像机的监测之下，并且完全看不到镜子。每集揭晓两名选手，然而只有其中的一个才有机会参加“天鹅盛会”。通过一周周地选拔，基于容貌、姿态等很多标准，选出 9 名选手参加每季最后的“天鹅盛会”，评选出当季“天鹅”。而美国 MTV 频道的《我想要张明星脸》，以明星脸为号召，为一些怀着明星梦的青少年把脸整形成当红明星。湖南经视的《天使爱美丽》是一个以女性整形为内容全程实录的节目，节目组从 1000 多报名者中选出 14 位进行手术，包括丰胸、割双眼皮、垫鼻、削骨、牙齿整容、抽脂等。因为整形手术的直播画面过于血腥，而被叫停。

服装设计类真人秀有美国探索频道的《天桥骄子》，节目中 12 位业余时装设计师连续多周接受不同设计任务的挑战。如用非传统衣质材料制作服装、为特定人物设计衣服、为成衣公司设计产品等。每集至少会淘汰一人，留下 3 位选手在纽约时装周的舞台上接受面对面的较量，最后只有一个设计师能胜出。中国的相应节目是上海电视台生活时尚频道的《魔法天裁》。

房屋装修类真人秀节目有美国广播公司的《改头换面（家装版）》节目。该节目选择一个需要帮助的家庭，由一个以设计师和装修行家组成的小组，在一周时间内为这个家庭重建房屋或进行改头换面的大装修。节目中需要帮助的家庭大多处于困境，平凡善良，是值得关怀的对象。第一季《改头换面（家装版）》曾为8个失去父母的孩子重建房屋，为一个坐着轮椅的男孩重新建造住所安装电梯等。中央电视台的《交换空间》则是两个家庭在设计师带领下，装修对方家庭的全过程。北京卫视《暖暖的新家》是在全国选出12个具有代表性的家庭，入选的每个家庭不光能拥有30万元装修预算，还能让享誉全球的顶级华人设计师为其免费量身打造温暖的家。同时讲述12个家庭在装修改造中发生的温暖人心的故事。节目组邀请的设计师均来自中国设计艺术院、北京国际设计周、中国室内装饰协会、清华大学美术学院等权威组织机构，拥有高权威性设计院校背景及高知名度项目的设计作品。

5. 室内体验型

室内体验型真人秀指在相对封闭的空间里，通过设置一定的游戏环节，让参赛者在镜头监视下优胜劣汰的娱乐节目。这类节目在西方通常着力展示现实生活中的性与隐私，以满足人们普遍的偷窥欲，节目中充斥了大量的打情骂俏、挑逗、裸体甚至性爱场面。国外的代表节目是荷兰的《老大哥》、以及法国电视六台《阁楼故事》等。节目挑选10名年龄在20—29岁的青年男女，让他们在巴黎市北部圣丹斯区一处拥有室内健身房、花园、篮球场和游泳池的豪宅内共同生活70天。26台摄像机设置在豪宅各处，包括洗手间，每天24小时不停地对他们进行拍摄，记录他们包括洗澡和做爱在内的所有行为。观众根据他们的表现给他们打分，参赛者自己也进行互相评价和打分，不合格的参赛者被淘汰，赶出“阁楼”。坚持到最后的一对男女将获得位于巴黎市内一套价值40万美元的“梦幻房屋”。如果他们俩能在这所房子里继续共同居住6个月，还会得到一笔丰厚的奖金。节目极大满足了观众的窥视欲，尽管法国政府认为这个节目“诋毁人的尊严”，但是节目仍然吸引了许多参赛者和大批观众。

室内体验主打个人隐私与性，对于亚洲的文化传统而言其实并不太适合，因为许多亚洲国家对于个人隐私相对保守。比如湖南卫视曾模仿《阁楼故事》

推出《完美假期》，是让 12 名选手在长沙市内一幢别墅中共同生活 70 天，每天 24 小时有 60 台摄像机拍摄，每周两次播出，从第三周起，选手之间互相投票进行淘汰，观众还可以投支持票。尽管已经淡化了性和偷窥的元素，但还是因为节目中的“打情骂俏、拉帮结派和钩心斗角”而被国家广电总局点名批评。在力图克服这类节目，因暴露个人隐私而造成的不安而又保留陌生男女亲密相处所特有的暧昧后。浙江卫视推出《遇见你真好》，选出 7 位素人单身青年，在浪漫的“遇见小屋”共同生活 30 天以观察他们的生活状态和情感变化。

不过这类节目全天候不间断连续性的记录特点和全方位无死角的拍摄方式，为亚洲的日本、韩国借鉴进而演变为偶像养成类真人秀节目，其后中国学习韩国偶像类真人秀节目，推出的节目则获得了成功。如 2016 年《星动亚洲》，是将 30 名从中韩选拔出来的优质青少年集结于韩国，参与为期两年的偶像培训计划，其中成绩优异的少年，将以组合、全能歌手、演员等身份在中、韩两国同时出道。《创造 101》节目召集了 101 位偶像女团练习生，通过任务、训练、考核，让选手在明星导师训练下成长，循环人气投票、暂时淘汰的流程，最终通过人气投票选出 11 位女练习生，组成全新的偶像团体出道。《偶像练习生》则从国内外 87 家经纪公司、练习生公司的 1908 位练习生中推荐选拔 100 位练习生，在 4 个月中进行封闭式训练及录制，最终由全民票选出优胜 9 人，组成全新偶像男团出道。

6. 恋爱约会型

恋爱约会型是以男女之间互相约会以及挑战各种情况为特点的节目，代表节目有《诱惑岛》《郎才女貌》《为爱情还是为金钱》《好友相约》等。

美国福克斯公司的《诱惑岛》是一个把恋爱中的男女“带到双方关系的十字路口进行测试”的真人秀。节目的参赛者是 4 对即将结婚的准夫妻和 26 位（13 男 13 女）诱惑者。这 26 位单身者是通过精心挑选出的杰出青年。他们当中有令人羡慕的律师、医生、情感丰富的艺术家、已经成名的创业人士、还有《花花公子》的封面人物。4 对未婚夫妻到达海岛之后，就和自己的侣伴分开，分别住到岛的两端。4 个女性住到海岛一端，4 个男性住到另一端。在女参赛者营地里，还住着 13 个单身男性，他们就是诱惑者。同样，在 4 个男参赛者的营地里也有 13 个女人来诱惑他们。这 4 对未婚夫妻彼此不接触地在海岛上度过两个星期，在一些集体活动的时候可以见面，但是也不允许交谈。情侣选手每人每天与一位单身异性共度，活动内容是节目所设定的潜水、山洞探险和骑马等。约会结束后，情侣选手可以要求观看自己情侣的约会录像，然后各选出一男一女潜在情敌出局。在最后一夜，4 对情侣重新会合，决定他们是继续厮守，还是另觅佳偶。这个节目播放后，收视率一直居高不下，但是反对的声音也十分强烈。美国华纳电视台的《郎才女貌》是将参加节目的 7 男 7 女进行搭配后再进行一场场综合能力的竞赛，包括智力、时尚、甚至舞蹈。女孩都是胸大无脑的美女，男孩则是 IQ 高、EQ 低的书呆子。女孩子们将参加拼字比赛，男孩们将接受按摩课培训。女孩甚至还要由火箭专家上课，看谁能造出一支能成功发射的小火箭。比赛中，每一组男女要互相帮助，共渡难关，每天比赛的最后一名将被淘汰，最终的获胜者将赢取 25 万美元。通过比赛，男女们互相配合，形成默契，并成为真正的郎才女貌的一对。芒果 TV 的《妻子的浪漫旅行》则采取夫妻隔空对话的方式，其重点不在男女约会而在夫妻相处。节目选择 4 对夫妻，让妻子团踏上浪漫之旅，丈夫团则留守棚内，远程观察旅途中的妻子，通过这种方式，让夫妻重新审视彼此关系，治愈婚姻，使夫妻间相互理解治愈。这种新的节目方式有时也被称为“夫妻观察治愈节目”。

7. 角色互换型

角色互换型真人秀是指以相互置换对方角色为特点的节目。国外有《换妻》《黑与白》《过我自己的生活》《交换配偶》等，国内有湖南卫视的《变形计》。

《换妻》是英国 RDF 媒体集团制作，之后由美国广播公司购买版权并制作的真人秀节目。每集节目都聚焦于两个生活习惯几乎完全相反的家庭，参加节目的两家女主人对调，在对方的家中充当两周的妻子。第一周，她们必须遵守新家的规矩，按照别人的习惯行事；第二周，她们则掌握起主导权，能够以自己的意志改变新家，譬如新丈夫能否在家中吸烟、孩子放学后是否必须立即回家等。当10天的换妻时间到期后，两对家庭将重聚一堂，互相讨论彼此的换妻感受。除了换妻之外，角色互换真人秀节目还有换老公、换老板方面的内容。美国福克斯公司的《黑与白》是将一个黑人家庭的3名成员和另一个白人家庭的3名成员“交换肤色”后，在洛杉矶共同居住6周时间，分别体验变成白人和黑人后的生活。6周里，隐藏摄像机将把他们的一举一动，和周围人的反应全部拍摄下来。

国内此类节目则有湖南卫视的《变形计》，节目也是角色互换。比如让长沙富家的网瘾少年和青海省贫穷山村少年互换到对方家里生活一周。通过这种互换身份、交换生活，节目希望让富家子找到生活的意义和目标，让贫困少年从外面的世界找到实现梦想的更多动力。节目还做过练摊卖衣服的父亲和读初一儿子互换角色，父亲去儿子学校读书，儿子去市场卖衣服，高三班主任母亲和学生女儿互换，湘西山村小学教师和北京重点小学教师互换等。

第四节　真人秀节目的模式设计

真人秀节目的核心是人性的展示。传统的竞赛游戏节目看重的是竞赛的结果，而真人秀节目更关注的是竞赛游戏中的人。“人性、人格必须成为我们的目的。换句话说，如果一个节目看下来，里面的人、人性、人格没有突现出来，没有被我们记住，没有对我们产生感染力，这种真人秀的成功是有限的。”① 因此，一个真人秀节目的模式设计，最重要的是要通过节目的模式展示人性。

---

① 尹鸿：《真人秀节目分析》，http://www.sina.com.cn，2003年10月29日。

一、设计独特的模式

1. 节目要有核心点

真人秀节目就像一部电视剧。这部电视剧虽然没有剧本，但像电视剧一样有故事和故事的发展，像电视剧一样需要核心情节点。这个核心情节点就是一个真人秀节目的价值和特点所在，也是节目赖以找到自己位置的标志。比如《老大哥》的特点是窥视，对人的窥视。因此节目设计封闭式的场景就是为了保证选手无法脱离窥视的镜头，而24小时的拍摄更是强调窥视除了无处不在之外，更是无时不在。而《幸存者》《学徒》的特点是竞争、是原始丛林里的生存竞争或是现代都市丛林里的竞争。既然是竞争，就必然有残酷的东西。因此节目设计强调生存竞争的残酷无情，包括外部竞争，如以集体方式完成某项困难的任务；也包括内部竞争，选手们刚才还是合作者，突然变为你死我活的对手。正是这些特别的设计，使得这些节目显示出与其他节目的极大不同之处。《郎才女貌》强调的是差异，节目中的男性与女性几乎在所有方面都存在极大差异，男性大多戴着高度眼镜，属于智商高、情商低的书呆子，而女性却是追逐时尚的靓丽佳人，却普遍缺乏知识素养。这种强烈的反差给观众的印象非常强烈，而这些选手们在镜头前率性本真、真实自然的表现，为该节目的成功奠定了基础。《粉雄救兵》中强调也是"酷儿"即同性恋与"直人"即普通异性恋的反差。《换妻》《交换配偶》是换位体验，强调原先生活的不同环境中的人在更换了身份、家庭、肤色以后的全新体验。《阁楼寻宝》的重点是对古董或者物品估价，体现这些被遗忘和被冷落物品本身的价值。因此，节目强调的首先是找，然后是估，最后是拍卖。三个环节紧紧围绕被忽视的物品及其价值展开，在过程中交代每件物品的来头——有的是婚礼礼品，有的是半个世纪前某个重要场合的纪念品。节目中出现的高水平古董鉴定专家对物品判断的准确性，以及物品在古董拍卖市场的行情，都是节目成功的原因之一。《爸爸去哪儿》的核心点其实不是明星，而是明星家的孩子。节目的设计都是围绕这个核心点来进行的，比如孩子如何起床、如何出门，如何选房，出了问题明星父亲如何给孩子做思想工作，亲子沟通方面有什么特别之处等。而《星光大道》的宗旨是“百姓自娱自乐”，力求为全国各地各行各业的普通劳动者提供一个放声歌唱、展现自我的舞台。所以无论是主持人或是参赛者，都有着平民化的特点。

同样是唱歌类，《美国偶像》是评委评判选手。而《未知因素》《名师高徒》就是由评委带领选手进行比赛，将评委由原先选手的成功与否“与我无关”改成“评委与选手绑在一起”。《中国梦之声》的关键词是偶像，节目追求的是：“既不是单纯地选择好声音，也不是纯粹的草根选秀，就是有着音乐梦想的年轻人追梦的舞台。”因此，舞台的主角必须是有偶像气质的选手。湖南卫视《我是歌手》强调的是已经成名的歌手进行竞赛。《我为歌狂》是歌手的“联合作战”。《天籁之战》是明星与素人较量，节目核心是：呈现明星的内心恐惧面、素人的颠覆性胜利，歌曲改编后更甚原唱。

同样是才艺类的选秀，《与明星跳舞》《你认为你能跳舞吗》不是唱歌而是跳舞。《美国超模》不是唱歌而是选模特。而《英国达人》《美国达人》是包括杂耍在内的各类表演，特别是《英国达人》，在全球都追逐年轻帅气偶像的背景下，反其道而行之，从儿童和中年人层面发掘亮点人才，无疑让节目特点非常鲜明。《英国达人》第一季亚军是 7 岁的小女孩康妮・塔波特，第二季冠军是年仅 14 岁的街舞小子乔治・桑普森，而第一季冠军保罗・波兹和第三季亚军苏珊则是中年实现梦想的代表。同样的野外生存竞争，《幸存者》是借用了小说《鲁滨孙漂流记》中的荒岛生存概念。而《极速前进》则是借用了美国电影中公路片的概念。同样是商场竞争，《学徒》是强调完成商业项目。《富贵险中求》是冒险，如在两个空中热气球的搭板上从这一头走到另一头；在非洲赞比西河做险情漂流；在空中绑住蹦极跳的绳子跳到另一悬吊人的怀中；在伦敦最高建筑物上悬挂标语等考验冒险精神和胆量的环节。国外职场竞争真人秀都将表现选手间的矛盾与冲突作为重要方面，不讳言人与人之间为了利益不惜一切代价的阴暗算计。而《赢在中国》却聪明地将节目定位为“励志、创业”。所有言论都紧紧围绕成功创业者的形象而展开，让观众的注意力集中在比赛内容上，选手间关系不成为节目主要突出的方面，这是符合中国观众审美需求的。而东方卫视《创智赢家》第二季就出现了不顾及中国道德传统和观众审美习惯的问题，除了节目中女队员之间频频出现相互指责的场景之外，最后是最有争议的选手张书嘉胜出。使许多观众和不少网友认为东方卫视在节目公正性和品位上存在很大问题。

2. 精确的游戏规则

真人秀节目要好看，首先就要制定精确的游戏规则，制定游戏规则是节目组的权力，也是节目的版权，体现着节目设计者的智慧和创造。游戏规则决定了节目的冲突方式和冲突强度，可以说游戏规则的设计是真人秀节目成功与否的关键。

真人秀节目游戏规则的制定首先要能表现冲突，冲突是真人秀节目的特色。怎样在规则中保证选手能够冲突得起来，但又具有可控制性，是节目设计者需要认真考虑的。如《幸存者》的方式是将所有参赛选手分为两个队展开竞争，这种分两队比赛的规则后来也为许多真人秀节目所采用，如《学徒》《赢在中国》都是如此。还有节目将选手两人一对组成小组，如《阁楼故事》是将 10 名青年男女按一男一女配对，分成五组进行比赛。《极速前进》也是将参赛选手两人一组，不同的是，选手可以自由组对，可以是生活伴侣、是好朋友或是家人等。不少真人秀节目中出现选手间钩心斗角，拉帮结派和私下交易，他们甚至完全不顾公平原则，将观众认为比较强的选手淘汰出局等。许多观众因此而惊讶、愤怒、看不下去。但是，这些行为虽然不怎么光彩，却不一定和选手的道德水平相关，而是游戏规则惹的祸。因为节目规则规定，失败的一方必须要淘汰一名选手，谁成为这只替罪羊，就立即成为摆在失败队每个选手面前的问题。这时的选择就成为生死攸关的问题，于是失败队的选手不得不为了自己的生存而使出浑身解数。很明显，如果不是 100 万美元的巨奖和分组赛、不是胜利队过关而失败队必须淘汰一名选手的比赛规则，即使分成两组对抗，选手间也可以友谊第一、比赛第二，完全不用那样激烈冲突。《奔跑吧，兄弟》中节目中最激烈，最具悬念的游戏是“撕名牌”。其规则是将选手分为两组，每个人后背上都会贴上自己的名字，这叫做名牌，名牌通过魔术贴牢牢粘在服装上。然后对战开始，双方可以采用运动战或者正面对战，就是在不伤害对方的情况下把对方后背上的名牌撕下来即为胜利者。这个规则设计既有充分的对抗，也突出了运动的因素，完全符合节目“奔跑”的理念，正是这个游戏环节的设置大大强化了节目的对抗性和对观众的吸引力。

当然，真人秀节目的赛制说到底还是为战，如果节目不强调对抗的冲突，那在比赛规则的制定上，就可以和平许多，比如《星光大道》的整个比赛分为周赛、月赛、年底半决赛和年底总决赛。周赛从5位选手中选出周冠军，比赛要闯4关，每关淘汰1位（组）选手，四关即闪亮登场、才艺大比拼、家乡美、超越梦想。其中最有特色的是“家乡美”，选手们表演的一般都是富含家乡文化并且有着浓郁地方风情的节目，有的还会带着土特产等让现场评委与观众分享。这里就不强调胜负而是强调不同地方的文化特色。

游戏规则的制定还要能使情节有变化和发展。在设置赛制时，设计者还应该考虑到情节应有出人意料的变化，比如复活环节的设置，这个环节一方面是给粉丝们权利，另一方面也是延长赛程的合适手段。好莱坞动作片、灾难片的固定模式之一是主人公在危情解除前，始终处于被追逐、被攻击的不安全状态，真人秀节目也是如此。当一名选手进入比赛之后，他必须经历的一轮轮比赛就仿佛好莱坞剧情片中的一次次被追逐，每次过关，都是一次搏斗，都引起观众对他/她安危和命运的担忧。如果观众喜爱他/她，就会对他/她产生同情，他们不希望自己喜爱的选手被淘汰，甚至会自发组织起来帮助他/她渡过难关，这就是许多真人秀节目“粉丝”们的心理基础。掌握这样的观赏心理，在制作规则时，制作方既要严格地按照竞赛的规则，完全不偏不袒地公平地进行（这是面对所有观众必须的），让事件循其自身规律进行。又要考虑相当部分观众的心理期待，设计一些规则让那些观众喜爱的选手能够逃脱灾难，这就是《超级女声》中的复活环节的心理基础。2006年的《超级女声》规定，每个唱区被淘汰的十强选手可以通过复活赛取得继续比赛的资格。因为复活许多时候是观众投票的结果，这就在某种程度上照顾到了观众心理，使事件出现了戏剧性变化。《星光大道》的月赛环节就是前三周赛出的3位（组）周冠军和2位（组）挑战者比赛，其中第一关就是“反败为胜”。

3. 特别的场景和道具

真人秀节目的拍摄手段是纪录片式的，但为了观赏效果，有时也刻意营造一些非日常生活的场景，让观众印象深刻，其中仪式感和情境化是两种重要的手段。

仪式感有仿古、仿真等不同方式，如《生存者》就是仿古仪式。节目中的淘汰环节是最有仪式感的。在一轮比赛过后，选手们手执点燃的火炬穿过茂密丛林，进入山洞。山洞中央是一堆熊熊燃烧的篝火，边上围着石凳，选手每人敲击一下会场入口的锣，随后坐在大石头上，点燃的火炬插在身后，身前则是熊熊的篝火。他们要接受主持人的提问，问题是关于这一天中他们遇到的一些事情的细节。他们将自己的答案用炭笔一类的东西写在外表粗糙的大草纸本上，亮给主持人，答对最多题的人获得当天的豁免权。其他选手轮流走向会场一隅的投票处，背向其他人，却是对一台摄像机写下认为该淘汰者的名字，将纸条放进一个古朴的罐子。主持人向观众一张张展示纸条，最后选出一名得票最多者成为被淘汰者，于是他 / 她的火炬熄灭。在整个淘汰过程中，神秘的洞穴、肃穆的气氛、点燃的火炬，伴以《部落声音》为主旋律的背景音乐，出局者无言地打点行装，沿着林中小道走出，产生了一股神秘神圣的氛围，仿佛真是发生在古代原始部落的一个仪式。《学徒》中则是仿真仪式。节目将现代城市的豪华作为仪式，在节目中，制片人伯奈特不遗余力地拍摄充满梦想的城市街景、纳斯达克交易所、特朗普的飞机、豪华的高楼大厦。这些并不是毫无意义的过渡场面，他借此渲染一种大城市的繁荣奢华与看似唾手可得的美国梦。而节目的会议室则如同法庭，特朗普本人的那一句话“You are fired!”，也成为仪式的一部分。《天鹅》既是仿古也是仿真。巨大的镜子虽然是现实生活中的物件，但大到一定程度就给人以魔幻的感觉。而照镜子则使人想起童话故事《白雪公主》中恶毒的王后对着镜子时那句著名问话：“魔镜、魔镜，谁是世界上最美丽的女人”所以女性照巨镜是一种仪式，在节目中这意味着丑小鸭变成天鹅的决定性时刻，所以选手只有在最后才能看到镜子。最后，现场选手盛装站在一面非常巨大的镜子前面，这面镜子几乎是顶天立地，被两块天鹅绒幕布遮住，这是一个仪式感很强的场面。当选手做好心理准备之后，幕布徐徐拉开，选手们就像白雪公主面对魔镜一样，看到自己整容以后的美丽模样。《中国好声音》中的仪式道具则是转椅。这个昂贵的座椅仿佛也有某种魔力，因为一开始选手上场时，坐在椅子上的导师们是看不见选手的，而选手也看不见导师，双方只能通过歌声交流。选手要用好听的歌打动导师，而导师也只能用耳朵听歌来判断。但是一旦导师选中了选手，只要一拍椅子上的装置，椅子立即会转过来面对选手。这时，无论对于选手或是导师都有一种戏剧性的效果。因此，尽管每个椅子要 80 万元，但由于是节目的核心元素，节目组毫不犹豫地从国外空运过来。同时每次实录前，外国工作人员都会趴在转椅下做调试，为转椅维护提供技术支持。

情境化则往往是借用某些已有作品提供的情境，如《老大哥》借用了小说和电影中的封闭式国家的情境。《海盗王》无论是在环境设计、人物造型上，还是在氛围营造、影像运用上，都借助了海盗电影的情景。节目开头是黑暗中隐隐钟声，涛声渐隐，桨声渐大，烟雾中驶来一艘船。一群“海盗”齐力划桨，逆光中，他们从绳梯爬上一艘大帆船，然后用绳子从海里合力拉上一个镶银的木箱，打开木箱，里面是一卷交代寻宝规则的羊皮书。这个场景酷似电影《加勒比海盗》中的情形。节目的场景是一条中世纪样式的三桅帆船，16 个形象、身份各异的选手被置于船上，羊皮地图、尖利长刀、银箱金币、迷踪小道和骷髅标记，这些海盗时代的标志无一不在。正是这种情境很快将观众带入了一个神秘的海盗活动场景中，从而产生奇异的感受。

二、选择合适的参赛者

真人秀节目通过比赛或体验过程，表现人在事件中的真实状态和心理过程，表现动人的情感和阴暗的心态，表现各种不同的个性。而这些都是由节目的选手、参赛者来表现的，因而参与者是节目真正的主角。要做好真人秀节目，适当选择参赛者是节目制作人的主要工作之一。

1. 选择参赛者

在选择参赛者时，首先是降低门槛，大部分的真人秀节目，特别是才艺型的节目，都只有最简单的规定，其目的是吸引最多数量的参赛者。如《美国偶像》除了规定参赛者必须是美国公民，年龄必须在 16 岁到 24 岁外（2006 年后，参赛年龄限制被放宽到 28 岁），没有任何资格的限制，而且每位选手的表演都会在电视花絮节目中播放。这也是吸引很多美国人参与的要点之一。《超级女声》报名条件是：只要喜爱唱歌的女性，不分唱法、不计年龄（16 岁以下需家长陪同）、不论外形、不问地域，均可在指定唱区城市免费报名参加（2006 年起，报名选手需年满 18 周岁）。法国的《阁楼故事》是“不到 30 岁，单身，寻找灵魂伴侣”的男女都可以来报名。《英国达人》没有任何门槛，不论年龄、性别，不管表演的是什么，只要自认为可以到舞台一展身手的，都可以报名参加。《中国达人秀》的选手中，有推着流动摊卖鸭脖的夫妇、有为博瘫痪妻子一笑的机械工、也有头发全白的破产千万富翁、自卑的小胖子、身体停止生长的侏儒症患者等。《星光大道》本着“百姓自娱自乐”的宗旨，参与者不分年龄，不分唱法，不分职业，只要你热爱音乐，擅长表演，就可以登上舞台。

真人秀节目的参赛者是从上万名甚至几十万名报名者中精心挑选出来的，所以看似无门槛，其实为了节目好看，是需要考察选手质量的。比如《星光大道》虽然挑选选手时不管男女老少，但还是有三条标准，即：人生经历、情感故事有特色，有绝活，比如破吉尼斯世界纪录；或者唱得特别好。许多真人秀节目要求选手提供几分钟自我介绍的录像带，使制作方对每个参赛者的年龄、性别、肤色、外形、表达能力都要能有所了解和判断。

在挑选参赛选手时，要注意几个方面：一是选手要有真正的才艺或技能，歌唱得好的、舞跳得好的，戏演得好的，或声音有特点的。比如《中国达人秀》中的民工街舞团、以装置秀令人吃惊的“孔雀哥哥”姜仁瑞、残疾人组合的舞蹈、“鸭脖夫妇”周彦峰和许娜的唱歌等。《星光大道》找到朱之文就是因为他演唱《滚滚长江东逝水》在网络上走红，节目组发现他的声音“浑厚、华丽，有种金属般的质感”[①]。

二是选手最好是有故事的，来到真人秀比赛的许多人都是有故事的。《中国好声音》第一季亚军吴莫愁的故事是从小跟随父母大篷车的唱游生涯。从被抱在手里的婴儿，到有印象的小学四年级学生，她经常以一个小光头的形象和同为大光头的父亲一起演出。而《中国好声音》第二季冠军李琦的故事是他大四那年在大学校园开的那场6000人演唱会。他因为一支乐队缺主唱而加入，托相熟的老师一次次求情最后涉险过关，最后站到舞台上。而因为感觉太好，以致毕业后他不找工作、不创业、不考公务员，去做了“杭漂”，靠酒吧驻唱为生。《中国好声音》第三季冠军张碧晨，大学期间参加中韩建交20周年外国人唱韩文歌的活动，获中国赛区第1名，韩国总决赛第2名而被韩国KBS促进团团长看中，并受邀参加韩国知名音乐节目《音乐银行》。《音乐银行》的导演又介绍她到韩国经纪公司做练习生。在经过三个月的严酷训练后，加入了韩国女子组合“Sunny Days”，在韩国正式出道。在《中国达人秀》中，许多选手都有自己的故事。

三是有一定的代表性。如《老大哥》第六季的14名选手（6男8女）中有：橄榄球啦啦队队员、艺人、招待、气象学学生、鸡尾酒店招待、驯马师、私人导购、零售店经理、私人护士、保安经理、销售经理、时尚设计学生、消防员、地图设计师等年龄不一，职业不同，各人的语言和行为方式也大不一样。这样形成的不合群人群在一起竞争，必然呈现出更多的状态，具有更多可看的内容。比如《星光大道》就特别强调来自农村、工厂、基层的选手，他们的职业也是各种各样。

四是最好有个性，与众不同。这也是吸引以观众的重要因素，比如被称为中国版苏珊大妈的“菜花甜妈”，以一首神曲作为自己的成名曲，这就是《送你葱》。作为一位卖菜的大妈，“菜花甜妈”很难记住歌剧名曲《今夜无人入眠》中的意大利文歌词，因此她自创歌词，用鸡腿、鸡翅膀、胡萝卜、番茄、大蒜等各种蔬菜名词演唱此曲。末尾的歌词是“快来买吧，送你葱，送你葱，送你葱”，由此被观众热捧。这种有个性的选手有时甚至是可遇不可求，

① 《〈星光大道〉与“星光帮”》，《南方周末》2015年3月27日。

并不在节目组的掌控之中。因此，一旦发现某个选手的个性特别，就要给他或她展现个性的机会，使他们能把自己的个性淋漓尽致地表现出来。如“超女”冠军尚雯婕和《我型我秀》中唱功一般却非常善于搞怪的选手师洋等。《美国偶像》中22岁美国华裔大学生孔庆翔，这位选手是加州大学伯克利分校土木工程系的学生，有着突出的龅牙和拙劣的发型、木偶般的舞姿和刺耳的歌声，让现场很多人忍俊不禁。孔庆翔开唱没多久，一名评委便忍不住用白纸遮住脸，躲在后面狂笑。而另一位评委西蒙·考威尔，则忍无可忍地打断了他："你不会唱歌，也不会跳舞，还指望我说你什么好呢？！"现场顿时鸦雀无声。经历了几秒钟的尴尬后，孔庆翔勇敢地回应："我已经尽力了，我毫无遗憾。"没料到，正是因为这句话，孔庆翔的人生就此改变——他在短时间内成为美国娱乐圈的知名人物，甚至成了亚洲、大洋洲和欧洲电视节目中的大红人。

五是适当掌握选手的性别。在真人秀节目中，一般都将选手的性别作男女各一半的搭配，这样一来可以因性别不同而产生看点，二来两性搭配也有利于节目竞赛的丰富多彩。

2. 评委的作用

评委也是许多真人秀节目的重要方面。在有的真人秀节目中，评委的作用特别明显。如《学徒》中的唐纳德·特朗普当时是纽约最有名的地产开发商。《富贵险中求》里的理查德·布兰森是著名航空公司的老板，最富传奇色彩的亿万富翁，他崇尚自由、反叛传统，特别喜欢冒险刺激。《龙穴》中的五个评委，个个都是独自创业成功的亿万富翁。《美国偶像》的三个评委也是节目的标志之一，他们是以"酷评"著称的毒舌评委西蒙·考威尔，人称好好先生的黑人兰迪·杰克逊，漂亮性感的话题女王波拉·阿布朵，三个人刚柔并济、妙语连珠，吸引着众多参赛者不远万里前来比赛。特别是西蒙·考威尔（也是《英国达人》的评委），面对资质不佳的选手往往毫不留情："你唱得真是令人震惊，让我们理解了什么是可怕""听你唱歌之前，我不知道猩猩原来是这么叫的""为了找到王子，我们不得不亲吻好多青蛙""今年有足够大的舞台吗"（嘲笑胖选手）"我原来有只猫，有一次它的尾巴被门夹住了，我向上天起誓，刚才你的演唱让我想起那件事”“我没有冒犯的意思（这是西蒙的口头禅，下面就要开始挖苦了），你让我想起过去我养的一只狮子狗”（女选手留着爆米花头）……”他的评点也是《美国偶像》的一大卖点。

《赢在中国》的11位评委，都是中国著名的企业家。像马云、史玉柱、牛根生、张新礼、张瑞敏、柳传志、俞敏洪、熊晓鸽等人，都是中国人熟悉的企业家。他们在节目中的点评不仅对选手，而且对屏幕前的观众都大有启发，因为他们说的不仅是商业技巧，更多是他们在商业活动中的人生体验和做人信条。比如马云说：“在公司内部找到能超越你的那个人”“永远不要忘记第一天创业时的梦想”“在今天的商场上已经没有秘密了”“创业者最好的大学就是社会大学”“学会把自己的强项藏起来”“30%的人永远不可能相信你，不要让你的同事为你干活，而让我们的同事为我们的目标干活，共同努力，团结在一个共同的目标下面，就比团结在你一个企业家底下容易的多，所以首先要说服大家认同共同的理想，而不是让大家来为你干活”“看见10只兔子，你到底抓哪一只？有些人一会儿抓这只兔子，一会儿抓那只兔子，最后可能一只也抓不住。CEO主要任务不是寻找机会，而是对机会说No，机会太多，我只能抓一个，抓多了什么都会丢掉。”同样，《中国好声音》的四位导师刘欢、那英、庾澄庆、杨坤，也被公认是节目的精彩看点之一。由于《中国好声音》“导师制”的巨大影响，近年来的歌唱真人秀节目中，强大的导师阵容几乎成了标配。如《中国最强音》的章子怡、陈奕迅、罗大佑、郑钧。《中国梦之声》的黄晓明、韩红、李玟、王伟忠等。而东方卫视的《舞林争霸》坐镇赛场的四位明星导师金星、方俊、杨丽萍、陈小春风格各异。绰号“舞林总教头”的方俊经常跃跃欲试，金星在舞台上金句频出，杨丽萍则言简意赅，往往只是一个眼神就能给舞者传递正能量。

3. 把权力交给观众

在目前所有类型的电视节目中，真人秀节目的观众参与程度是最高的。在真人秀节目中，观众不仅是节目的观看者和接受者，而且是节目的参与者和评判者。观众可以组成后援团、粉丝团，在节目的进行过程中，观众可以通过充当现场投票、声讯电话、手机短信、网络投票等方式决定选手的去留。有时候观众投票具有决定性的作用，甚至可以改变节目的整个进程。这样，观众就不再是被动地收看节目和接受评奖结果，而真正成为了节目不可缺少的重要部分。

真人秀节目在评判环节上，倾向于将评判权更多地交给现场观众和收看节目的场外观众。如《老大哥》和《阁楼故事》中，淘汰的程序都是先由选手选出两个被淘汰的候选人，最终由观众通过声讯电话等方式选出最没有人缘的一位并将他淘汰出局。《美国偶像》每期节目结束后，观众通常有两个小时的限时投票时间，公众系统中电话投票是免费的，保证了一般观众对节目拥有充分的话语权。而《超级女声》每轮比赛之后，短信票数最低的选手就得被待定，与专业评委选出的选手进行 PK①，PK 结果由场内 35 位大众评委当面投票决定。在 2006 年《我型我秀》赛事中，一位名叫师洋的快乐男孩，牵动了无数歌迷和热心观众的心，是观众一次次的投票力挽狂澜，将他送进了五强争霸赛。对于主办方来说，将权利交给观众实在是一举多得，就在许多观众发短信支持选手的同时，通信商和主办方也获得了不菲的经济收益。湖南卫视的《超级女声》分赛区晋级赛中，也采用以选手的场外观众支持率为主、评委和大众评委为辅的淘汰方式。《中国好声音》的“巅峰之夜”四位导师不参与票选，四强学员的命运掌握在上海体育馆内的现场观众和全国 99 家媒体评审的手中。比赛的第一轮，四强学员分别演唱一首歌曲，现场观众通过手机认证的方式获得投票资格，选出四人中的一位最先获得决胜机会，而获得支持率最低的学员将暂时止步于舞台。第二轮，支持率居中的两位进行较量，同样由现场观众投票选出谁更佳，优胜者将与第一轮安全的学员进行竞争，两强对抗的结果由现场观众与媒体评审共同决定：现场观众的选择以百分比计算（每 1% 的支持率为 1 分），99 位媒体评审人每人 1 分，最终成绩为观众支持分与媒体评判分两者之和，得分较高的学员即为年度冠军。

---

① “PK”一词原本出现在电子游戏中，意为“玩家之间的打斗”，在《超级女声》的节目中，则成了“同台对决”的代名词。

第五节　真人秀节目的脚本与制作

从本质上说，真人秀节目是一部由真人演出的电视剧。因此，它也像电视剧那样需要有贯穿始终的情节，有观众喜爱的主角。而节目制作者则必须像电视剧制作者一样，按照根据选手性格与特征撰写的脚本进行拍摄，让观众始终保持观赏的兴趣。因此，从叙事策略上说，在节目的具体运作中，最主要的就是要调动起并不断维持观众的观赏兴趣，要达到这个目的，可以从以下两个方面入手：

一、作为“角色”的选手

尽管在许多真人秀节目中，选手要参加一系列活动和比赛，即“赛事”，但节目制作者必须清楚，在真人秀节目中，事只是载体，真正重要的是事件中的人，人是主体，节目中必须突出人，从哪些方面来突出人呢？

1. 突出选手的个性特点

在真人秀节目中，人的个性是最能在短时间里看出来的。比如《美国偶像》的海选部分，每个选手只有 1 分钟的表演时间，这个选手的表演花絮能否表现在电视屏幕上，关键就在于选手是否具有个性和特点。不管是外貌的肥瘦、动作的滑稽、唱歌的走音跑调，其实都是选手的特别之处。在生活中，每个人都是不可重复的，都有自己的特点。在真人秀节目中更是这样，在节目中每个选手都应当有鲜明的、不可复制的特点。比如《赢在中国》的某一期节目中，受访者或许很能干，可是不合群。通过人物的性格特点帮助观众去辨识一些人物，强调一个人的成功，不仅是取决于外部环境，更取决于性格。

真人秀节目还引入了新闻和纪录片的采访手段，这也是为了从另一个方面展现选手的特点和个性。特别是在比赛前或比赛后，在淘汰前或产生冲突后等关键时刻，让选手对着镜头说出自己想说的话。这个时候，由于他或她正处于具体情境或特定状态之中，选手往往脱口而出比较真实的想法或表达某种不会掩饰的情绪。

2. 交代选手的背景

在真人秀节目中，其实每个选手背后都有很多不为人知的故事。这些故事有的新鲜、有的感人、有的非常特殊，虽然对于比赛结果不起作用，但从人物塑造的观众认同的角度，却是不可缺少的。因为这些背景是观众认同选手的重要心理基础。观众会因更了解某一个选手从而对他/她产生怜惜、喜爱、认同，而这些情感最终会影响观众的收视心理和收视效果。如2006年上海东方卫视的《加油！好男儿》中，有不少人有不平常的身世，有人从小因父母出门做生意，是跟着爷爷奶奶长大的；有人从小失去双亲，甚至有人靠端盘子、炸油条谋生等。节目组就专门拍摄了有关选手身世的VTR，让观众能更多更好地了解他们。《交换空间（家装版）》往往挑选那些善良乐观却家境困难的弱势家庭，比如有一期是帮助单身母亲圣安娜·罗斯，她和三个女儿一起生活，她们的家曾先后遭遇大风和火灾，如今住在一个没有水电设施的后院中，住房条件极差。还有一期是帮助残疾人罗德尼家庭，青年罗德尼原本可以成为一名NBA球员，但因在遭遇歹徒袭击时反抗匪徒而致下半身瘫痪，为了帮助罗德尼治病，母亲辞去工作，而他父亲又因车祸被截去了三个手指，全家面临严重的财政危机。此后，有一个承包商曾帮助他改造房屋，但未把事情做完，现在罗德尼正在准备与相恋五年的女朋友订婚。节目中如果不交代这些家庭的背景，观众就很难对他们产生同情心理。《超级女声》节目中的每位选手在唱歌前，一般先要回答主持人提出的问题，每位选手回答完问题后，大屏幕会播放一段VTR，选手的亲人、朋友、同学在对选手送上祝福和鼓励的同时，还会对选手的生活、学习、工作状态进行描述，这些做法也都是为了交代选手背景，使选手形象更立体更丰满。

3. 为选手设计“脚本”

从目前真人秀节目的经验看，编剧在一档户外竞技真人秀中的角色至关重要，比如韩国的《跑男》的编剧就是韩剧《来自星星的你》的编剧。中国的《奔跑吧，兄弟》也采取有编剧的设计：每期围绕一个明星发展故事，其中穿插搞笑元素。过程类似拍电视剧。通常的做法是，一个主编剧，配置四五个编剧助理，根据每个明星的特点写故事。每一期都有个主要的明星作为主线，他碰到困难，其他的人来帮助，再把搞笑的元素穿插其中，完全按照电视剧的感觉来拍。

在《中国好声音》爆红的吉克隽逸也是经过了节目组的策划。彝族姑娘吉克隽逸出生于四川省凉山州甘洛县，大学就读于四川外国语大学重庆南方翻译学院，汉名叫王隽逸。受到妈妈的影响，她从小爱唱英文歌，在校期间，为了减轻家庭的负担，她去酒吧驻唱。2009 年，她曾参加湖南卫视选秀娱乐节目《快乐女声》的比赛，但只获得广州唱区 30 强。而后她以 Summer 为别名，成为在北京酒吧唱歌的北漂，唱的也是英文歌。因此最初向《中国好声音》导演组交个人作品时，她交的是 25 首英文歌。音乐总监李维敏听过太多唱英文歌的酒吧歌手，希望从她的民族原点上找到灵感，要求她推荐自己喜欢的民歌。她说出了《阿杰鲁（不要怕）》，但还是希望在比赛中唱她擅长的英文歌。于是导演组决定将《不要怕》嫁接一首英文歌，最终选定《I Feel Good》。于是，名叫吉克隽逸的彝族女孩凭着民族风混搭国际风的两首歌在《中国好声音》的舞台上一战成名，获得四位导师的力捧。刘欢的评语是：“我太希望你到我的队里来，200% 欢迎你，你想唱什么唱什么！”那英的评语是：“太棒啦！我们队就要你这样的，我求求你啦！”杨坤的评语是：“你知道什么叫惊艳吗？为之惊艳，长得也惊艳，唱得也惊艳。”而庾澄庆的评语是：“灵魂出窍啦！女儿唱出了青春，妈妈唱出了人生！”吉克隽逸的例子证明优秀的策划和可行的脚本是节目成功的重要保证，这样的例子在中国真人秀节目中屡见不鲜。

二、体现为赛程的“情节”和叙事

在许多真人秀节目中，选手的比赛过程就是整个节目的情节框架。但仅仅有框架还不够，真人秀节目要做得好看吸引人，还必须在节目中强化那些能够抓住观众的、具有煽情及表演性质的娱乐元素，这是节目制作过程中的要点。

1. 保持并运用好悬念

保持悬念的手段不是让观众完全不知情，而是使观众既能对情节发展有所预料和期待，又无法完全猜到结局，只有制作方能掌控节目行进的大致方向。

在真人秀节目中，结局是悬念，而且是最大的悬念。因此所有节目都是最后决出获胜者。但是，一个节目的成功运作，仅仅靠大悬念是不够的，如果选秀过程中没有小悬念不断地出现，节目过程就会显得呆板。保持悬念的技巧有拖延、转移、结果过程化等手段。

真人秀节目中，延宕是保持悬念最常用的手法。一般节目主持人在公布结果前，都会放慢语速，或卖个关子，其目的就是通过有意拖延时间保持悬念。但是这种先不说或慢说的手法只是一种初级手法，高明的则是设计出一个环节来进行延宕。比如《学徒》就是这样，节目中特朗普和他的团队与失败团队选出来的三名选手交谈的环节，是节目中最有名也最令观众感兴趣的。本来，两队胜负结果出来了，失败团队三个相关责任人也选出来了，只要在三个人里选一个就行了。但是特朗普没有马上做决定，而是通过一连串的提问，最终确定一个被淘汰者，在整个提问回答和辩驳过程中，观众的心始终被吊着，节目悬念保持得相当成功。

保持悬念还可以用转移的方法。转移就是将观众的注意力从结果上移开，暂时转到其他方面。比如在投票前主持人采访选手或选手家属，或投完票公布结果前问选手你有什么想法，如果怎样那么怎样等等。如《幸存者》中就有一个环节，当 16 个参赛者被淘汰得只剩下 2 个人的时候，前面出局的人回来再投票决定谁将获得最后100万美元的奖金，这就是节目组保持小悬念的一种手段。因为观众都知道他们是被眼前这两个选手淘汰的，那么，他们会是“复仇之神”吗？这时主持人杰夫采访一些被淘汰的选手，问他们一些与比赛、感情和投票有关的问题，虽然还不是投票，但同样充满悬念。

将结果过程化也是真人秀节目保持悬念的方法。一般投票的常规做法是在统计完以后由主持人公布。但有些真人秀节目却将投票结果过程化，即将投票过程全部展现，观众可以看到不同选手的票数是如何增加上去的，特别是自己喜爱的选手，观众会在心里为其加油。如《加油！好男儿》的大众评委投票环节就不是由主持人公布投票结果，而是让大众评委一个一个投票，观众完全清楚票数的变化，一方面使评比结果透明；另一方面也对悬念的延宕起了很好的作用。

2. 注重细节的感染力

真人秀节目的吸引力，很大程度在于细节。节目中选手的一个典型的动作、一句发自内心的表白、一个无意泄露的表情或无法控制的情感宣泄，往往是节目中的精彩之处，也是吸引观众的地方。在《中国好声音》拍摄过程中，每个选手的一举一动、一个眼神、甚至报名签字时的笔迹，手写的动作，都有镜头记录，为的就是放大细节。而四个评委则有八台机器对准拍摄，为的就是不错过他们每一个有意思的细节。

真人秀节目中选手在现场或从容、或窘迫的表现，比赛后或欣喜或悲伤的神情，都是情感的自然流露，有不少细节已经成为人们熟知的语言和情景。如《美国偶像》华裔大学生孔庆翔面对苛刻评委说出的“我已经尽力了，我毫无遗憾”，如《超级女声》中李宇春不顾一切冲上台抱住何洁痛哭的场景；如《加油！好男儿》中每场都会有搞怪服装和表演的师洋；如《变形计》中来自农村的孩子高占喜第一次坐上城市妈妈的宝马车，看着城市繁华时泪如雨下的表情，都给观众留下深刻印象。许多真人秀节目中都不惜篇幅和用特写、慢镜头之类的手段表现选手间的冲突带来的情感和情绪状态。如胜利者的喜出望外、泣不成声，失败者的沮丧失态等。不过，也有不少真人秀节目中选手的反应是诱发出来的。比如 2006 年上海东方卫视的《加油！好男儿》，节目组在比赛前就派人远赴选手的家乡，拍摄了不少选手家乡和家人的资料，甚至把家人请到现场。一旦选手被淘汰出局，舞台上的大屏幕马上播出选手一路赛来的许多画面或是家乡的画面，同时悲怆的音乐响起。选手们本来就年龄小、阅历少、自控能力不强，再加上家人在现场的出现以及粉丝们眼泪纷飞，想不哭都不行。

3. 抓住“失控”的瞬间

在一般的电视综艺节目录制中，每个环节、每位表演者都不能出错，录制过程是被编导和制作方严密掌控的。但对于真人秀节目来说，反而是希望有一些“失控”的瞬间。真人秀节目好看的、观众被吸引的，往往就是这个部分。比如《中国好声音》第一季有一位学员刘悦，过去是给杨坤递话筒的。她下场时，杨坤从导师席上站起来，走到台前说：“今天我来给你递一次话筒。”刘悦当场就失控了，泪流满面。还有一位选手最后没有选那英和杨坤，结果两个导师都哭了，谁都没料到，事先也安排不出来，这就是失控。有时带动收视率的，恰恰就是“失控”的选手。《中国达人秀》中“鸭脖夫妇”周彦峰、许娜是一起报名的。但因为妻子许娜唱歌不行，报名阶段就没通过。而丈夫周彦峰唱得也不怎么样，但他会口技，会吹树叶，还会发出像杀猪一般的嚎叫。导演组觉得这个选手比较好玩，就把他当节目佐料留下了。当周彦峰扮成一头猪表演完后，三位评委集体给他打了“×”，也就是不通过。周彦峰一下子蒙了，随即“失控”。他委屈地对评委说：“我是有梦想的，就是希望老婆上台来唱歌，你们三个一拍，把我的梦想都拍没了。”接着讲述了自己老婆对唱歌痴迷的故事，最后他取下猪头面具说：“我为我老婆装什么都可以。”这对贫贱夫妻感情坚守的故事感动了很多人，当年创下了微博的转发纪录，意外成为第一季《中国达人秀》最出彩的部分。《美国偶像》中每一集都有被淘汰的选手面对镜头的发泄，有时因骂出的粗口太过分只能作消音处理。《学徒》里的选手们为了不被淘汰，不惜做出任何可以为自己争取利益的事。比如第一季中的黑人女选手奥玛罗莎与同队女队员克丽缇娜发生口角，最后争吵越演越烈，双方都骂了粗口，有一段对白甚至被消音。在《地狱厨房》中，刚刚组队的红队和蓝队都在准备晚餐时遇到了麻烦：蓝队的温尼做好了一道意大利面，但拉姆齐很不满意，觉得煮过头了让重做。拉姆齐发现温尼在往意大利调味饭里加水，他勃然大怒，打发温尼去洗盘子。蓝队的鸡烧煳了，肉也用光了，同时红队的几名女队员在不停争吵，于是生气的顾客开始纷纷离开餐馆。这些场面都表现得非常细致。

4. 掌握适当的叙事节奏

掌握适当的叙事节奏，是节目好看的重要原因。真人秀节目中控制节奏的一般原则是：

首先，以情节性决定叙事节奏。节目中属于交代性的部分要较快地带过，而有情节的部分则要放慢节奏，特别是在情节发生变化和转折的重要时刻。这时无论对于选手、观众还是节目制作方，都是至关重要的。因此在剪辑上要放慢节奏，充分展现选手，也给观众足够的时间慢慢品味。

其次，以情绪的强烈程度决定节奏。在真人秀节目中，不带情绪和感情的部分可以稍快，而带感情的部分则可以适当放慢节奏，以让观众更多地进入体验状态。如《超级女声》中每当选手淘汰时，大屏幕会回放选手从“超女”比赛一路走来的 VTR，慢镜头、复古的色彩和柔美的音乐，传达了一种遗憾和惋惜。每位离去的选手，还将在超级女声的舞台上唱她最后一首歌曲。在内蒙古选手查娜被淘汰的时候，主持人还特地邀请了查娜的哥哥上台，陪同查娜一起演唱了最后一首歌《辽阔的草原》，令很多观众感动。“超女”在每场比赛中都会安排参赛选手的亲友团进入现场，为选手加油和助威，烘托出热烈的比赛气氛。尤其是在“5 进 3”的比赛时，五位“超女”的母亲都通过大屏幕说出了对女儿的希望和祝福，感人的话语不仅打动了台上的五位“超女”，更是让台下的粉丝们哭成一片。

再次，以冲突的有无决定节奏。在真人秀节目中，无对立和冲突的快，有对立和冲突的慢。如《学徒》中，前面的团队完成任务的过程剪辑较快，一旦选手之间发生不同意见导致冲突时，剪辑节奏就开始放慢；《地狱厨房》

中，没有冲突的交代场面节奏较快，而一旦开始出现冲突，节目就不惜篇幅来渲染两队在准备晚餐时遇到的所有麻烦。

最后，以结局的重要程度决定节奏。越是接近最终答案和重要时刻，越要控制节目的叙事节奏。比如《学徒》中最后要由特朗普做出淘汰决定时，这时剪辑节奏就变得缓慢下来。因为观众越是期待比赛结果，想知道究竟是谁被淘汰出局，节目的节奏就越应该放缓，并且广告插入的次数和时长均会增加。《成不成交》的开头节奏很快，随着选手的抉择越来越关键，越来越艰难，节奏也慢慢放缓，广告插入的次数和时长也会增加。在游戏进行到白热化的时候，选手必须承受更大的压力来做出抉择，节奏也要越来越慢。

思考题

1. 什么是真人秀节目?

2. 试述真人秀节目的类型及各自特点。

3. 试述真人节目吸引观众的主要因素。

4. 试分析一档国内当前的真人秀节目，指出其成功的原因与不足之处。

5. 策划一个真人秀节目。节目为周播节目，总赛程长度为三个月至六个月。节目策划方案须包括从初赛到决赛的完整过程及过程中具体的比赛环节与比赛规则。节目要求有主要诉求与播出预测。（即节目吸引观众的兴趣点在哪里，节目大致能达到什么效果，策划这个节目有什么追求）字数不少于2000字。

本章参考文献

[美]阿瑟·阿萨·伯格:《通俗文化、媒介和日常生活中的叙事》，姚媛译，南京大学出版社，2000年。

尹鸿、冉儒学、陆虹:《娱乐旋风——认识电视真人秀》，中国广播电视出版社，2006年。
苗棣等:《美国经典电视栏目》，中国广播电视出版社，2006年。
谢耕耘、陈虹:《真人秀节目：理论、形态和创新》，复旦大学出版社，2007年。
阚乃庆、谢来:《最新欧美电视节目模式》，中国广播电视出版社，2008年。
[英]安奈特·希尔:《流行真人秀——真实电视节目受众的定性与定量研究》，赵彦华译，中国国际广播出版社，2008年。

第六章　谈话节目

谈话节目，又称为脱口秀，是以谈话为主要表现方式的电视节目。就是谈话人（包括特邀嘉宾和现场观众），在演播室里就某一主题在主持人的引导下进行面对面的交谈，阐述、讨论各自观点和表现个性，并把它展示在受众面前的节目。脱口秀一般不事先准备稿件与脚本，具有脱口而出、现场即兴交谈的特点。美国《电视百科全书》中对谈话节目的定义是，"'电视谈话'（TV Talk）包括了从一有电视起就存在的所有不用写脚本的对话和直接对观众讲述的各类节目形式。这种'直播的'、脱稿的谈话是电视区别于电影、摄影、唱片和书籍企业的一个基本因素。而'电视谈话节目'（TV Talk Show）则是一种主要围绕着谈话而组织起来的表演。谈话节目必须在严格的时间限制之内开始和结束，并且要保持话题的敏感性，以便在面对上百万观众时能够提起大众的兴趣。"①

谈话节目（Talk Show）是当今世界电视节目中主要形态之一。从20世纪90年代开始，这种节目形态开始出现于中国内地，进入21世纪之后，内地电视媒体中电视谈话节目飞速发展，出现了各种不同类型的谈话节目。谈话节目制作成本相对低廉、更接近人际传播、更关注普通大众，因而成为广受电视观众欢迎的、主流电视媒体必不可少的节目类型。

① Horace New comb：《Encyclopedia of TV》（the first edition），Published by Routlege，1997，转引自苗棣、王怡林：《脱口成"秀"——电视谈话节目的理念与技巧》，中国广播电视出版社2006年版，第2页。

第一节　谈话节目概述

1. 中国电视谈话节目的发展

早在 20 世纪 60 年代，北京电视台就有《电视台的客人》栏目，邀请王传喜、时传祥等劳动模范到演播室讲话。七八十年代中央电视台和各地电视台电视节目中也出现过以座谈会为方式的节目，谈论人们关心的话题。1993 年 1 月 18 日，上海东方电视台推出《东方直播室》。采取直播方式，邀请嘉宾与部分观众在演播室里就某个话题展开讨论，可以说是中国电视史上真正的谈话节目。1996 年 3 月 16 日，中央电视台以《东方时空》“3・15”特别节目的方式播出了一期节目。题目是“谁来保护消费者”，节目中著名打假人王海戴着墨镜、贴着假胡子出现在现场，与四位嘉宾及现场的几十位观众一起讨论消费者在买到假货后该如何来保护自己的合法权益，这个节目就是后来著名的《实话实说》。《实话实说》由郑也夫、杨东平等策划，崔永元主持，以平民化、亲切感、幽默感得到全国观众的喜爱，是第一个有全国影响的、完全符合谈话节目形态的中国电视脱口秀节目。《实话实说》在其后陆续播出的节目中，有意识地淡化了中国电视中浓重的官方色彩，变为与普通人的平等交流，使嘉宾和观众能敞开心扉真诚地交流。即兴的言谈中不时闪烁出智慧与幽默的火花，极大地满足了人们的精神需求。满足了大众对媒体讲真话的要求，体现了一种平民化的主张，在受到人民大众欢迎的同时，也被专家誉为“中国电视说话方式的根本变革”。《实话实说》使得中国观众开始领略谈话节目的魅力，并带动了电视谈话类节目的迅速崛起，成为各电视媒体竞相制作的一种电视节目类型。根据中央电视台总编室 2002 年的课题报告，“中国现有的电视谈话节目已达 160 余个，而且这个数字还在不断上升”。①

---

① 中央电视台总编室研究处编：《“脱口秀”（talk show）——电视谈话节目的形态构成与操作理念》，2002 年第 2 号。

进入21世纪以后，电视谈话节目开始摆脱《实话实说》影响，越出社会话题范围，出现了一些新的节目类型。2000年12月，中央电视台开播《艺术人生》，节目以向观众讲述演艺明星个人的人生历程，特别是他们人生历程中的情感记忆为特色，开创了以艺术家、明星或社会精英为主的谈话节目。2001年1月，北京电视台的《超级访问》在全国160多家有线电视台热播，节目真实，贴近明星本色，主持人戴军、李静以其机智、口才和表演才能，成为中国知名的节目主持人。类似节目还有上海电视台的《家庭演播室》等。同时，以普通人物作为主角，讲述感情故事的谈话节目也开始出现。如北京电视台的《大宝真情互动》、湖北电视台的《往事》、河北电视台的《真情旋律》、湖南电视台的《真情对对碰》、山东电视台的《午夜相伴》等。然而，滥情却成为这类谈话节目的通病。如《艺术人生》最初有许多嘉宾因为被感动而情不自禁地流泪，但后来节目组为了让嘉宾哭而绞尽脑汁地煽情，“探讨艺术的真谛，分享人生的快乐”的节目宗旨却荡然无存。节目变得越来越煽情，而真诚却日益减少，于是《艺术人生》和节目主持人朱军遭到许多观众和学者的批评，收视率也一路下滑。

随着越来越多的人对经济感兴趣，以商界、财经、白领为特点的谈话节目也开始出现。由上海第一财经频道和唯众传媒联合打造的《上班这点事》，每期邀请两位白领精英为嘉宾，并设定一名话题体验者，共同与主持人刘仪伟形成谈话空间。以不同角度，用不同观点，以轻松、幽默的表达方式聊身边的职场话题。为广大上班族打造了释放压力和倾诉内心的精神高地，成为深受都市白领喜爱和信赖的节目。《波士堂》节目每期邀请一位商界精英作为主角，同时邀请3位来自企业界、文化界或学术界知名人士组成观察员团。从不同角度、层面展现企业家的个人性情、商业传奇和精彩人生。《中国经营者》通过对中国企业行业领军人物的采访与对话，展现中国企业家睿智的思想，真诚的魅力，实战的胆略以及传奇的故事。同类节目还有袁岳主持的《头脑风暴》，它以主持人与嘉宾对话、嘉宾与嘉宾交锋、观众与嘉宾现场碰撞的方式，聚焦热点经济事件、解析共同关注的经济现象。《财经郎眼》从经济学角度，对当下热点话题进行分析解读。节目中通过展示大量的数据作为依据，然后一针见血地指出问题所在的做法，很受观众喜爱。特别是作为金融和公司财务方面的世界级专家，郎咸平的逻辑思辨能力和数据分析能力让许多观众深受启发。《财富人生》则是主持人叶蓉与经济界成功人士谈他们的经商体会与人生感悟。以高层和国际为特点、被业界称为“精英谈话节目”的有中央电视台的《对话》，节目请到许多世界 500 强企业 CEO 和文化界名人，受到社会精英阶层的好评。北京电视台的《国际双行线》以“跨文化交流”为定位，将不同国家、不同种族、不同文化背景、不同思维模式的人聚集在一起，围绕特定话题进行交流，表现不同文化的冲突。节目使用国际会议使用的同声传译手段，突破语言交流障碍，给许多观众以新奇感。类似节目还有湖南电视台的《新青年》，上海文广集团第一财经频道的《决策》等。

随着观众和社会对隐秘情感以及个人隐私的关注，以情感为主要内容的谈话节目向另一个方向发展，这就是情感类节目。这类节目往往以揭隐私为特点，如中央电视台的《心理访谈》、上海电视台的《心灵花园》《大话爱情》《新老娘舅》《爱情魔方》、贵州卫视的《人生》、江苏卫视的《人间》、长沙电视台的《情动八点》等。在商业利益的驱使下，某些情感类谈话节目一味寻找各种耸人听闻的材料，迎合观众的低俗要求。有时为了使节目好看，制作者、嘉宾、现场观众甚至合谋人为地制造悬念、冲突，来蒙蔽广大观众。有个别的节目也惹起了当事人之间或当事人与电视媒体之间的多起官司。

这一时期，港台电视媒体的谈话节目也通过各种方式相继进入内地，如香港凤凰卫视的谈话节目《鲁豫有约》《锵锵三人行》《时事辩论会》《一虎一席谈》《名人面对面》等。台湾的新闻谈话节目《新闻龙卷风》《关键时刻》《挑战新闻》《大而话之》《2100 全民开讲》《大话新闻》，以及综艺类谈话节目《康熙来了》《全民大闷锅》《小燕有约》《娱乐百分百》《麻辣天后宫》《天黑请闭眼》等。这些谈话节目或尖锐犀利、或麻辣搞笑、或轻松愉快，以不同风格赢得了内地观众的喜爱。

在港台节目影响下，大陆谈话节目也开始向轻松幽默转变。如湖南卫视的《天天向上》采用全国第一支偶像男子主持团体的概念，由汪涵、欧弟、钱枫、金恩圣（小五）、俞灏明五位天天兄弟组成。节目氛围欢快轻松幽默，获得高收视率的同时，也受到了广大观众的好评。而随着网络的发展，更是出现了网络脱口秀节目。2014 年《奇葩说》宣称节目的宗旨是要在华人圈内寻找“最会说话的人”。凭借蔡康永、高晓松、马东，以及18位辩手的“奇葩”言论，一开播便吸引了大批90后观众。节目以做综艺节目的心态来做谈话节目，消解了谈话的严肃性。而2017年《吐槽大会》每期邀请一位名人作为主角，并由这位名人邀请圈中好友对自己进行不留情面的轮番吐槽，其本质是一场以脱口秀为表演形式的喜剧演出。

2. 电视谈话节目与中国社会

电视谈话节目在中国能够发展得如此迅速，首先是中国社会的发展使谈话节目在中国的出现成为可能。90年代以来中国电视更注重普通人、社会民生、更注重民主和法制的建设，这样的媒体环境无疑为谈话节目提供了良好的生长环境。如电视学者苗棣所说：“电视谈话节目是一个公共舆论的平台。在这个平台上，各种不同的声音可以相互对话，相互沟通。可是这个平台的存在是以宽松的政治环境和有相当自由度的新闻体制为前提的。在很长的一段历史时间内，中国人并没有这种宽松的环境。相对封闭的政治文化环境，再加上多次政治运动的冲击，使得人们很少敢于在公共场合说真话、说实话。在这样的社会背景下，电视谈话节目当然不可能有生存的空间。改革开放打破了原来封闭的环境，中国社会逐渐走向开放、民主、自由，人们的心态也逐渐变得宽容、务实。在这样的环境下，电视谈话节目才有可能生长起来。”① 进入21世纪以后，中国更加开放，国人也更热衷、乐于表达自己的见解。类似“裸睡正常吗”“偷看情侣手机正常吗”“你对裸婚怎么看”“要不要逃离北上广”等问题之前不会出现在媒体上，观众也不会如此开放地参与调查，说出自己的真实想法。②

其次是社会转型给人们带来的各种问题和困惑。改革开放打破了封闭的环境，人们的生活发生了巨大的变化，原有价值观念不断受到各种新现象、

---

① 苗棣、王怡林：《脱口成“秀”——电视谈话节目的理念与技巧》，中国广播电视出版社2006年版，第17页。

② 见腾讯视频的话题调查节目《你正常吗》，节目根据腾讯网络的调查数据，对上百万名不同年纪、不同职业的网友进行调查，邀请明星和素人进行竞猜，猜中大部分网友意见，就可以领取心愿红包。

新事物的冲击。人们急需得到帮助来解开困惑，这就需要依靠大众传播提供的交流平台来加强交流加深理解。大众的需求成为电视谈话节目蓬勃发展的最强有力的推动力。正如《实话实说》总制片人时间所说："谈话节目的出现是大势所趋。从历史发展过程来看，一方面，长期的封闭使人少有所思或思有偏颇；另一方面，社会转型给人们带来困惑，人们面临各种各样的选择。因此，就需要加强交流，加深理解……可以说，《实话实说》已成为一种文化特征，它是社会的需要。"[①] "在电视谈话节目中，人们除了可以就社会问题发表自己的观点外，也可以讲述自己的故事，吐露自己的烦恼、痛苦，寻求与别人的共鸣，进而得到别人的理解与帮助。它让那些处于焦虑状态的人敞开心扉，把郁积于内心的不快尽情宣泄出来，同时也使得电视机前有类似经历或类似感受的观众产生共鸣，使他们在收视的过程中同嘉宾一起释放自己的情绪。通过宣泄与释放，节目中的嘉宾与电视机前的观众不平衡的心理能够得到调节，暂时达到新的平衡。因此，电视谈话节目也是一个有效的'心理平衡器'。对于社会而言，电视谈话节目的这样一种调节功能无疑有着非常积极的作用，它让那些可能产生负面影响的不良情绪得到及时宣泄，有利于人们心态的健康和整个社会的稳定。"[②]

节目制作的低成本和高收视率也是电视谈话节目蓬勃发展的一个重要原因。电视谈话节目不像电视剧那样，要付给演员、剧作者很多的报酬，也不需要很多的拍摄时间。只需要一个演播室、一位到两位主持人、几个嘉宾，而且嘉宾和观众往往不需要酬金，只需要交通费和食宿费。后期编辑不需要复杂的特技，甚至现场就能够迅速合成，有的甚至采用直播形式，免除了后期制作的时间和费用，这些特点使电视谈话节目的制作成本非常低廉。

电视谈话节目的出现也改变了中国电视的话语方式和制作理念。长期以来，中国电视的主要功能是政治宣传与思想教育，电视话语形态是"独白"，没有多种声音的交流，没有反驳与争论，观众也很少有机会在主流媒体真正表达自己的心声。电视谈话节目的出现开始打破这样的状况，在电视谈话节

---

① 何勇、潘可武：《电视是让人说话的》，《现代传播》1998 年第 2 期，第 46 页。

② 苗棣、王怡林：《脱口成"秀"——电视谈话节目的理念与技巧》，中国广播电视出版社 2006 年版，第 19 页。

目中，许多普通人成了节目的主体，在主流媒体提供的平台上发出了自己的声音。尽管这声音还显得微弱，但很明显观众不再被动地接受灌输，不再沉默地听，而是大胆勇敢地说出自己想说的话。他们有了自由选择、自由表达的充分权利，各种各样的问题在谈话节目中被提出来讨论，各种各样的观点得以表达。电视谈话节目为不同的声音提供了对话、交流的平台，使得许多有思想、有话要说的人们特别偏爱这一节目类型。

第二节　谈话节目类型

电视谈话节目有不同的类型。美国学者吉妮·格拉汉姆·斯克特曾将电视谈话节目归纳为四种类型：第一，新闻—信息节目，包括早间新闻—杂志节目、新闻讨论和分析节目、新闻讨论嘉宾访问和观众通话节目、黄金时段纪录性—杂志节目、小报式新闻和访谈节目；第二，杂耍—喜剧—访谈节目，包括深夜滑稽访谈娱乐节目、观点访谈娱乐节目、清晨时事访谈和娱乐节目；第三，人际关系、自助、心理和日常生活节目，包括以个人困境和失调的人际关系为娱乐的节目、更严肃的个人问题和自助心理学节目、更严肃的人际关系和日常生活节目；第四，为特别观众的特别谈话节目，包括理财与经营顾问节目、宗教和神灵启示、观点及访问节目、与运动、宠物或其他主题相关的其他特别节目。[①] 而根据我国电视节目的实践，从节目内容方面，大致可分为五大类，即：新闻信息类谈话节目、社会生活类谈话节目、人际情感类谈话节目、明星娱乐类谈话节目和历史人文类谈话节目。从节目形态方面，大致也可分为五大类，即叙事型、辩论型、专题讨论型、聊天型、宣讲型五类。不同类型的谈话节目都有自己内容的侧重、独特的风格以及相对稳定的观众群体。

---

① [美] 吉妮·格拉汉姆·斯克特：《脱口秀：广播电视谈话节目的威力与影响》，苗棣译，新华出版社 1999 年版，第 272-275 页。

一、谈话节目的内容分类

1. 新闻信息类节目

新闻信息类谈话节目是就某一新闻话题与现场嘉宾和现场观众进行谈话讨论，以信息为主的节目。这类节目是对新闻节目的配合，话题覆盖面广，信息量大，新闻事件、新闻人物、社会热点、公共事务等都可以作为谈资。嘉宾多为政府官员、专家学者、媒体工作者和新闻当事人，他们往往能够发布第一手的、准确的信息和富于导向性的见解，满足观众对信息的需求。如凤凰卫视的《时事开讲》。这类节目的特点是具有权威性、准确性和贴近性。2003 年 3 月美英联军发动了伊拉克战争，央视四套国际频道“关注伊拉克战事”特别节目，就每天邀请军事专家和国际问题专家等权威人士到演播室，与主持人一起讨论战争的下一步发展态势以及对国际政治、经济带来的影响，为观众释疑解惑。

新闻信息类电视谈话节目多在演播室或某个特定场所进行。其基本构成为主持人、演播室里或者电子屏幕上的嘉宾、相关的静态及动态新闻背景资料片，有的也有现场观众参与。在主持人用几个关键性的问题把事件引出来之后，现场嘉宾就开始了谈论，随着网络、手机等新媒体与电视的渗透，在线互动、电子邮件、手机短信等形式也介入了谈话现场。如中央电视台的《新闻会客厅》就是以一位主持人和两位现场嘉宾为主要组合形式，关注的是当日或近期国内发生的重大新闻组合事件中的人，强调开掘新闻事件中当事人和关联人的亲历、亲为和亲感，突出新闻中人性和新闻性的结合。中央电视台国际频道的融媒体谈话节目《中国舆论场》通过大数据分析全媒体平台的舆论热点，盘点每日每周舆情最热 TOP10，并针对榜单上的话题，请来相关专家现场进行专业分析和理性解读。节目分三大板块：第一部分是一榜知舆情，主要梳理一周以来主流媒体和网络媒体所关注的热点，用图表、排行榜等方式进行归纳；第二部分是热词大搜索，选择一周视频点击量高或评论量高的热点事件，引入嘉宾快评，澄清是非；第三部分是你评我也评，选择一周关注度高的重大的国内国际热点事件，请专家在演播室用专业的分析、科学的解读来回答网友的提问。《央视论坛·油价上涨》就是在国家发改委上调油价几天后，紧扣油价上涨给国家和人民生活带来哪些影响，请到发改委经济与发展战略研究中心主任高世宪和特约评论员陈淮一起来讨论的一个节目。凤凰卫视的《一点两岸三地谈》充分利用自己的特殊位置，通过视讯电话、卫星连线两种传媒手段，以大屏幕与演播室的结合，将北京、台北与演播室所在的香港连在一起。话题也围绕着两岸三地的第三话题，开放式地让三种不同意见的声音直接交流，开创性地实现了两岸三地的“面对面”对话。《杨澜访谈录》则在2002年中美建交40周年之际，请到前美国国务卿基辛格，请他谈谈中美关系的现状和未来。节目中，基辛格先是讲到了一些内幕，他说：“从1969年开始，我们就想改善和中国的关系，并做出了一连串的举动，如允许美国人访问中国，解除购买中国货的禁令，并将限额提高到100美元，允许美国人购买不超过100美元的中国货，等等。”之后，他向杨澜谈及台湾海峡问题、美国外交政策、中东问题、巴以局势、人道主义救援、全球化问题等。

2. 社会生活类节目

社会生活类节目是关注社会在发展和进步过程中人们面对各种问题，日常生活中大众关心的社会现象，满足人们言说要求的谈话节目。其特点是贴近生活、关注民生、强调贴近普通老百姓的生活。包括新闻事件、社会热点及趣味性故事等。这类节目以公众参与的人际倾诉或讨论为主体，具有较强可视性的电视谈话节目，强调平等交流，重视的不是权威性，而是公众参与性，以及正常人际沟通所产生的放松感和愉悦性。如中央电视台的《实话实说》、湖南电视台的《有话好说》、重庆电视台的《龙门阵》、云南电视台的《周末夜话》、凤凰卫视的《一虎一席谈》、上海电视台第一财经的《上班这点事》、湖北卫视的《往事》、浙江电视台钱江都市频道的《谈话》等。

在世界各国电视谈话节目中，都会触碰到所处国家和社会的某些敏感话题，中国电视谈话节目也是如此。敏感话题会是吸引观众的亮点，但也蕴含有一定的风险。《实话实说》曾做过一期《拾金不昧要不要回报》，节目播出后，有些观众认为节目的立场不正确，意图否定拾金不昧的传统美德，节目被限期纠正错误。湖南电视台的《有话好说》曾做过《合同夫妻》《走近同性恋者》等节目，在全国引起了较大反响。但是也正因为节目的选题较为敏感，最终于 2001 年 3 月被迫停播。而《凤凰卫视》的《鲁豫有约》也做过关于女同性恋的《拉拉的故事》。在节目现场，重庆的一些女同性恋者讲述了内心世界里的挣扎、痛苦以及这个特殊群体的生活现状，让人们了解了有关同性恋者的隐私，节目迎合了许多人想要了解这个群体的愿望。

3. 人际情感类谈话节目

有时又被称为情感类谈话节目，节目强调感情问题和人际交往方面的困惑，表现普通人私人的情感生活。如爱情、友情、亲情等，包括家庭内部成员之间的关系、问题和情感。有时甚至是比较特殊的情感问题。美国的著名谈话节目《奥普拉·温弗丽秀》《杰瑞·斯普林格秀》《珍妮·琼斯秀》都属于这类节目。国内电视谈话节目中湖南电视台的《真情对对碰》、山东电视台的《午夜相伴》、河北电视台的《真情旋律》、北京电视台的《大宝真情互动》、吉林电视台的《回家》，都是选择那些处于困境中的普通人物。通过当事人之间的患难真情，让观众体味普通人生中的真、善、美，以及亲情、爱情、友情等情感生活故事，来吸引观众的视线与眼泪。

情感类的话题往往与情感有时甚至是隐私情感有关。在以表现私人情感生活为主的情感类谈话节目中，嘉宾扮演的角色则主要是提供私人情感生活资料，引发观众的共鸣，满足观众的情感需求，嘉宾以及嘉宾的私人情感生活本身就是谈话的内容。在这种情况下，选择嘉宾的实质，不是选择人的问题，而是选择人背后的私人情感生活问题。私密性是指话题涉及当事人的某种隐私或当事人的绯闻，可以满足许多观众的窥视癖，同时私人情感生活的故事性更强，也可以为某些观众提供个人心理方面的参考性咨询意见。如上海电视台的《心灵花园》《大话爱情》《幸福魔方》表现的则是比较私人的，甚至有些难以启齿的个人感情。澳门五星卫视的《私人时间》甚至曾邀请当事人谈论自己的一夜情经历。

4. 明星娱乐类谈话节目

明星娱乐类谈话节目是以名人和明星为对象的谈话节目，如《艺术人生》《夫妻天下》《家庭演播室》《超级访问》等。美国著名的《深夜》就是以名人和明星为对象的谈话节目。关注名人和明星是大众传播的基本特点，名人明星的私人生活往往被媒体记者以各种方式争相披露和曝光。明星娱乐类谈话节目正是在这种心理基础上的谈话节目。这类节目往往打着还原名人明星平凡真实的一面，其实是以他们的名字为号召，满足大众窥视名人明星的欲望。

这类节目的要点一是真人到场。因为许多名人明星，观众只熟悉他们的名字和作品，但对隐藏在作品和角色后面的本人并不熟悉，因此，只要本人到了现场，节目就成功了一大半。二是本人讲述幕后故事。由明星出场讲述自己生活的故事是节目的主要卖点。三是突出强调情感因素和幕后花絮。看明星当场动容或当着观众面真落泪，观众肯定会被吸引或打动。而得到一些鲜为人知的明星秘闻，也是许多观众极有兴趣的。只要做到这三点，节目的收视率一般都能保证。如果节目的个性再明确一些，就更能吸引大众。如《艺术人生》注重展现明星们的内心世界和人生历程，以及他们艺术人生中令人难以忘怀的情感记忆。《超级访问》则更真实，更贴近明星本色，使嘉宾不为人知的一面暴露。《夫妻剧场》则以讲述明星夫妻生活为特点。《吐槽大会》则是嘉宾一起来黑明星，以曝糗事、说段子的方式互相调侃，节目的广告语“吐槽是门手艺，笑对需要勇气”。表明节目是将吐槽作为一种别致的交流方式，是生活压力巨大的现代人一种自我解压的独特方法。

5. 历史人文类谈话节目

历史人文类谈话节目是近年许多电视台推出的，如《文涛拍案》《档案》《老梁故事汇》《王刚讲故事》等，这类节目主要以历史和人文作为谈话的基本内容。节目定位为演播室节目，布景相对简单，甚至一人一桌一椅，主要是讲述者（主持人）现场讲述和展示为基本形态。比如山西电视台《老梁故事汇》就是主持人梁宏达以诙谐幽默的方式讲述名人轶事，历史谜案，点评时下社会热点，披露历史真相，谈论明星秘闻等。凤凰卫视的《文涛拍案》则是以主持人窦文涛讲述历史上的“大案、要案、奇案、公案”，并运用各种影视手段配合讲述，丰富情境，强化感染力，被称为“新派电视评书体”。北京电视台的《档案》以案件和事件现场实录回放为线索，披露国内大案要案、社会传奇、情感故事等。

二、电视谈话节目的形态分类

电视谈话节目从节目形态上说，大致可分为叙事型、讨论型、辩论型、聊天型、宣讲型五类。

1. 叙事型谈话节目

叙事型谈话节目是电视谈话节目中最常见的类型之一，节目通过谈话讲述人生故事，满足观众听故事的要求。中国电视谈话节目中，许多都是叙事型的。如以《鲁豫有约》的副题就是“说出你的故事”。以明星、名人为人物的《艺术人生》《超级访问》《夫妻剧场》《杨澜访谈录》《名人面对面》《朋友》《流金岁月》《可凡倾听》《谢谢了我的家》《朗读者》等。或历史人文、各种谜案为主的《老梁故事汇》《文涛拍案》等。以普通人为对象的《实话实说》《往事》《大宝真情互动》《真情旋律》《真情对对碰》等。

叙事型谈话节目需要的首先是人物有故事，无论明星人物或普通老百姓，通过一个个生动感人的故事诉说，满足观众情感交流的需求。同时运用戏剧化的、悬念迭起的叙述很快把观众吸引到谈话氛围中。因此节目的编导们要能够找寻到嘉宾人生中几个典型和重要的事件，抓住几个有意义的小细节和有趣的兴奋点，以吸引观众的注意力，激发他们对人物的兴趣，拉近观众与嘉宾心灵的距离，使他们心灵相通，情感交融，产生心灵的共鸣。如《艺术人生》在针对演艺明星进行访谈时，特别注意挖掘他们从艺经历背后的、普通大众可能产生共鸣的亲情、爱情、友情故事。电视学者苗棣等认为，叙事型谈话的话题应当具有能够打动观众的兴奋点，如“故事具有戏剧性”“故事存在争议性”“故事具有感染力，能够从情感上打动观众”。①

2. 讨论型谈话节目

讨论型谈话节目是针对某个话题而进行的谈话节目，是谈话节目中常见的形态之一。其基本特征是围绕一个或几个话题，由主持人穿针引线，参与讨论的嘉宾和现场观众各抒己见，表述自己的观点。既可以认同别人的观点，也可以进行补充和交流。这类节目形态最典型地体现了电视作为公众论坛的作用，履行了电视作为媒体的社会责任。关注社会在发展和进步过程中人们面对挑战与压力时，对社会经济文化领域的各种问题的见解与看法，充满知性与理性的光彩。在中国社会转型时，是非常需要这类节目的。中国最早的谈话节目中就有不少是以这一形态出现的，采用讨论的方式，对社会上一些有争议性的话题进行了讨论。如“中国球迷偏激吗”“公务员录用体检通用标准公平吗”“健康的误区”“李真真值钱”，如《你正常吗?》是主持人与选手讨论，每期一位明星与一位普通人组成团队，回答 8 个最劲爆的问题。

讨论型谈话节目的魅力主要在于其交锋性。许多面对精英、注重思想和知识、聚集高端观众的谈话节目往往采取专题讨论的形式。话题专业，嘉宾权威，对职业和对事物的判断力方面指导性强。既实用，又具有高品位，满足了人们对知识的渴求。如中央二套财经频道的《对话》、上海电视台第一财经频道的《中国经营者》，都是由主持人与行业大佬、财经专家和媒体人就经济问题进行深入探讨。

专题讨论型节目还可以针对不同对象和特定群体。如中央电视台《相约夕阳红》，针对老年观众群体，以“老有所养、老有所乐、老有所成”等老年话题为内容。《张越访谈》主要是针对女性观众，聚集女性关注的婚姻、家庭、社会地位等话题。《五环夜话》针对那些对体育感兴趣的群体。湖南电视台的《新青年》以青年的视角观察世界，关注中国社会经济和文化领域的人和事，吸引的主要是青年观众群。

---

① 苗棣、王怡林：《脱口成“秀”——电视谈话节目的理念与技巧》，中国广播电视出版社 2006 年版，第 79 页。

3. 辩论型谈话节目

辩论型谈话节目是就某一特定话题，通过对立双方观点的阐明和发挥，以观点辩论和立场碰撞的方式，进行思想和观点的交锋的节目类型。辩论类节目的特征是强调观点的对立。双方观点有重大分歧，每方都认为自己的观点是正确的，认为对方观点是错误的。因此节目魅力在于展示对立双方谈话的机锋，在辩论中竭力攻击对方的破绽。其特点是辩，既要紧张对抗，又要使对抗受到适度的限制和缓解，不能使对抗破裂，要让谈话对抗在起伏中持续，主持人也要以客观公允的态度引导他们充分陈述。这类节目适用于讨论社会上出现的新事物、新现象、新思潮，以及人际关系、民事纠纷等。如凤凰卫视的《时事辩论会》《一虎一席谈》、上海电视台第一财经频道《头脑风暴》、江苏卫视的《超级辩辩辩》等。《奇葩说》中选定某个话题让两位选手分成正反两方进行辩论，然后由观众投票，根据跑票数量判定输赢。

4. 聊天型谈话节目

聊天型谈话节目的特点是清谈、侃大山。主持人根据话题需要，从社会上三教九流中邀请带有不同身份、职业特点的嘉宾到演播现场交流。其特点是嘉宾代表面广，可以真诚沟通，各抒己见。气氛宽松、亲切、自然，娓娓如话家常，一般不会形成激烈的言语冲突与思想交锋。适用于讨论大众普遍关注又无重大分歧，经过深入交流、探讨可能达成共识的问题。如凤凰卫视的《锵锵三人行》由主持人窦文涛与两位嘉宾一起针对热门新闻事件进行清谈式的聊天，三人各抒己见，不急于追求问题答案，而是以俗人闲话方式，大胆表达看法。其他节目如中央电视台的《聊天》《一丹话题》《小崔说事》、第一财经和唯众传媒的《上班这点事》、腾讯视频的《吐槽大会》等，都属于不同内容、风格的聊天型谈话节目。其区别无非是两个人聊、三四个人聊或一群人聊。

5. 宣讲型谈话节目

以上四种都是两人或多人对话，而宣讲型主要是主持人一个人说，众人听。最典型的是宣讲型谈话是央视的《百家讲坛》，比如阎崇年、易中天等都是站在讲台上说，台下有一些现场观众听，但没有打断也没有讨论，台下观众只是充当听众。《老梁故事汇》则摆开一张桌子，主持人梁宏达在桌子的一边，现场观众围坐倾听。形式上演讲者与听者处于一个水平线，但也只是形式上的平等，其实质是老梁一个人宣讲，其他人单向倾听的谈话方式。

第三节　谈话节目主持人

谈话节目是否成功，节目主持人是关键。在谈话节目中，主持人是节目的灵魂和核心，其风格与成败主要取决于主持人个人的风格与魅力。国外不少谈话节目常常就是以主持人的名字来命名的，如美国的《菲尔·唐纳休秀》《奥普拉·温弗丽秀》《罗兰达秀》等。中国的《鲁豫有约》《杨澜访谈录》《康熙来了》等，也是以主持人来命名的。而许多观众常常是因为喜爱主持人及其谈话风格而成为节目忠实的收看者，如《实话实说》《小崔说事》《夫妻剧场》《老梁故事汇》等。一个优秀的主持人应具有敬业的精神和丰富的知识，能很好掌握话锋，对现场反应敏捷，应答巧妙，风趣、机智、敏捷、充满幽默、脱口而出，同时个性能适度张扬。因此谈话节目主持人要求更多的是学识、经验和幽默感，而不是外貌。观众观看谈话节目，是被主持人风趣的言语、广博的学识、深刻的见解以及突出的个性所感染和打动。而谈话节目主持人的职责，就是依靠真诚的态度和主持技巧使每一位到场的嘉宾和观众愿意说话和愿意听人说话，并且对话题能够实话实说，能够对他人谈话积极而真诚地反应。主持人的能力和水平主要体现在听、问、议以及对谈话现场的控制方面。

一、客厅的主人

在谈话节目中，演播室是一个虚拟的谈话客厅。而节目主持人即是这个谈话客厅的主人，他 / 她是谈话的发起者和引导者，是谈话现场的组织者和掌控者，他 / 她控制着节目的整体节奏，作为客厅主人，谈话节目主持人应当有自己的角色定位和谈话方式。

1. 定位自己的角色

节目主持人的定位是与节目的特色、主持人的素质和人格联系在一起的。比如在《实话实说》中，崔永元给自己的定位是老百姓的传话者，正像他自己所说："老百姓中间站一个人给他们调和，把这方的意思传达过去，再把那方的意思介绍过来，干的是衔接。如果谁渴了，给他倒一杯茶，就这么个角色。"[①] "我希望大家看到的这个《实话实说》的主持人，就是这样，不是个完人，身上有很多毛病，也有很多可爱之处，他一看我，就想到他的一个兄弟，想到插队时的一个战友，想到当兵时同班的一个战士，想起邻居大妈的一个儿子。我的自信就建立在这个地方。"[②] 因此评论认为他有强烈的平民色彩，像个邻家大哥或者邻家孩子，崔永元自己也时刻注意保持这样的定位。但要保持平民化的角色定位并不容易，特别是因主持节目出名而不再是普通人的时候，主持人的心态会变得不再能保持节目中原有的角色定位。在当主持人之前，崔永元是电台记者，有戴墨镜的习惯，戴了 10 年墨镜。而成为主持人之后，不到万不得已，所有公众场合，他都不再戴墨镜："以前一直戴，再戴谁也不会说我装蒜，但是我从骨子里就去扳它。要在这点上做得好。我照样可以骑着自行车，后边带着驮小孩的筐满街跑，可以随便扎进哪个小吃店去吃饭，去菜市场买菜，去鸟市上看鸟，跟朋友打牌。我以前交的那些记者朋友，现在遇到我，也没说我有什么变化。我说，你们督促着我点儿，发现我有什

① 鲁景超主编：《真话实说：名主持人访谈录》，光明日报出版社 1998 年版，第 38 页。
② 鲁景超主编：《真话实说：名主持人访谈录》，光明日报出版社 1998 年版，第 38 页。

么问题，赶紧告诉我。”许多谈话节目主持人都在节目中模仿崔永元的谈话风格，但小崔最本质的地方是很难被模仿的。这就是他的平民心态、平民做派。因为许多节目主持人都太在意自己的公众形象、媒体形象，所以很自然就和现场观众有距离。

在《鲁豫有约》中，主持人陈鲁豫则将自己定位是一个好的倾听者。她那自然流露出的兴趣、倾听、好奇心、同情和欣赏，创造出了节目真实、宽松、没有压力的谈话氛围。这样的谈话氛围最有利于激发嘉宾的谈话欲望。有专家评论她的谈话方式是倾听式采访。她在接受《南方都市报》记者的采访时说：“真心地倾听，让那个人感觉到我真的很关注他的故事，人自然而然就会有了倾吐的欲望。”[①] 因此，凤凰卫视推广事务部总监郭志成曾称鲁豫是“最会装傻的主持人”“这样的主持人，才是一个真正的做访谈的好主持人”。[②] 只要嘉宾愿意说话，她可以全程都一声不吭，让嘉宾自由发挥尽情地讲故事。她的这种真诚恰在此时与许多节目主持人不懂装懂，拿着编导写的稿子滔滔不绝形成鲜明对照。而那些无法克制自己表现欲的主持人，往往是嘉宾开了个头就抢过话来，把嘉宾的故事说了一大截，以证明自己是对嘉宾做过功课的。

窦文涛在《锵锵三人行》中为自己的定位是小学生、外行。对方是专家，我是向您请教的，在这个前提下，我们来一起谈谈有些话题。《超级访问》的两位主持人是戴军和李静。在节目中，他们的角色定位分别是捧哏和逗哏。男主持人戴军本是歌手，在节目中是逗哏，因此总是语言幽默，谈吐风趣，笑话连篇；女主持人李静曾是中央电视台的主持人，在节目中是捧哏，因此机智活泼，插科打诨，两人一捧一逗，配合默契，达到了良好的效果。而台湾节目《康熙来了》中，也是一男一女两位主持人。男主持蔡康永睿智犀利、儒雅温和，女主持徐熙娣，麻辣俏皮、灵敏活跃，两人一个知性一个搞笑风趣，恰好做到了一张一弛，促成了节目亦庄亦谐的效果。《康熙来了》的成功很大程度上归功于主持人的个人魅力以及这个主持组合天衣无缝的搭配。

---

① 《南方都市报》http://ent.sina.com.cn，2003 年 8 月 29 日。

② 《鲁豫是最会“装傻”的主持人》，京华网，http://www.jinghua.cn2009-11-3008:49。

要找到自己与众不同的定位并不容易，有许多谈话节目不成功，原因正在于主持人没有个性，找不到自己的角色定位。

2. 找到自己的“说话方式”

每个谈话节目不同，每个主持人不同，对于一个主持人而言，要成功地主持谈话节目，很重要的是找到自己说话的方式。那些著名主持人的节目，往往都具有属于他 / 她自己的、别人很难模仿的说话方式。美国著名主持人奥普拉・温弗丽的说话方式是用“与自己挂钩”的方式去安慰嘉宾并引导他们，表达内心真实的感受，进行深入灵魂的交流。她经常在节目中讲她自己，甚至包括她的隐私。为了表示对受虐待儿童的同情，温弗丽在节目中对大家说自己小的时候也遭到过亲戚的性骚扰。当一位女士谈到因为怕失去男朋友才去吸毒的时候，她马上说道：“那正是我的故事。”当然在当今中国，由于现实环境、传统文化和民族心理，无论哪个谈话节目主持人都不敢也不会这样说。

《实话实说》中节目主持人崔永元的说话方式是平等朴素的交流，为了达到这种谈话方式的要求，他经常要采取技术手段降低自己的形象。比如一进演播室，他就立即意识到自己是化好了妆，穿着很整洁的衣服，和现场观众有很大的反差，在这种状态下，观众会有心理障碍，妨碍平等的交流，于是他就开开玩笑，甚至在有嘉宾告诉他自己很紧张时，他说：“谁不紧张啊，我更紧张。”于是每次开场前说话的作用就是改变这种不平等的状况。让观众感觉自己是和主持人差不多，在录制的时候他们会说，“小崔！小崔！我说两句”或者在崔永元经过他们身边的时候抻抻他的衣服，“我来说两句”。而在谈话过程中，崔永元也有自己的说话方式，那就是蔫坏，是和颜悦色中以幽默的方式引导谈话和表达看法。崔永元说他“喜欢和颜悦色地争论问题，虽然相互观点完全可能是南辕北辙，但最后那也得握手言别，相约下回再说。”

陈鲁豫的说话方式是经常喜欢使用“真的？”之类的话装傻。在采访李敖那期节目中，当李敖说“我做事情从来都不与女人商量”时，她立即表示质疑，并将话题巧妙引入其竞选的事情，继续对其追问。再如在采访胡润的那期节目中，她也对刘晓庆曾上富豪榜的事表示怀疑。此外，鲁豫在节目中经常使用“捧”与“激”两手，刺激嘉宾说话的欲望，从而挖掘出不少的秘密。比如李连杰那期节目中，李连杰在谈到与妻子利智的感情时，其实只是说了一句很普通的情话，鲁豫马上“捧”说：“太感人了，我都要哭了，做节目不带这样的啊。”在采访袁隆平时，当袁隆平说起由他带队的老年排球队总会取胜时，鲁豫故意表示不相信，“激”起了袁隆平证明自己的欲望，说出了不少精彩的往事。

《锵锵三人行》中窦文涛的说话方式看似随意，其实是经过精心设计的，在《锵锵三人行》开播前两个月，不论坐车，还是吃饭，窦文涛几乎任何时候都在琢磨：必须找到一种谈话的方式，信手拈来任何一条消息，都要有话可说，要是做不到这点，节目没法做。有一天凌晨，他突然悟到了未来节目里自己的说话方式。他心中一阵狂喜，甚至亢奋得跳起来，在房间里走来走去，又慌忙坐下在纸上记下心中所悟到的绝招。“那个凌晨我找到的感觉，到今天依然是《锵锵三人行》的灵魂，她解决了一切问题。”① 这个方式就是“俗聊天”，即“老百姓在饭桌上的说话方式”。凤凰卫视推广事务部总监郭志成在一次回答媒体采访时说：“窦文涛和鲁豫不一样，他的‘三人行’需要和嘉宾不断地插科打诨，所以他需要不断地学习一些抖包袱的技巧。你如果去窦文涛家里，走到他的书房，你可以看见他的书柜里面大概有一半的位置是放的著名相声大师侯宝林的录音带和录像带，他闲下来没事就听这些东西。”②

3. 主持人的表情语言

除了口头语言，主持人的身体和表情语言也是其语言体系的一部分。在港台谈话节目中，不少节目主持人都善于利用丰富的肢体语言和表情语言来表达情绪、传递信息。比如鲁豫在采访著名影星成龙时，俨然成了一位可人的小妹，她亲昵地叫着“成龙大哥”，让成龙带着整个摄制组走进他唯一不被狗仔队跟踪的别墅，与其长谈 6 个小时；而在采访艾滋病患者时，鲁豫则是真

① 窦文涛主编：《锵锵三人行——一笑了之》，现代出版社 1999 年版。

② 《鲁豫是最会“装傻”的主持人》，京华网，http://www.jinghua.cn2009-11-3008:49。

诚地与嘉宾握手，交谈中不时地将手搭在女嘉宾的手上和肩上，鼓励她说出心中的故事。在《康熙来了》中，两位主持人的着装风格大胆前卫。蔡康永习惯性地在一套中规中矩的西装外增加许多奇异的元素来标新立异，有时候是一只鸟，有时候是一个怪物。而小 S 常选择性感热辣的打扮，并给自己设计了一个爱帅哥的“花痴”形象，每当有帅哥来节目，她总是去占对方的便宜，如要求拥抱、一起跳舞等。如刘德华那期节目，与刘德华跳完舞之后，她的手仍然勾住刘德华的肩膀不放，摆出一副粉丝喜爱偶像的小女生模样。刘德华很尴尬，但现场的气氛却很活跃。第一财经频道的谈话节目《波士堂》的主持人曹启泰在主持节目时，有时候会用手捂着嘴故意对着话筒说些调侃嘉宾的话，表情鬼鬼祟祟的特别逗趣，甚至当他认为有必要去表现的地方，他就会毫不犹豫地冲过去。在做美特斯·邦威老总那期节目时，美特斯·邦威公司的广告词是：“不走寻常路”，曹启泰就突然越过观察员走到了桌子上。他就是想用自己的亲身体验表示出，是不是别人走在地板上，我走在桌子上，就是不走寻常路了。当时他这个举动引得全场都震惊了，但谁也没觉得他有什么出格的地方，因为他用最直接的方式诠释了“不走寻常路”，并引发了后面的谈话内容，气氛被炒热了，问题被抛出来了，自己也秀了一把，可谓是一举三得。当然这种表现方式是非常大胆的，但能把握时机运用恰当确实比任何口头语言都有现场效果，但如何把握分寸就相当考验主持人的功力了。主持人基于对节目的风格定位了如指掌，对观众的接受程度高度自信，对主持内容的掌握游刃有余这三点，才有可能即兴创造出另辟蹊径的身体语言。

二、谈话的组织者和控制者

谈话节目是一种即兴谈话，不能事先有剧本有台词，事先能做到的准备只能是思路，主持人只能在既定思路的基础上即兴发挥。主持人对谈话现场的组织和控制主要体现在对嘉宾和现场观众情绪的调动，并使用各种技术手段来推动谈话的发展，以及对现场突发事件的应变能力。

1. 营造谈话的氛围

一个好的谈话空间和谈话氛围，对谈话的成功起着非常重要的作用。在谈话节目中，主持人首要任务就是要激起嘉宾和现场观众发言的欲望。主持人无论是面对一个嘉宾还是众多现场观众，都应当努力营造一种谈话气氛。有时是轻松和谐，有时是紧张热烈，有时是针锋相对，谈话氛围并不是千篇一律，但都应该是有利于谈话进行的，对被访嘉宾而言，在轻松愉悦的气氛里，更容易敞开心扉，谈话和交流才能达到最佳的状态。

嘉宾走进演播室，就是来说话的，嘉宾肯定是有话说的，这个语境是已经存在的。但嘉宾有的善谈，有的并不善谈，说的效果如何，就要取决于主持人的引导了。因而主持人是否有亲切感非常重要。如果有，嘉宾就会无拘束地说话，主持人无论是言语鼓励或是目光鼓励，其目的都在让嘉宾放下顾虑、松开约束，进入一种想说的心态。主持人同时还要善于给嘉宾说话的机会，特别是在现场有不止一个嘉宾或现场观众参与讨论的节目中，主持人经常要用到挑起话头说、举手示意请嘉宾说、目光搜寻发言者等方法告诉嘉宾。

主持人善于倾听，是创造谈话氛围的重要前提。《鲁豫有约》中，鲁豫常常在提问之后，就静静地、聚精会神地听受访者诉说，不打断，也不急躁。她的倾听使嘉宾感到被尊重、被理解，从而使嘉宾畅所欲言，使得受众为其肺腑之言所打动。电视学者苗棣在谈到中国电视谈话节目主持人时，指出不少谈话节目主持人存在“听不见、听不进、听不懂”的问题，“年轻的主持人在面对嘉宾和观众时往往会感到紧张，他们的注意力过多集中在事先准备好的节目方案上，常常是刚对嘉宾提出第一个问题，脑子里想的就是怎样提出下一个问题，结果自然忽略了嘉宾的回答。”“注意力过分集中在自己身上的主持人则容易出现‘听不进’的问题，他们认为自己是节目的中心，嘉宾和观众只是自己的陪衬，因此对嘉宾和观众的观点不屑一顾，这样的主持人常常控制不住自己的表现欲，他们频繁地抢过嘉宾的话头，不让别人有充分表达自己观点的机会。”而“准备工作做得不充分、知识面窄的主持人则有可能‘听不懂’嘉宾和观众的发言。”“‘听不懂’的另一方面是指有的主持人社会经验不够丰富，不善于察言观色，结果虽然听懂了嘉宾、观众发言的表面意思，却没有理解其中蕴藏的话外之意、弦外之音。”①

2. 组织和推动谈话的发展

主持人的控制能力还表现在对谈话走向、谈话深度与谈话节奏的控制把握能力以及在决定嘉宾发言时机、发言顺序、发言时间长度等方面。如时间长了怎么办？时间不够怎么办？谈起来跑题怎么办？都是谈话节目主持人需要面对的问题。

在谈话节目中，主持人主要是通过提问来确立谈话内容、推进谈话进程、改变谈话走向的。善于倾听固然重要，但是作为一个主持人更要善于把握时机，智慧地发问。有无问话的技巧更是谈话类节目主持人优劣的标志。比如尖锐麻辣的提问是《康熙来了》的一大特色。节目提出的问题通常尖锐大胆，使得走进节目的男女明星在两人的逼问下通常无所遁形。如蔡康永最擅长对于来宾内心变化的捕捉，经常能在猜测中一语中的，从而揭示出一些从未曝光的秘密。一句“演戏快乐吗”曾经惹得明星舒淇泪洒现场。在《艺术人生》中，嘉宾那些情感隐私，大多都是由主持人朱军主动提出的，比如与陈凯歌谈“文化大革命”中的父子情，与赵季平谈已故的赵妻，与蔡琴和德德玛谈患病的经历，等等。这些主动的触发，不仅引起了话题，而且给嘉宾创造了动真情的条件与环境。

但是，只会根据台本逐字逐句向嘉宾发问的主持人是不合格的。主持人在谈话节目现场，不仅要善于调动嘉宾和现场观众说话的积极性，更重要的是捕捉嘉宾谈话中有效信息和关键字句，即兴发挥。也就是除了准备的问题，主持人还需要在谈话过程中根据嘉宾的回答不断地提问，并根据谈话的具体情况追问、反问、重复问。如《鲁豫有约》中访问做富豪排行榜的胡润，当胡润谈到曾经有人上他家威胁和骚扰他时，陈鲁豫连续追问了两次“干吗给他们开门呢”在《实话实说·鸟和我们》一集中，崔永元和一位嘉宾有这样一段对话：

---

① 苗棣、王怡林：《脱口成“秀”——电视谈话节目的理念与技巧》，中国广播电视出版社2006年版，第120—122页。

男士：目前养鸟还有个好处，可以扶贫。

崔永元：您说的扶贫是什么意思？是把鸟都抓起来，就没有抢粮食的了，是吗？

男士：贫困地区的人可以到北京来卖鸟，这样他们就富了。有好几个卖鸟的后来都盖上小楼了。

崔永元：就是通过卖鸟挣钱？我想请您给我们讲讲养鸟的乐趣，您却给我们讲挣钱的乐趣！（笑声）

男士：这里面有个经济问题。因为我血压很高，每月上不了几天班，尽吃药，给国家花了好多钱。我退休以后，一次医院没去过。现在我的血压，90—130，正常，我这就给国家节约药钱了。

崔永元：观众里面果然有高手。刚才说了……

第一句话小崔抓住了“扶贫”，引出现场观众的发挥，第二句话他抓住“卖鸟”两次引出观众的话，最后以观众果然有高手将话题转开。作为主持人，他套嘉宾和观众说话的办法很多。比如说个笑话，揭一个短处，故意吹捧一下对方，对自己观点来点嘲讽，提出新的问题，或是给对方下个套子，故意曲解对方意思，使对方因着急纠正而表达出更多观点。

3. 对现场突发事件的应变能力

主持人的倾听不等于不打断嘉宾或现场观众的发言。谈话节目的时间是有限的，参加谈话的每位嘉宾都有话语权，不可能让一个人爱讲多久就讲多久。因此，当某一位嘉宾的发言时间过长、不得要领、偏离谈话方向时，节目主持人就必须打断他 / 她的发言。打断的方法有接话、提问、说笑话等手段。对于应在何时打断嘉宾的话头，常用的方法是当嘉宾一句话说完时，顺着嘉宾的意思，以接话的方式刹住。最难的是嘉宾说起来滔滔不绝，必须要打断时，中途打断要有理由，顾及说话人的面子。比如《实话实说》中“四世同堂看电影”那期节目，有一个老太太提起以前的电影就滔滔不绝地说，崔永元不等她说完就插话打断“奶奶，我们不说了，急急他们。”既控制了谈话，又没让老人感到尴尬。

在谈话节目中，不同观点的嘉宾吵起来是经常有的事，特别是那些观点对立的辩论型节目，这就需要主持人有很好的现场掌控能力。既要让节目持续进行下去，但又要防止双方火药味太浓。因为如果主持人控制不住现场，节目就有可能失控而没法再录下去。凤凰卫视的《一虎一席谈·范跑跑》那一集，是关于四川汶川地震中，中学老师范美忠不顾学生自己跑出教室，事后又在网上发表文章说自己并没有什么不对的事展开辩论。节目中“范跑跑”范美忠、他的学校同事及校长，反对者郭松民和其他人士在演播室，就教师的职责和职业道德、生命的价值和意义做了针锋相对的辩论。这期节目一开始就火药味十足，辩论中郭先生义愤填膺，几乎到了控制不住的程度，几番跳起来，几度想离席。网友们因而叫他“郭跳跳”。而“范跑跑”仍然坚持己见，没有针对他在博客上的文章作检讨，但主持人胡一虎却控制住了谈话现场，让节目较好地进行下去。

反之如北京台《国际双行线》中“谭盾来了”那期节目。节目的嘉宾是著名作曲家谭盾和著名指挥家卞祖善。卞祖善刚上场时，双方的态度是友好的，谈话气氛是正常的，但在开始对谭盾作品进行对话时，因为嘉宾卞祖善表达自己的观点过于强烈，而又完全不给谭盾表达意见的机会。主持人姚长盛想要打断他的话却没能及时打断，最终导致谭盾拂袖而去。[①] 节目不得不在谭盾缺席的情况下录制完成。

三、主持人的谈话准备

1. 话题准备

对于在节目中涉及的话题，主持人应该在节目开始前做充分的准备，包括嘉宾成长经历、背景和个人身世、话题涉及的范围和知识、嘉宾持有的不同观点等。崔永元在谈到主持人的准备时说：“我从一开始就介入，这可能是这类节目一个特殊的地方，从选题立项开始。拿到一个选题，先讨论这个选

① 对话见苗棣、王怡林：《脱口成“秀”——电视谈话节目的理念与技巧》，中国广播电视出版社 2006 年版，第 62—64 页。

题的可操作性、可行性，这时候就要参与，然后形成简短的文字，报到台里去批，批下来就具体操作。策划就会请一些专家，讨论这个选题可以从哪些角度去谈，执行策划随后从社会上寻找适合做这个节目的嘉宾人选，同时我们会把题目提早公布出去。让社会上的观众报名参加，在报名的人中寻找嘉宾和现场观众。在整个调查过程中，我都参与，策划他们几乎天天和我通电话，这天见到了一个人，什么状态等等，我们都要沟通，大概一个节目要开三四次会。最后一次会就比较成形了，人也找到了，话题也谈通了，策划提纲也出来了，这时候就要仔细研究开场怎么开，结束怎么办，乐队演奏哪种类型的乐曲，这些都要敲定，第二天录像。”① 因此《实话实说》除了崔永元的个人魅力之外，节目准备充分是成功的重要原因。在《鲁豫有约》中，鲁豫也在节目前做了大量准备。比如关于胡润的那期节目，陈鲁豫对胡润从职业生涯到生活习惯，从两次跳槽的经历到最喜欢吃四川菜都了如指掌，胡润的大小经历和爱好在访谈还未开始时就已被陈鲁豫了解了个遍。《奇葩说》节目组通过百度知道、知乎、新浪微问数据后台。在民生、人文、情感、生活、商业、创业等领域，选取网友关注最多的问题，发动网友参与调查投票。互联网上投放的问题是否能够成为节目中的辩题，取决于网友参与这道题的积极程度。网友参与最多的题目，才能进入节目选题。因此每一期的话题都能戳中年轻人的点。《你正常吗？》也是充分发掘网友的参与度，节目中，主持人通过各种网络形式向选手提问，提出类似“裸睡正常吗”“偷看情侣手机正常吗”这样在生活中几乎不是问题的问题。除了有趣的话题以外，还有很多社会热点问题，比如“裸婚”“逃离北上广”等。不少网友表示，节目反映了当下国人的真实心态。十几年前，中国观众可能不会如此开放地参与调查，敢于说出自己的真实想法，21 世纪大家更加开放，也更热衷、乐于表达自己的见解。

事先的话题准备应该是主持人的基本功，即使是著名主持人，如果事先准备不充分，也会导致节目质量明显下降。如《鲁豫有约》和《杨澜访谈录》的某几期节目质量一般，都是与主持人事先准备不够有关。

---

① 鲁景超主编：《真话实说：名主持人访谈录》，光明日报出版社 1998 年版，第 24 页。

2. 嘉宾准备与嘉宾的沟通

谈话节目强调谈话的真实性原则和即兴原则。一个问题只让嘉宾回答一遍，以保持嘉宾谈话的新鲜感和兴奋度。因此重要的谈话内容应当是在节目正式录制时才会向嘉宾提出，这就是所说的一次性原则。但是保持新鲜感不等于主持人不在谈话前与嘉宾见面或沟通。除了在节目策划阶段，通过嘉宾的作品、相关的新闻报道、背景资料、嘉宾亲戚朋友处等获得信息外，大部分谈话节目主持人在开始谈话前，在嘉宾等候和化妆的时候，会与嘉宾见个面，稍稍聊几句。比如聊聊天气、物价、生活水平什么的，但一般会尽量回避节目将涉及的话题。

许多谈话节目往往会请一些与节目嘉宾有关的人到现场，谈与嘉宾有关的话题，这时候与嘉宾的沟通就显得非常重要。一方面，突然出现的人物会造成某种戏剧性的反应，带来很好的现场效果，但搞得不好，也有可能弄巧成拙。在这种时候应当尊重嘉宾的知情权，事先告诉嘉宾请了人到现场，但不一定告诉嘉宾此人是谁，这样一方面可以保持悬念，另一方面也让嘉宾有思想准备。如果请来的是与嘉宾关系好的亲人、朋友、学生、老师之类的还不要紧，但是如果现场请来的是与嘉宾关系不好甚至是敌对的人或是与嘉宾所持的观点对立的人，就会令嘉宾难堪。这种时候主持人应该向嘉宾告知实情，不能因为追求节目的戏剧性效果怕嘉宾了解情况后拒绝到场而隐瞒实情，否则就有可能影响谈话，甚至引起更为严重的后果。

第四节　话题、嘉宾与现场观众

一、话题的选择

话题选择对于谈话节目是十分重要的。话题的选择不仅要有意义，更要有意思、有意味。好的谈话节目话题是需要节目组精心选择和策划的，只有选择观众关心的、有兴趣的话题，才能引起观众注意。有研究者对美国部分电视谈话节目话题进行过归纳：“（1）婚姻家庭。包括婚外恋、离异、单亲父母与子女关系、再婚家庭以及换妻、卖淫、同性恋、夫妻性生活等非常隐私非常敏感的话题。（2）社会问题，多涉及社会伦理。如中学生性行为、少年母亲、器官移植、精子银行等。（3）个人生活观。如爱上狱中的杀人犯，偏爱老女人的年轻男人，以妓女为业且以此为荣，遍体文身且四处穿孔的青年男女等。（4）医疗保健。着重身心健康，有关医疗卫生和心理健康的内容较多。（5）休闲娱乐。如介绍影视明星、选美、服装时尚等。（6）奇闻逸事。如通灵的人、失明多年突然复明等，此外还有生活指南、司法治安、儿童教育等。”而中国电视谈话节目则“侧重于教育性、指导性、思想性，在观点的导向上有明显的倾向性，节目负载社会责任和文明教化的功能，选材大多集中在不太敏感的社会话题上。”[①]“选题很少触及性与暴力等公众的敏感领域，这与中国人较为保守的传统心理有关，新闻体制的限制也是一个重要原因。”[②]不过，随着《奇葩说》《你正常吗?》《吐槽大会》等谈话节目的出现，中国谈话节目也出现了类似美国和台湾谈话节目中一些敏感或另类的话题。比如“爱上好朋友的恋人要不要追”“异性闺蜜是不是谎言”“精神出轨和肉体出轨你更不能接受哪个”“为了成功潜规则该不该用”“该不该向父母出柜”“好朋友可不可约”“好朋友的恋人出轨，你要不要告诉好朋友”“伴侣找恋爱经验多的还是少的”“恋爱中要不要有备胎”“朋友圈要不要屏蔽父母”“该不该向恋人坦白恋爱史”“前任婚礼到底要不要去”“整容会帮你成为人生赢家吗”等等。

从中国主流媒体的电视谈话节目看，节目话题主要集中在社会性问题、婚姻家庭话题、名人明星话题、涉及历史背景的事件以及人物话题、子女教育话题、保健养生话题、经济和理财类话题等。

社会性话题是指话题是普通观众关注的问题。比如一项公共政策、一种社会现象、一件大家关心的事件等。这样的话题因为与大多数人有关，与民

---

① 周振华:《从(实话实说)看电视谈话节目的中美差异——兼论我国电视谈话节目的发展趋向》,《新闻知识》1999年第3期，第4—5页。

② 苗棣、王怡林:《脱口成“秀”——电视谈话节目的理念与技巧》，中国广播电视出版社2006年版，第34页。

生有关，具有公众性，往往会引起广大观众的兴趣。许多社会性话题往往与新闻有关。比如刚刚发生的事、刚刚去世的人物、将要发生的事件等。由于与当下的现实有关，话题具有新鲜感，会引起人们的好奇心。如湖南卫视的《有话好说》就是以真实的新闻事件为切入口，充分展现各种思想的激烈碰撞。《鲁豫有约》曾经针对风靡一时的选秀节目推出的“选秀故事”、关注整容的“我为整容狂”等，这些话题都是符合节目定位的焦点新闻和社会热点问题，紧贴着人们的日常生活。

名人明星话题主要是关于名人明星的事业与私人生活的。无论社会名人、商界骄子、演艺明星，他们总是能够吸引媒体和观众的注意力，是媒体吸引受众的重要手段。许多谈话节目都把嘉宾定位于名人明星，以有关他们演艺生涯和幕后故事作为话题。当然，不同的节目有各自的不同特点与定位。如《家庭演播室》以挖掘沉淀在明星及其家人身上的“伦理之美、人性之美”来吸引观众。《康熙来了》就邀请当红明星来到节目当中，通过访谈让受众了解艺人不为人知的一面。《艺术人生》突出地强调情感因素，表现了演艺界众多明星曲折坎坷的人生历程和难以忘怀的情感记忆。

爱情、婚姻和家庭是人类永恒的主题。《实话实说》早期就做过“家”“夫妻是否需要一米线”等话题。《夫妻剧场》其节目名称就是关于明星夫妻和家庭生活的。这类话题一般都会讲述当事人的坎坷经历。但是目前国内许多节目，为了追求一时的收视率，有时刻意煽情，把当事人的苦情、悲情刻意放大，激发当事人的矛盾、冲突故意。让谈话现场变得越爆越好，让当事人的眼泪流得越痛越好，赚了不少观众的眼泪。还有一些情感类谈话节目热衷暴露隐私，变成了“以猎奇为动机，以窥视为目的，以隐私为依托，以媚俗为结果”。

子女教育话题也是当代中国观众热衷的话题之一。子女教育的成败，从小处说，关系着一个家庭的成败；往大处说，关乎民族兴衰和国家的命运。而教育好下一代，是一项极其复杂而又细致的系统工程。大多数家长对各种教育知识和教育方法知之不多，对教育教学规律了解甚少，又有着望子成龙、望女成凤心理，在教育子女的过程中容易出现种种偏差。因此，对家长进行子女教育方面的指导，让父母避免陷入家庭教育的误区，让每一个孩子健康快乐成长，就成为节目的重要目标。如《实话实说》栏目做过“孩子的零花钱”“面对孩子的谎言”“不打不成材”等话题的节目。上海第一财经的《头脑风暴》做过“富爸爸的教育之道”，浙江电视台钱江频道的《谈话》做过“我的孩子不完美”等节目。

涉及历史背景的事件和人物话题，也是不少谈话节目所涉及的。如《鲁豫有约》的栏目宣传语就曾是：“寻访昔日英雄和有特殊经历的人群。”节目大量选择和寻找那些经历过当代事件的人物，如北大荒知青系列、唐山大地震系列等。都是通过采访亲身经历过中国历史进程中重大事件的中心人物，配上真实的历史影像资料画面，将观众带入历史情境，探寻历史的真相。而湖北卫视的《往事》则定位于“小人物、大命运”，力图从一些典型人物的命运透视出历史的变迁。如《“傻子”瓜子年广久》《马胜利·承包第一人》等。

随着中国市场经济的发展和人们理财意识的加强，随着白领阶层的增多和城市化进程的加速，有关经济和职场的话题，也成为近年来谈话节目的热点话题之一。不少谈话节目都推出了有关房地产、通货膨胀、理财等内容的节目。如凤凰卫视《一虎一席谈》关于房地产节目，请到了著名房地产企业家任志强和财经评论员易宪容对辩房地产涨价的话题，吸引了许多观众。上海第一财经的《上班这点事》以白领们在职场遇到的困惑为主，大量谈论他们在公司日常工作中涉及的内容，如节目推出的话题有，“你敢对老板说‘不’吗”“你喜欢你的工作吗”“私事要不要带进公司”这些话题往往能激起上班族强烈的共鸣。《奇葩说》的受众群体主要话题都是90后群体，因此节目中的辩题都是反映刚进入社会，初入工作岗位以及恋爱初期的90后的生活。比如“面对女友的求生欲预测，是演戏还是做自己”“职场菜鸟被前辈压榨，要不要 Say no”“熬夜伤身，但使我快乐，还要不要熬”等，都是符合90后群体语言习惯和生活现状的。

保健和养生话题也是中国谈话节目经久不衰的话题。中国传统文化中讲究养生和饮食，而随着中国经济水平的提高，人们更加注重生活品质，更加关注身体的健康。同时中国正在进入老龄社会，而就医难仍是困扰许多人的问题。因此，保健和养生话题也就非常容易受到欢迎。为百姓送去养生方法和健康理念，为患者解决求医难问题的如《实话实说》就做过“喝酒的利与害”“热爱生命”等话题，许多电视台的医疗保健类节目也都以谈话节目的形态出现。

二、节目的嘉宾

从某种意义上说，嘉宾才是节目的主角。因为整个节目的话题设置都是紧紧围绕嘉宾展开的。而对于观众而言，他们更在乎的是“这期节目请来的嘉宾是谁”。越是有故事的人，越是大人物，越是那些站在舆论风口浪尖的嘉宾，越容易激发观众的收视兴趣。所以对谈话节目而言，选择什么样的现场嘉宾确实是一个不得不琢磨的问题。嘉宾在不同的谈话节目中所扮演的角色是有所侧重的。策划很重要的任务是选择合适的嘉宾，并对嘉宾的个性、观点进行深入的了解。作为节目的主要谈话者，现场嘉宾发挥得如何直接影响节目的质量。郑也夫在反省《实话实说》所走过的道路时说：“如果说《实话实说》节目比同类节目质量略好一些，很大程度上是因为我们在挑选嘉宾上更慎重、苛刻、下功夫。”① 谈话节目的嘉宾分为两种类型：一是故事的当事人，二是在某些问题上有独到见解的专家。

1. 故事的当事人

以讲故事为宗旨的谈话节目，是通过展示有特殊经历的人的人生经历和他们的情感世界去感动观众、启发观众思考，让观众分享嘉宾的喜怒哀乐和人生经验。因此选择话题就是选择主嘉宾，如《鲁豫有约》的副标题是“说出你的故事”，被访嘉宾大致有六类：（1）失意英雄。（2）边缘另类人群。（3）见证历史的焦点人物。（4）经历人生重大变故的普通人。（5）当下的热点新闻人物。（6）文化名人和演艺界的明星。对于《鲁豫有约》而言，重要的不是嘉宾是否为名人，而是他们必须是有故事的人。节目先后邀请的昔日名人或特殊经历人物，有演艺界的张行、崔健、毛阿敏、程琳、黄宗英、刘德华、张柏芝、曾志伟、郑小瑛等；体育界名人庄则栋、汪嘉伟、郎平、王

---

① 郑也夫：《谈话节目及其策划人、主持人、嘉宾》，见《〈实话实说〉的实话》，上海文化出版社 1999 年版，第 25 页。

军霞、宋晓波等；文化界名人汪国真、李银河、金敬迈等；英雄模范人物有“草原英雄小姐妹”龙梅、玉荣，大寨大队党支部书记郭凤莲，身残志不残的张海迪等；历史名人有章含之、廖静文、周海婴、李锐、柴泽民等。他们多是一些扮演过重要历史角色的人物，对他们个人生活经历的揭秘和私人情感世界的暴露，其实是以个人化的方式反映某一段历史，满足人们窥探历史真相与领略人生真谛的心理需求。而北京电视台的《大宝真情互动》则注重挖掘普通人的真情故事。如退伍军人党兵来为了给身患重病的妻子王整治病，当过煤矿工人，收过破烂，最终决定把自己的肾捐给妻子的故事。如卢尔惠女士十几年如一日，含辛茹苦地培养智障儿子冯聪的故事等。而《波士堂》则是采访商界的名人为主。如分众传媒的江南春、青岛啤酒的金志国、金蝶软件的徐少春、太平洋建设的严介和、湾仔码头水饺的臧健和、搜房网的莫天全等。

2. 有独到见解的专家

在新闻、知识类谈话节目中，嘉宾主要扮演着信息提供者的角色，他们的任务是向公众提供有关的知识信息，为观众释疑解惑；在社会生活类的谈话节目中，嘉宾主要扮演针对某种社会问题或社会现象提供意见、引领讨论的角色。以讨论观点和看法为主要内容的谈话节目是意见表达的公共平台，这就要求嘉宾首先要了解话题，要掌握较多资料，要有自己独到的见解。而辩论型的谈话节目除了要求谈话嘉宾的观点有代表性、具有善辩能力外，还要求嘉宾在辩论中要有坚持到底的勇气，哪怕钻牛角尖都可以。任志强与易宪容，都是房地产界的著名人物，且观点截然不同，谁也不让谁。他们在凤凰卫视《一虎一席谈》中的互相辩驳、针锋相对，使得节目充满对抗性，也非常吸引人。中央电视台的《实话实说》中的“拾金不昧要不要回报”“不打不成材”等几期节目中，嘉宾观点截然不同，也有争论，但不同观点的争论比较温和。

无论讨论、辩论、聊天，参与谈话节目的嘉宾都要有很强的语言表达能力，即有一定的口才和辩才，他们的语言表达应当简练、清晰，观点和想法应当明确，有道理有依据，他们的语言方式最好是比较吸引人，比如幽默感等。同时也要能在节目中顾及交谈者，而不是一味地表现个人，搞话语霸权。

3. 嘉宾数量和搭配

谈话节目现场讲求观点的碰撞，因此节目在选择嘉宾时，首先是从观点的不同方面考虑。现场嘉宾不能都是有相同或相近观点的人，必须能够代表几种不同的观点，这样在谈话过程中才可能对话题从多侧面多角度进行深入分析。除了要注意观点的代表性，还要掌握观点的平衡，才能形成群言式的讨论。节目才会维持在一种势均力敌的对抗中，否则就会出现一面倒的趋势，使节目很快就缺乏推动性而停止在某一状态。比如《实话实说》在做“拾金不昧要不要回报”时，请了四位嘉宾，分别是社会学家郑也夫、经济学家张宇燕、演员方子哥和《中国妇女报》总编室主任高博燕。由于张宇燕、高博燕和失主任新农、拾物的司机潘宝旺都主张“拾金不昧需要回报”，方子哥属于骑墙者，只有郑也夫反对“拾金不昧需要回报”，因话语权的倾斜而形成了节目的倾向性，而这种倾向性又与中华民族传统美德不一致。虽然观点是有道理的，但由于观念太超前，因而遭遇了节目停播。事后，作为当时节目审查把关人的孙玉胜反思这一期节目的不足之处时认为：如果当时主持人崔永元能够说：“呼吁建设这样的制度并不是要否定拾金不昧的传统美德，拾金不昧无疑是高尚的；如果在回报和奖励制度建设起来之后，仍然有拾金不昧的人不要求回报，这样的人就显得更加高尚；这样的高尚者越多，我们的社会就越美好……”也许《实话实说》就不会遭遇节目停播了。[①]

上海第一财经的《头脑风暴》的“富爸爸的教育之道”一集中，就“富爸爸应该给孩子提供什么样的教育”展开激烈的争锋。节目组安排主张精英教育的郭凡生对抗主张平民教育的李唐绍和白雪。郭凡生咄咄逼人，因此一人足够，而李绍唐和白雪相对温和，所以需要两人合力对抗，这样安排是为了使对抗双方实力平衡，以使得对抗得以持续。现场观众除了参与争辩，另

---

① 孙玉胜：《十年，从改变电视的语态开始》，三联书店 2003 年版，第 205 页。

一个作用是对抗的缓冲剂，为了避免对抗破裂，这也是必须的。否则，一个主持人很难有效缓解火药味。所以整个辩论在精彩激荡中进行，而且难分上下，直到最后现场观众的加入，辩论才最终有了结果。节目在辩论过程中，闪现出了许多很有见地的观点和言论，尤其是在针对培养孩子的“国际观”和“平民意识”到底孰重孰轻、谁先谁后这一问题上的辩论，精彩言论和例子不断涌现。

第一财经《上班这点事》采取“3+1”模式，即主持人、职场导师、白领人士和一位“体验者”，这个“体验者”是现场唯一的观众。这个观众不是有限的提问和参与，而是一个具有绝对发言权和话语自主权的观众。他可以随时插话，随时用嘴和手中的牌子对另外三个人的谈话表示赞同、反对、抗议和不满。这个开放的观众席虽然只有一个人，但比 60 个只是围观旁听的观众更为真实有效。他其实就是电视机前白领们的缩影和代言人。《波士堂》每期节目都会邀请一位企业界重量级的商业精英作为主角，同时还设置了观察员这一角色，每期的三位观察员大多是熟悉嘉宾或是嘉宾的朋友。《波士堂》嘉宾、主持人、观察员这一铁三角式的立体化现场构成可谓是中国电视谈话节目一大创新。在这个铁三角中，主持人负责主导现场，而观察员和嘉宾在节目中的地位是平等的，有相同的话语权。观察员时常提出一些尖锐的问题，在嘉宾激烈的讨论中摩擦出一连串智慧的火花，点燃了观众的兴奋点。主持人在适当的时候进行调节，以一句总结性发言，或是一句幽默的睿智之语，轻松打开局面，调节气氛。“三者形成一种在主持人掌控下的嘉宾和观察员之间的平衡”。[①] 节目的两任主持人曹启泰、袁鸣虽是优秀主持人，但并不是财经方面的专家，而观察员的出现恰恰就弥补了主持人在专业问题上的缺位。主持人将那些关键性、知识性、专业性的问题交给观察员来提问，观察员与嘉宾熟悉便敢问，一问就问到点子上，甚至可能演化成激烈的辩论。这样一来，就能使观众看到一个更丰满的嘉宾形象。观察员和被采访者之间的对话、思想交锋是整个节目的核心和亮点，而主持人则充分主导节目进程和节奏。美国的《今夜谈话》节目在选择节目嘉宾时的一贯做法是：每期选 4—5 位嘉宾，一

---

① 陈昌辉：《析“七巧板”理论下电视谈话节目的创新——以东方卫视〈波士堂〉为例》，载《东南传播》2008 年第 7 期。

些人很著名，一些人不那么有名，另一些人则完全没名。组合方式通常是：一个歌手，一个喜剧演员，一个平民，一个知名人物，一个大众文化分析家如社会学家，由他来分析节目话题所涉及的社会、民族、文化、政治或性的问题、趋向。

三、现场观众

电视谈话节目通常会有一批对话题熟悉并乐于参与其中发表观点的现场观众。现场观众不仅是体现公众话语权的表现，同时也是谈话节目的基本元素之一。在谈话节目当中，现场观众不是道具、花瓶、看客，而是真正的参与者，是屏幕前的观众代言人。现场观众一方面可以传达现实的问题、带来生活中的语感、增强谈话现场的谈话氛围；另一方面现场观众的参与可以起到调节气氛和节奏的作用，推动着话题的进行。《实话实说》中，那些从来没有在大庭广众之下说过几句话的普通人，说起话来不仅朴实健康实在，而且还经常是妙语连珠。比如“日子”中的那位高大权，“家”中的黄月和她的工人丈夫，“结婚的钱由谁来出”中的那位农村大嫂，“父女之间”的父亲和女儿，他们完全出于自然的表现却每每为当期节目带来亮点。当然也有的谈话节目不设现场观众，如《鲁豫有约》《上班这点事》等。

现场观众的选择与组织，通常节目组会设立一个外联组，专门负责组织现场观众。外联组会在观众来信、来电、电子邮件基础上选择愿意参与的观众，也会根据不同话题与相关单位、组织联系，组织集体观众。一般说来，前一种方式来的观众对话题感兴趣或熟悉，提前做了准备，有比较明确的观点；而后一种方式则可以在很短时间内组织到现场观众，不足是组织来的观众大都对话题不了解，也没有自己的想法，发言准备不是很充分。除此之外，还可以委托专门公司组织观众，如央视《对话》就委托了一家北京的公关公司选择观众。

第五节　现场呈现与后期制作

一、谈话现场的环境布置

谈话节目一般在专门的电视演播室进行，也有少数节目设置在普通的客厅、书房甚至户外等其他场所。谈话节目现场布置，一是要有助于谈话，做到形式与内容的协调一致；二是要有利于观赏，在环境的设计上要给人开放的视觉感受。一般说来，内容越深刻复杂，越严肃，谈话环境的布置就越应简单明了，不干扰谈话。如重大的时政话题，重要的经济话题，谈话环境宜简洁明朗、朴实大方；而轻松的社会话题，谈话环境可以动感活泼。因此必须结合节目的定位设计好舞台的布景、灯光以及主景。当然，在电视节目竞争激烈的今天，光靠节目内容还不够，还要让节目好看，让观众从看到节目的第一眼就被吸引住，环境的布置必须精心设计。大到环境布置成什么风格，小到嘉宾坐什么样的椅子、用什么样的杯子喝水都应当仔细地设计。

1. 环境的布置

《实话实说》的早期是嘉宾和现场观众坐成几排，主持人手拿话筒走动，随时递给想要说话的人，今天的《实话实说》已经改变了早期的设计。嘉宾不再坐在桌子后面，而是坐在舒适的椅子上，在演播室的中央直接面对现场观众，主持人则坐在嘉宾的旁边。主景区也设计得如同会客厅一样充满家庭氛围。这样的设计无疑体现了谈话节目模拟日常生活中人际交往的特点，拉近了节目与受众之间的距离。《艺术人生》的录制现场是一个红色的伸展式平台，它既是3这个数字的伸展变形，代表央视三套，又像一个蜿蜒曲折，不断开阔的舞台，象征着明星走过这样的路来到观众的面前。《锵锵三人行》则始终是一张半圆桌后面坐着三个人，中间是主持人，两边是嘉宾。环境非常简单，体现的是三言两语的闲谈感觉。《一虎一席谈》的环境布置成辩论赛区类型的现场，两边是不同意见的人及其后援，中间是胡一虎面对屏幕。《上班这点事》把演播室设计成一个类似下班后的舒适居室，以黄白基调为主，简单明快。嘉宾区俨然是一个小餐厅，椭圆形的白色餐桌上放着一个茶杯、一盒牛奶、一盘水果，显然这里是最适合闲聊的地方；体验者区是一个小客厅，体验者坐在木质长椅上，旁边是一对古朴的地灯，一些可爱的装饰零散分布在“家”的各个角落。《天下女人》的观众席位离主景区比较近，观众就坐在离嘉宾和主持人四五步远的地方，方便了观众的参与，营造出一种嘉宾与观众之间很亲密的氛围。还有一些谈话节目选择外景作为谈话环境，如场院、车间、牧场、校园等，如中央电视台的《当代工人》的谈话现场就经常在某个企业的环境中。湖南电视台的《新青年》更是选择西安古城墙、重庆朝天门码头、岳麓书院、北大清华校园等作为谈话背景。

2. 大屏幕视频（VCR）

在谈话节目中，大屏幕视频的运用是谈话现场最常见的辅助手段。通过将外景录像、三维动画、片花隔段、精心制作的片头、画龙点睛的宣传词等内容在大屏幕上的播放，观众对话题涉及的背景和相关资料可以有形象而直观的了解，对谈话的进行有极好的可视效果。比如《艺术人生》栏目中经常把一些有关嘉宾的背景资料用电视短片的形式交代，这些短片可以是采访录像、历史影像资料、纪实拍摄的画面、用搬演或情境再现方式制作的短片。如“宋春丽”一期中根据宋春丽的恋爱故事改编的电视短剧，等等。湖南卫视的《背后的故事》的“谁把刘晓庆送上法庭”一集，主持人在开场白中开门见山地介绍完节目的主题后，便利用大屏幕来播放事先准备好的短片，这个短片简要介绍了话题的核心人物——刘晓庆的经历，并对谈话的中心事件进行了回顾。

影像资料的使用，包括电影、电视剧、纪录片、新闻报道、图片等资料，如《老梁故事汇》中“难倒盗墓贼的古墓”一期中，就不断插入电影《满城尽带黄金甲》、电视剧《三国演义》等作品的片段，这些影像片段对于渲染谈话气氛起到了很好的作用。

3. 道具及其他物件

在谈话节目中，图片、服装、题板等，也是谈话节目常用的手段。这些手段的运用，都有助于谈话节目的呈现。例如《艺术人生》在谈话现场布置演艺明星们的照片，而这些照片多是记录嘉宾艺术历程与人生经历的。《实话实说》在制作揭露江湖骗术的系列节目时，崔永元和嘉宾司马南在现场就有很多模仿骗子招数的演示。这些演示使观众亲眼看到了伪气功等江湖骗术，讨论过程中气氛就非常热烈。《对话》曾经邀请金庸作为嘉宾，做了一期名为"笑傲江湖，漫话金庸"的节目，节目组为到场嘉宾和观众准备了两个小牌子，一个小牌子上画了笑脸，另一个小牌子上画了怒脸。在讨论过程中，嘉宾、观众可以举起不同的小牌子来表明自己的立场。许多谈话节目都给嘉宾发题板，让嘉宾通过写题板的方式将他们的观点突出地表现出来。北京电视台的《国际双行线》更是将只有外交场合才用的同声传译的手段引入节目。

4. 音乐

在谈话中编导经常采用背景音乐，或以现场小乐队演奏的方式来调节场面的气氛。但不同的节目类型决定了节目音乐音响设计的不同风格。知识信息性的谈话节目以传播知识和信息为目的，它需要冷静的理性思考，而音乐有时会分散人的注意力，造成不必要的干扰。而娱乐类的谈话则需要活跃场上气氛，加强热闹效果。特别是那些重在情感交流与人际沟通的谈话节目，要求音乐渲染气氛、抒发情感，促进情感的交流与沟通。现场音乐对于此类节目的作用最充分也最明显。如《艺术人生》的音乐以提供背景音乐为主，有时声音细碎柔和得几乎听不清，这样的音乐音响，特别容易勾起嘉宾和观众某种莫名的情绪。在《实话实说》的节目策划中，乐队被定位为现场谈话参与者中享有特权的一类人，可以单独或集体地用音乐表达他们的意见或情绪。在谈话现场，当辩论火药味太浓的时候，主持人崔永元往往会请乐队奏一段音乐调节气氛。当谈话出现冷场时，乐队也会主动插进一段音乐帮助主持人度过尴尬局面。在介绍嘉宾时，小乐队还会跟在主持人的介绍之后，来上一小段音乐配合介绍，有时会有出乎意料的效果。如有一次来的嘉宾是演员袁苑，主持人刚说完，乐队就来了一段“鬼子进村”，现场哄堂大笑。要注意的是，谈话节目中的音乐使用要适度，要用在适当的部位，音量也要适度，是配合谈话的而不是干扰谈话。

二、谈话节目的结构

人们日常生活的聊天可能是散乱的，东一句西一句，没有重点、没有结构。但谈话节目的谈话不同，谈话节目虽然是模拟日常谈话，却是有结构的，谈话节目的结构一般包括开头、中间、结尾三个部分。在进行观点的讨论时，往往是采取层次结构，这样有利于观点的深入，而在讲述故事时，往往多取叙事结构。如《上班这点事》半小时的节目大体分为三段：首先是介绍体验者和嘉宾，切入话题；看短片、系列心理测验，展开话题；然后进行深层次的分析讨论。在这个过程中，话题体验者所代表的上班族和准上班族的心情会随着话题的逐步深入而有所释放。特别是在现场有职场专业人士加以引导，有幽默的普通白领加以调侃的情况下，看似麻烦的话题也就自然轻松起来了。而节目浓厚的人情味会使得受众产生非常强烈的亲近感。最后是节目主持人的总结。在采访湾仔码头水饺创始人臧健和那一期节目中，节目首先是从她的父母和她小时候的家庭生活说起，再说到她嫁到泰国后因为生了女儿被婆婆看不起，后来只身带着女儿到香港谋生。从最初每天打三份工开始，到因为摔伤不能干重活，于是开始做无证小贩卖饺子为生，到最后创业。通过嘉宾个人追述，主持人的提示，VCR 展示以及现场交流的叙述过程，给观众展示了一个中国版“阿信”的感人故事。观众为其创业之初的艰辛而感动，在情感诉求获得共鸣的同时，也更深切体会到这些名人之所以成功的不易。

1. 开场白

对于谈话节目而言，一个引人入胜的开场白是吸引观众的重要部分，特别是对某个固定的节目来说，所以用心铺排的开场白是节目成功的第一要素，也是引人入胜的关键。国内大多数谈话节目都是以这样的结构方式来进行谈话的：首先是对某个话题或事件或人物进行介绍，引出话题；其次是介绍嘉宾，嘉宾往往会谈到自己的观点和想法等；再次介绍现场观众；最后是大家围绕今天的话题开始谈话。但一个优秀的主持人，总是会在节目的开头部分展现自己的个性，比如在鲁豫采访现代著名儿童文学家梅志老人的时候，是这样开头的："来，梅老您坐在这儿，我们打扰您休息了，您是不是一般中午都要睡一会儿啊？"梅老说："不要紧的，我恐怕配合不好。"一个令被访者很和谐的谈话就此开始了。自然而然地引入了围绕梅志老人写的《胡风传》和《我陪胡风坐牢》两本书进行的一系列回忆。曹启泰在《波士堂》里的一期采访刘永好，他在 2001 年被福布斯富豪榜称为中国首富。面对这样一位首富，曹启泰是如何开场的呢？

曹启泰：（和刘永好握手）过瘾。诸位观察员，你们还没有和中国首富握过手的经历吧。做《波士堂》的主持人有一个特别的好处，你们还没握到，我先来。

刘永好：你在笑什么？笑得我都不好意思了。

曹启泰：没有，没有，我就觉得这一刻感觉多好。现在我才真正懂得首富的感觉，一只手就感觉很富。请教一下，对首富这两个字，您自己的感受是什么？

刘永好：你说的是什么？正负的负，还是穷富的富？我不知道，我不懂。

曹启泰：没有感觉，举重若轻，轻描淡写。大家先掌声鼓励一下。

通过握手这件事交代了嘉宾一个特别重要的身份，同时自然地把该问的问题给抛出来了。

2. 设计元素与即兴因素

在谈话节目的策划中，节目组的策划与编导人员往往会根据嘉宾的不同情况，设计出一些具有现场感和收视效果的点。通过主持人在现场对这些点的刺激，引导出预设的效果，是许多节目的常用手法。《艺术人生》就特别注重明星的特殊时刻或生命中的特殊人物这个点。比如刺激毛阿敏说出她曾经有一段刻骨铭心的孤独生活、引发关牧村谈与丈夫之间的相互理解、让那英表达对谷建芬老师的深深感激、让德德玛说出在重病中对生命的深刻体验等。在讲到这些经历时，嘉宾们往往情不自禁，热泪盈眶。许多电视谈话节目中常用的方法还有营造意外相逢的场面，即通过邀请嘉宾的亲属、老师、同学、同事、朋友等与嘉宾在演播室见面。于是故人相逢，感慨动情，甚至泪流满面，形成节目的情感高潮。如《大宝真情互动》一期节目中，一心为下岗工人服务，影响了母女之间沟通的于大妈，在节目结尾时，被“意外”到场的两位她曾经帮助过的下岗青年戴上了红花，称呼她为“妈妈”。女儿也在这种氛围中与母亲深情相拥，涕泪俱下的感人场面为节目打上了完美的句号。在《康熙来了》搜查女明星包包的那期节目中，节目开头以成人行为为引子，导向女明星的包包，小 S 通过翻看包包来看明星的隐私。其实就是节目的预先设计和对明星包包的偷梁换柱，在节目中我们可以频繁地听到嘉宾口中“不是我的”类似字眼。

但是，在谈话节目中，有一些亮点并不是预先设计好的，而是在谈话过程中突然被激发出来的。这种在谈话现场迸发出的灵感妙语，因这是思想和言语的碰撞产生的火花，人在谈话中的语气、表情，都是有意思的。一场谈话节目中如果没有这些即兴因素，就会变得寡然无味。即兴是谈话节目的生命，要特别注重和抓取这类即兴效果。

3. 结束方式

谈话节目的结束方式一般有五种，一是由嘉宾做简短总结，请嘉宾在节目结束前用一句话简短总结，这种方式最早被崔永元用在《实话实说》中，后被广泛模仿。二是现场观众与嘉宾交流，也是一种常用的结束方式。三是主持人进行总结。在谈话节目中，更多的是主持人进行总结。四是嘉宾的表演和展示。如《艺术人生》采访郭兰英一期的最后就是由郭兰英领唱，观众们一起高歌《我的祖国》，在“一条大河波浪宽”的歌声中结束的。五是节目组向嘉宾赠送礼物。

三、谈话节目的后期制作

大多数谈话节目采取的是录制播出的方式，因此节目即使谈话过程中出现失误，也并不重来。因为完全可以通过剪辑手段来删掉失误部分，所以谈话节目现场谈话的长度不是谈话节目的长度，而要比节目长度略长一些。一般说来，谈话长度可以是节目长度的一倍半到两倍。谈话节目的后期编辑也不需要复杂的特技处理，只要主持人发挥得好，现场录制完毕就能够迅速合成。有的电视谈话节目甚至采用直播形式，省去了后期编辑制作的时间和费用。

在进行谈话节目后期剪辑时，重要的是保持谈话时的原汁原味。谈话节目是现实生活中人际交流的延伸，因此节目中应该表现出日常谈话的状态。后期剪辑要忠于谈话节目的真实性和现场感，在剪辑时不能做太大的变动。而且最好能保留一些能够体现现场特色的细节，如嘉宾的口误、用语的反复、谈话中出现的停顿等，这样的保留会使谈话节目更具说服力和亲切感。如《天下女人》在李宇春这期节目中，李宇春对杨澜谈到自己的妈妈时，由于过于激动，语言表达并不是很流畅。但在对李宇春的访谈节目进行后期剪辑时，编导人员保留了这些部分，反而增强了节目的真实性与完整性。

思考题

1. 电视谈话节目吸引观众的魅力何在？
2. 电视谈话节目有哪些类型与形态，各自的特点是什么？

3. 电视谈话节目主持人最重要的素质是什么？
4. 策划一期以人物为对象的谈话节目。
5. 分析一档正在播出的谈话节目，指出其优劣之处。

本章参考文献

鲁景超主编:《真话实说：名主持人访谈录》，光明日报出版社，1998 年。
[美] 吉妮·格拉汉姆·斯克特:《脱口秀：广播电视谈话节目的威力与影响》，苗棣译，新华出版社，1999 年。
王群、曹可凡:《谈话节目主持艺术》，上海社会科学出版社，2002 年。
刘长乐主编:《鲁豫有约——说出你的故事》，吉林人民出版社，2002 年。
郝朴宁:《话语空间——广播电视谈话节目研究》，中国社会科学出版社，2005 年。
王峥:《以梦为马——我们怎样制作艺术人生》，中国青年出版社，2002 年。
孙玉胜:《十年，从改变电视的语态开始》，三联书店，2003 年。
苗棣、王怡林:《脱口成“秀”——电视谈话节目的理念与技巧》，中国广播电视出版社，2006 年。
翁佳:《名牌电视访谈节目研究报告》，中国经济出版社，2006 年。

第七章　专题节目

在电视中，就某一确定的专题进行报道时，不受新闻时效性的约束，并能就具体内容进行分析和解释，对主题进行有深度的开掘的电视节目通常称为专题节目，有时也称为专题片。专题节目是一种广泛运用的节目形式，可以运用于各种不同的内容。比如运用于新闻，称为新闻专题节目；运用于文艺，即文艺专题节目；其他如军事专题节目、法制专题节目、科技专题节目、体育专题节目莫不是如此，因此它是电视台主要节目类型之一。专题节目在制作和播出方面具有相当的灵活性，在制作上，它可以是临时性、一次性的制作，也可以是连续性、系列性的制作；在播出方面，有的专题节目是临时性、不定期的播出，有的专题节目则在固定的栏目播出。在英美国家，专题节目通用的说法是“Special Report”。

第一节　专题节目概述

专题节目的概念来自专题片。1975年，中央电视台社教部将在专栏里播出的电视节目称为专题片。此后，学术界对这一类节目做了概念上的归纳，如《广播电视简明辞典》对专题节目的描述是“与综合节目相对应的，内容相对专一的广播电视节目。……专题节目能够对某一领域或某一方面的情况和问题作连续地、深入地反映”[1]。而《中国应用电视学》对专题节目的描述是“以知识为特点，以电视为手段，以思想艺术修养为前提的节目”。比起新闻节目和文艺节目，专题节目有自己的传播优势，即“在表现方法上拥有丰富的手段，享有很大的自由度，可以兼容新闻节目和文艺节目的各种表现方法，形成自己多种多样的节目形式，实现不同的传播意图”[2]。

1. 专题节目的特点

专题节目的基本特点是知识性。所以，它强调的既不是新闻信息的快速和时效，也不是文化艺术的娱乐和轻松，而是强调对某类知识的介绍和阐释，以激起观众对这类知识的兴趣，帮助观众去了解这类知识。

专题节目以普及、解释、传播某类知识为主要特点，比较典型的就是电视台的各类鉴宝节目。21世纪以来，随着市场经济的发展及文物市场的持续升温，鉴宝类节目开始流行起来。如中央电视台经济频道《鉴宝》《一槌定音》《寻宝》、北京电视台的《天下收藏》、北京电视台财经频道的《收藏》、中国教育电视台的《美术苑》、凤凰卫视的《收藏》、吉林卫视《找你》、天津都市频道《艺品藏拍》、湖南娱乐频道《艺术玩家》、浙江经济生活频道《宝藏》、昆明电视台《盛世典藏》、成都电视台《成都商行——西部珍藏》等，都是通过邀请具有权威的专家对广大收藏爱好者拿到现场的文物做免费鉴定，提供对文物质量、真伪、市场价格等的判断，提高公众的文物知识和文物鉴赏力。这类节目不管用什么名称，采取哪种形式，邀请哪些专家，由谁来主持节目，其实都是以文物知识为底色的，目的是提高公众对文物知识的了解，和对文物的鉴赏品位。这类节目面对最普通的大众，涵盖陶瓷、书画、玉器、青铜、杂项等文化收藏领域。节目重点主要是两个方面的内容：（1）拿出来的文物是真的还是假的？（2）如果是真的，那这个宝物值多少钱（即在市场上的估值是多少）？节目即围绕这两方面展开。节目流程往往是先由主持人介绍今

① 赵玉明主编：《广播电视简明辞典》，中国广播电视出版社1989年版，第135—136页。

② 中国应用电视学编纂委员会编著：《中国应用电视学》，北京师范大学出版社1996年版，第205页。

天在节目中进行鉴定的宝物，以及这件宝物的收藏者。而收藏者通常会说一下这件宝物的来历（有人会有比较传奇的收藏故事），比如家中祖传的、偶然机会买下的、朋友赠送的、被用来抵债的等。然后由现场专家对文物进行评判。通常专家会首先从专业角度对这件物品的真实性做一个说明和判断。在许多时候收藏者的物品是赝品、高仿、工艺品，所以当专家说出意见和看法时，不少人的表情是无奈的。当然也有个别物品真是有价值的文物。在几位专家从各自角度对宝物进行解释、说明、估价时，主持人和收藏者也会与专家有交流和对话。有的节目则还设置了“价格竞猜”环节以提高节目的趣味性。

从节目特征来说，不管是什么内容，只要是把知识性放在第一位的，一般都可以看作是专题节目。以文艺节目而言，如果某个节目内容主要是传授文艺方面专门知识的，就是文艺专题节目。比如介绍电影，它不是播放一部完整的电影让观众欣赏，而是以如何欣赏电影或揭密电影创作中某些不为人知的内幕、花絮为内容。比如一个介绍法国“新浪潮”电影的专题节目，就是集中介绍 20 世纪五六十年代的法国电影，介绍这些电影的内容、特点、主要代表作和主要代表人物等。观众听了介绍，就可以获得关于这一时期法国电影的许多知识。如中央电视台的专题节目《跨世纪的和声——电影艺术与高科技》说的是电影制作对于新科学技术的运用，节目罗列了许多与新技术有关的影片或新科技手段在影片中的运用。比如有声系统在电影中的运用，导致第一部有声片《爵士歌手》的出现；磁性录音、多声道、降噪增益系统的出现为表现声音的细节提供了很大便利，如《奇遇》《广岛之恋》开端场面和画外音的处理，《猎鹿人》中炼钢车间用声音烘托环境气氛的方式；胶片技术的飞跃对电影艺术的影响，如 5294 型号的胶片造就了《巴里·林登》梦幻般的 19 世纪贵族感，《阿尔及尔之战》以高感光度的粗粒子胶片追求真实效果；电影特技在电影制作中的运用，如《谁害了兔子罗杰》中真人与动画的配合，《侏罗纪公园》中机械模型与电脑动画的结合，《星球大战》中对电脑特技的运用等。在《特殊航空件——肖斯塔科维奇的第七交响曲》中，编导邀请了著名作曲家吴祖强教授分析肖斯塔科维奇著名的第七交响曲在作曲上的特点。比如这部作品的第一乐章在交响曲中就非常少见，是一种交响诗的写法，可以作为一个独立作品存在。但肖斯塔科维奇为了体现四个乐章的构思，还是将其作为第一乐章来写。因此，这个第一乐章就显得特别庞大，特别是在展开部的开始。肖斯塔科维奇用了一个非常庞大的插部，这个插部用的是完全新的主题，表现了法西斯对前苏联的入侵，所以后来常常被人称为侵略的主题，代表法西斯的形象。经过这样的讲解和介绍，不了解肖斯塔科维奇的观众就会对这位天才作曲家有所了解，对他的这部作品有更深的认识。

而科技专题则往往会给观众带来人们所不了解的新知识，如 CCTV-10《科技之光》栏目播出的“被细胞控制的癌症”，节目介绍了治疗癌症的新方法。对于患者来说，目前治疗癌症的常规疗法是手术治疗、放疗和化疗。一般来说，手术治疗是目前治疗癌症康复效果最好的治疗方法，但是手术治疗的创伤性太大，若患者的身体素质难以承受的话，容易对患者的身心造成重大损害，甚至加重病情。节目介绍一位具有家族肿瘤史的患者陈勇，因为是肺癌晚期，不宜采用手术治疗，同时他本人也不愿意接受放疗和化疗这样的治疗方法。因为这样的方法会对体内正常的细胞产生损害，造成重要器官受损、免疫力下降、骨髓抑制等副作用。陈勇的妻子经过了解，在网上查到一种新的治疗方法——生物治疗。于是陈勇在妻子陪同下来到第三军医院大学新桥医院全肿瘤诊治研究所，经过生物治疗五个疗程之后，陈勇的肿瘤已经从五公分缩小到两公分，并且在之后的一年半时间里未发现任何复发的迹象，病情得到很好的控制，达到了带瘤生存，延长生存期的治疗效果。这一节目使观众了解了中国在癌症治疗方面的新进展。

2. 专题节目的传播目的

专题节目与其他娱乐性节目的传播目的不一样，如果说娱乐节目的传播目的是供大众娱乐的话，那专题节目的传播目的是教育，它以提高观众的知识、修养、文化素质为目的，因此也可以称为社教节目。比如中央电视台《今日说法》就是一档在中国家喻户晓的法制专题节目。它以“重在普法，监督执法，促进立法，服务百姓”为宗旨。节目每天一期，每期一个真实案件，通过案例用简单朴实的语言解说法律条款，传播法律常识。而中央电视台的《法治中国》则是一部 6 集的法制专题片。片子以建设法治中国为主题，以党的十八大以来中央关于全面依法治国重大决策部署和重大成就为主线，介绍了一个个真实案例。比如其中第四集“司法公正”就通过高某、张某两个案件，介绍了刑事案件审理中的“刑事案件速裁程序”。它适用的是“犯罪情节较轻、依法可能判处一年以下有期徒刑、拘役、管制的案件，或者依法单处罚金的案件，”同时还要符合四种条件，即：“案件事实清楚、证据充分的；犯罪嫌疑人、被告人承认自己所犯罪行，对指控的犯罪事实没有异议的；当事人对案件适用法律没有争议，犯罪嫌疑人、被告人同意人民检察院提出的量刑建议的；犯罪嫌疑人、被告人同意适用速裁程序的。”这样的讲述，既有严谨的司法理论阐述，又有真实的案例故事，起到了普法教育的作用。同样，上海电视台的法制节目《案件聚焦》也是以发生在这个国际大都市中的真实案例，以及法庭对这个案件的审理，满足观众的猎奇心理，充实人们的法律知识。

作为科技专题节目，培养观众科学素养，提高人们对科学的认知是其重要的任务。CCTV-10《科技之光》栏目有一期节目“中国超级计算机”就是介绍 20 世纪 90 年代以来，世界超级计算机技术快速发展、应用范围不断拓展的情况。如美国研制的世界顶级超级计算机被用于核试验模拟，日本的超级计算机曾在 2002 年提前一年预测了巴西飓风，而中国凭借超级计算机的计算结果，为“神舟”飞船返回舱顺利回收提供了重要帮助。在政治、经济、科技、国防等国家战略性领域，中国的超级计算机已成为不可替代的国之重器。科技专题节目不仅仅是重大的科技发展，也包括因科技发展而带来的新常识。如央视新闻频道的专题节目《生活实验室·手机充电安全》中，就以事实解释了手机充电过热导致爆炸的原因，并且通过实验手段验证了过热爆炸的可能性。随着科学技术的发展，越来越多的技术应用于我们的生活，这就需要我们了解、掌握更多基于科技发展的新常识。对人们进行科学普及，正是科技专题节目重要的使命。

文史类的专题节目也是以增加、更新人们文史方面的知识为目的，特别是颠覆以往有定论的历史结论，更是能引起许多人的关注和惊奇。如 CCTV-10《探索·发现》栏目 2011 年第 300 期的“光绪之死”，就是介绍当代人如何通过科技手段揭开光绪之死的秘密。节目讲述 1908 年 11 月 14 日傍晚，一直被囚禁在中南海瀛台的光绪皇帝去世，时年 37 岁。第二天下午，慈禧太后也死在中南海仪銮殿，时年 74 岁。据当时官方记载，光绪是病死。但人民和一些王公大臣间普遍认为，光绪在慈禧前一天死去不是巧合，而是谋害。20 世纪 80 年代初，因为要编纂清史，中国中医研究院的专家在研究了光绪病历之后，得出了结论："就光绪脉案分析，其死于病之可能性最大。"历史学家朱金甫先生，虽然同意光绪"应该属于正常的病亡"的结论，但还是建议乘光绪陵开启，对其遗骸和头发进行化验。经过央视编导钟里满的联络，北京市公安局刑事侦查总队、法医检验鉴定中心、中国原子能科学院加入调查光绪死因的课题组。用中国原子能科学院中子活化仪器对光绪头发进行了测试，结果测出头发上剧毒的三氧化二砷值极高，通过科学手段，终于得出了研究结论，这就是："光绪帝系砒霜中毒死亡。"这个节目让观众了解了科学在解决历史疑案中的作用，提高了人们的知识，纠正了对历史的某些误解。

对于政治、军事、法制、科技这类题材而言，专题节目的任务是提供知识、进行教育。对文艺题材也同样如此。文艺专题节目不是单纯的作品展示，而是通过对展示作品的赏析和评说，帮助观众增加艺术方面的知识，提高观众的审美趣味。也就是说，文艺专题节目不仅让观众观看，也告诉观众如何观看，如何欣赏这部作品。比如从什么角度来欣赏，这部作品的艺术特点是什么等。如英国广播公司（BBC）的世界名画专题系列《旷世杰作的秘密》，就是以西方绘画史上的许多名画，如波提切利的《春》、德拉克洛瓦的《自由领导人民》、哥雅的《1808 年 5 月 3 日》、伦勃朗的《夜巡》、马奈的《草地上的午餐》、雷诺阿的《煎饼磨坊》、修拉的《大碗岛夏日的星期天午后》等为内容，节目通过解说、艺术史专家访谈等详细介绍了这些名画的创作过程以及背后的故事，这些作品得以诞生的社会历史背景，它们在世界美术史上的地位等。使不了解这些知识的普通观众得到极其难得的美术史教育。中央电视台《寻宝》通过专家对民间收藏的各类陶瓷、书画、玉器、青铜、杂项等藏品的现场免费鉴定，讲解了鉴定文物的基本知识，判断真伪的标准和手段，提高了公众对艺术品的鉴赏品味。而中央电视台的《朗读者》，则是通过书信、文章、书籍等，讲述前人的生活和人生经验，教给我们许多人生哲理，让许多人学会做人的道理。在《朗读者》第一期节目里，濮存昕念老舍写的《宗月大师》，在朗读之前有一个环节，即朗读的嘉宾接受董卿采访。在采访中，濮存昕说自己其实是个残疾人，在三年级以前都是瘸着走路，因此同学取了个外号“濮瘸子”。三年级的时候，濮存昕的父亲带他去找了荣国威大夫，荣大夫给濮存昕做了个手术，因此他可以“装得和正常孩子一样了”，可以和大家一起跑跳，可以不受同学的嘲笑。董卿由此引出的结论是：记住那些帮助过你的人，不要以为一切都是理所应当，而在你有能力的时候尽可能去帮助别人，不要以为事不关己，这是做人的基本道理。

3. 专题节目的表现形式

在专题节目中比较常见的是专题片样式。如中纪委宣传部和中央电视台的反腐专题片《永远在路上》以用真人真事加场景重现的方式，让苏荣、白恩培、吕锡文等贪腐分子在片中现身说法，进行深刻剖析和忏悔，警示教育党员领导干部严守政治纪律和政治规矩，筑牢理想信念的根基。而文艺专题片则有《雕塑家刘焕章》《方荣翔》《质朴与辉煌——解读廖昌永》《流年》等。获得第23届电视文艺“星光奖”电视文艺专题片大奖的《重返狼群——李微漪专访》，讲述成都女画家李微漪在一次草原采风中意外收养了狼王遗孤，为其取名格林，并带回成都喂养。但繁华的都市无法容纳一匹野性的草原狼，李微漪带着格林重返草原，一路追寻狼群的踪迹，历经严寒酷雪，终于目送它成功地重返狼群的故事。央视《天下足球》播出的关于著名球星C罗的专题节目也是专题片，即“封神伯纳乌　回顾C罗皇马9年时光”，讲述他从2009年到2018年由巨星成为传奇的人生故事。从初来乍到，几乎不用任何适应过程，到个人数据的华丽，未能帮助皇马赶上巴萨。但最终C罗用强大的意志力和努力，获得4座欧冠、4座金球，帮助皇马实现了史无前例的欧冠三连冠。专题片不仅可以用来表现人物，也可以表现艺术作品，如中央电视台和江苏文联拍摄的《芬芳年代》是介绍江苏民歌《茉莉花》被发现、被改编、被传唱以及产生巨大影响的过程。浙江电视台的《鹧鸪飞》（《江南》之六）是介绍江南地区广为流传的著名笛子曲《鹧鸪飞》的。也有一些文艺专题是从艺术史的角度介绍一种艺术流派、一个时期的艺术作品，或某种艺术形式的发展历史作介绍。美国的《纽约·星光·百老汇》以编年史方式记录了美国百老汇音乐剧的发展。这部由奥斯卡金奖影后茱莉·安德鲁斯口述的节目介绍了百老汇音乐剧从 1893 年到当代的发展沿革与兴衰风华，介绍了许多人们久闻其名的音乐剧。如《娱乐船》《美女与野兽》《芝加哥》《俄克拉荷马》《窈窕淑女》《毛发》《狮子王》等。《中国电影》是介绍中国电影发展历史及代表作品的。《中国京剧》是介绍被称为中国的国粹——京剧的发展历史和剧种特点。《舞之灵》除了介绍中国舞蹈起源和发展之外，还全面介绍了有关舞蹈艺术的知识。抚顺电视台拍摄的《八旗风——民间奇葩满族秧歌》是介绍满族秧歌的。《苏园六纪》是介绍苏州园林的，片子从艺术、文化、历史各个层面解读了苏州园林。《昆曲六百年》则是以再现、记实、动画等影像手段介绍被誉为世界戏剧的三大源头之一，中国戏曲的“百戏之祖”昆曲的发展史，还原了其历史与现实的真实处境。中央电视台的《北京人艺 45 年》，是反映著名的话剧团体——北京人民艺术剧院 45 年来的创作道路和艺术成就的，中央电视台拍摄的《春风化雨 40 年》，则记叙了中央电视台从 1958 年到 1998 年这 40 年的发展道路和许许多多著名的电视节目。

但是，专题节目并不是只能用专题片方式表现，它具有多种多样的表现形式，它可以是专题片或纪录片样式、可以是像访谈节目或综艺节目，甚至可以借鉴戏剧演出样式。以《国家宝藏》（播出时称为“大型文博探索节目”）为例，这是一个向观众介绍博物馆藏品和文物知识的节目，每集以一个博物馆为主题，展示 3 件文物。按照以往做法，这类内容通常是对博物馆环境、展品做实地拍摄后，配解说词进行解说。再一步，最多是让主持人在博物馆里边走边说。但《国家宝藏》在形式的探索上却非常大胆，节目将展品拍摄和解说人边走边说只是作为一个引子。接下来才是节目的重点表现环节，即每件文物绑定一位与之气质相符的嘉宾，扮演成古人，以情景剧的方式演绎历史上有关这件国宝的故事。而考古学者、文博人员、讲解员作为“今生人物”讲述国宝的当下状况。两种形式互相配合，串起了国宝的前世今生。从《国家宝藏》中，我们看到既有传统的现场拍摄和解说，又有比较新颖的展示与表演，再加上采访与宣誓，整个节目的呈现既丰富又大气，令人印象深刻。

第二节　确定主题与选择形式

1. 确定主题

创作专题节目，首先是要确立主题。只有确立了正确的主题，才能选择合适的材料来阐释主题，并能够通过材料的运用一步一步地深化主题，从而完成节目制作，达到节目所要的收视效果和传播目的。

《感动中国》是一个中国人家喻户晓的节目，由中央电视台新闻中心社会专题部承办。以评选出当年度具有震撼人心、令人感动的人物为内容，每年金秋十月推选，第二年元宵节前后推出。评选人物的标准是：为推动社会进步、时代发展做出杰出贡献，获得重大荣誉并引起社会广泛关注；在各行各业具有杰出贡献或重大表现，国家级重大项目主要贡献者；爱岗敬业，在平凡的岗位上做出了不平凡的事迹；以个人的力量，为社会公平正义、人类生存环境做出突出贡献；个人的经历或行为，代表了社会发展方向、社会价值观取向及时代精神；个人在生活、家庭、情感上的表现特别感人，体现中国传统美德和良好社会风尚。节目开办以来，已经陆续推出了一百多位人物。如一辈子省吃俭用，却将毕生积蓄捐给学校，用于奖励贫困学生与优秀青年教师的华南农业大学教授卢永根；隐姓埋名 30 年的“中国核潜艇之父”黄旭华；退休后 20 年坚持每天出诊的医生胡佩兰；在脑死亡前决定将自己的器官捐献给需要的人的广西桂林小学生何玥；为帮助打工乡亲的云南省沾益县“卧底局长”陈家顺；设身处地为病人着想的肝胆外科医生吴孟超；在危急时刻托住坠楼幼童的“最美妈妈”吴菊萍；携妻照顾初恋女友 34 年的韩惠民；把所有时间都献给孩子的歌手丛飞；37 年坚守诺言的原上海知青陈健；捐肾救母的孝子田世国；在“非典”时期给予人们战胜疫情的勇气和力量的钟南山；毕生梦想消除饥饿的农业科学家袁隆平；永远让“患者至上”的医生桂希恩；“民间防艾第一人”的河南中医学院退休教授高耀洁等。他们每个人物身上都有一种让观众感到心灵震撼的精神力量。《感动中国》因此也被媒体誉为“中国人的年度精神史诗”。这也充分说明了节目明确的主题：“感动中国，感动你我。”

当材料非常丰富的时候，要避免被材料淹没，因此确定主题是非常重要的。《昆曲六百年》就是这样。作为中国传统文化瑰宝的昆曲，有经典剧目几十部，重要作家、演员数十人，那么这部片子应当如何立意？如何提炼主题？节目的主创人员在梳理了所有材料经过深入思考后，认为昆曲所代表的那种优雅精致的美是最重要的，也是这部专题片要传达给当代观众的。于是就形成了这部以“大美至美，昆曲归来”为主题的专题片。片中用各种材料营造有韵味的视听空间，目的是让观众感受到中国昆曲的文化与审美。获第一届星光奖的《刻刀下的黑与白》，介绍版画工作者董克俊，就是突出了他青年时代身患重病，最后找到艺术的过程来叙述艺术与人生关系，主题是“艺术支撑生命”。《回音·高原的灯》，描述的是中国画家赵益超、张明堂创作《出山》和《晓色初动》的一段经历。通过对两位画家生活过的山西河曲县赵家沟的采访和拍摄，编导找到了使两位画家画出力作的原因，表现了“艺术是生活的回音”这个主题。

2. 阐释和深化主题

专题节目在阐释主题时，要尽量避免空谈大道理，而应该用事实来说明、证明主题。

如福建电视台介绍福建地方剧种的专题节目《闽海观剧》，就是用大量演出的资料画面和通俗易懂的语言，将福建的蒲仙、梨园、高甲、芗剧、闽剧五大地方戏剧种的特点、艺术风貌、表演技巧和优秀的剧目片段呈现在观众面前的。并通过画外解说，将这些地方剧种产生的历史背景，发展过程及与当地的经济、文化、民风民俗、历史渊源的关系，完整而生动地介绍给观众。如讲述戏迷现象的《戏迷的乐园》，以郑州戏迷为记录对象，展现了他们凑木料和尼龙布搭戏台，自己凑钱买乐器、道具、扩音器和大喇叭，焚香杀鸡举行破台仪式等，用事实和生活细节表现了戏曲的戏迷。贵州电视台的《一个农民的画家梦》讲述一个叫彭德银的农民，从山村放牛娃成为“大方农民画”佼佼者的故事。片子的重点在表现绘画与生活的关系，比如镜头拍摄了彭德银放牛、砍柴、割禾的情景，拍摄了他观察生活和生活在农民中间的情景。但落在画布上的画却不是生活的原样，而变成了抽象但又栩栩如生的形象。通过片中真的牛、羊、花、草、背篓渐渐变成抽象的画面，编导终于找到了他画风的形成之源，表现了生活与艺术的微妙关系。

在阐释主题时，用细节来丰富主题是比较常用的。如《国家记忆》里就讲到了当年美国总统尼克松来访时，美国几大电视台要跟过来进行直播报道，但当时中国没有电视转播设施和转播用的卫星。美国人提出可以租用卫星，周总理就让工作人员联系美国相关方面。了解下来，租用卫星很贵，要几百万美元，这对当时的中国来说，是一笔天价费用，工作人员吓了一跳，只好汇报给周恩来总理。可总理说，不管多少钱都租，让美方去办理。接着总理又说，要跟美方订好合同，租用期间，卫星的所有权归中国所有，任何电视台要使用卫星转播节目必须向中国提出申请，中国要收取一定的费用。租卫星要花多少钱，中国卖转播权就收多少钱。最后，中国一分钱没花就把这个问题解决了。这个细节生动地证明了周恩来总理的外交智慧。《国家记忆》之“新中国从这里走来”就用大量细节揭秘了太行山东麓，滹沱河北岸一个名不见经传的小山村西柏坡，为何会被选中成为中国革命最后一个农村指挥所。片中通过大量的影像资料和人物采访还原历史，讲述了许多不为人知的西柏坡故事。如片中的第二集“西柏坡密电”说的就是电台如何架设天线，布置警卫、翻译密电、发出指令，包括毛泽东等中共领袖和将领的电文稿。讲述在三大战役期间，因为有众多无名英雄的各方保障，西柏坡密电才能在不泄露的基础之上，第一时间将中共中央的各项指令准确无误的传递到各个战场，帮助我军取得最终的胜利。大连电视台的《复州皮影》用大量细节记录一个皮影班子的窘迫，比如演出地点在偏远山区、观众看不懂、老艺人的无可奈何，表现了传统文化日益衰亡的主题。中央电视台的《芬芳年代》，先是介绍了这首歌曲的收集整理者何仿自香港回归典礼开始的创作成就，然后由何仿讲述当年在采风中收集这首歌曲的经历，介绍 1957 年前线歌舞团在上北京演出前何仿对歌词大改的经过。再通过当年演唱这首歌的三个女战士回忆演唱这首歌曲及受到高度赞扬的故事，特别介绍了跟随周恩来总理出国演出时的情景。在用解说词与何仿本人介绍说到全国有几十种《茉莉花》的歌曲时，编导用大量篇幅展示了各种不同的《茉莉花》和其演唱者，如程桂英、唐粒、宋祖英、董文华、周艳泓以及各种乐器演奏的《茉莉花》，如杨积强的二胡独奏、肯尼的萨克斯管独奏和马友友的大提琴独奏。介绍了这首民歌是如何通过一个英国传教士传到西方，并被意大利作曲家普契尼用在歌剧《图兰朵》中的，各种细节内容非常丰富。片子最后则是何仿面对镜头说："《茉莉花》的真正作者是江苏人民，荣誉属于江苏人民。"以作曲家之口，说出了人民是艺术的真正创造者的主题。

专题节目不但要明确主题、阐释主题，更重要的是深化主题。不少专题节目不是没有主题，在对主题进行阐释时也是明确的，但往往比较一般化和肤浅。要避免肤浅，就要对主题进行深入的挖掘，而不是人云亦云，落入俗套。那么如何深化节目的主题呢？要避免就事论事，深入人物的心灵深处去了解、探究、发现。如《西藏的诱惑》不仅是表现几个艺术家在西藏的活动，而是通过表现他们的活动，探究为什么西藏对他们具有这样的诱惑力，并得出结论"西藏的诱惑，不仅仅是因为它的地理、它的历史，更因为：西藏，是一种境界。"进而认识到，艺术家们来西藏有一种跋涉在艺术朝圣之路上的意味。这种行为与宗教的朝圣有某种精神上的相通。因此，片子中不但拍摄了艺术家的活动，也拍摄了跋涉在朝圣之路上的僧侣的画面，通过这两组画面，表达了编导的思想，即"芸芸众生芸芸心，人人心中有真神，不是真神不显圣，只怕是半心半意的人……"不仅如此还要深入事件和现象的背后。如青海电视台的《高原印迹——格萨尔艺人现象》就拍摄了一群演唱藏族史诗《格萨尔王》的歌手。但编导并不是单纯描述这些艺人的演唱活动，而是努力去寻找这种现象背后的文化意蕴，去发现在这些艺人的内心支撑他们创作的精神，这就是藏民族的英雄崇拜情结。比如法律专题节目，最好不要仅仅停留在案情的介绍和案件的讲述上（当然目前许多法制专题节目为了迁就观众的猎奇心理和追求收视率，就是停留在仅仅介绍案件上），而应该说明案例后面的法律条文，甚至是法律条文背后的法律精神和立法依据。如上海电视台的《案件聚焦》用讲故事的方式讲述生活中的各类案件，希望通过通俗易懂的方式，探究案件中人们行为准则形成的轨迹，心理变化的起因，表现法律健全的过程和新旧体制转化中观念的碰撞。

3. 选择合适的形式

专题节目的内容非常广泛，表达的主题也都不同，在表现形式上灵活多样，不拘一格，有许多节目形式可以借鉴挑选。如新闻专题片、演播室访谈、晚会、戏剧表演、影像视频资料甚至真人秀等。那么究竟选择何种形式呢？

首先，专题节目要选择适合内容的形式。因为形式是为内容服务的。中央电视台每年的“3·15”消费者权益保护日晚会所采用的对假冒伪劣的商品和无良商家在节目中进行曝光的办法，就是一种很好的节目形式。由于央视是国家媒体平台，地位很高，影响力很大。由央视出面，对祸害社会，造成许多恶劣后果的假冒伪劣商品和不良商家进行当场示众，不仅大快人心，对不良商家也有很强的震慑作用。而《感动中国》则是借鉴了综艺晚会的样式，将那些具有高尚品行和人格的普通人，以及为国家和社会做出过重大贡献的人请到节目现场，让观众看到他们并与他们有近距离的接触。就可以将节目内容的公益性与节目形式的当众性巧妙地结合起来，如果换成一般的专题片样式，或用其他娱乐性过强的表现形式则不一定合适。在当代中国电视节目中，观众一般来说对娱乐性的要求比较高。在这种普遍要求下，节目如果没有娱乐性往往会影响收视效果，但对于主题严肃的专题节目来说，要达到节目应有的收视目的，反而不能太讲究娱乐性，恰恰是比较枯燥的节目形式——专题片或演播室播讲的形式更合适。比如《作风建设在路上》《永远在路上》《打铁还需自身硬》等反腐败专题片，用腐败分子现身说法的方式就很有震憾力。而法制专题节目《今日说法》就采取了演播室专家访谈与外景资料相结合的方式，其中演播室专家访谈的这部分就是受到电视谈话节目影响而产生的。

其次，选择最有表现力的和表现效果的形式。特别是在各类媒体、各类节目激烈竞争的媒体环境中，新颖而有吸引力的形式才能更好地达到传播目的。如黑龙江卫视《见字如面》，节目的形式虽然非常简单——请明星演员在现场读信，但对中国观众来说非常新颖，觉得耳目一新。读的好处是用声音和语调，让一封信恢复了原有的“慢”。节目中读的信从萧红给弟弟的信，到蔡琴写给已经逝去的杨德昌；从邓丽君写给庄奴，到黄永玉与曹禺的书信往还。明星们当场读的这些信件让我们回到遥远的过去，唤起了曾有过的记忆，同时以鲜活的听觉形态拨动观众当下的心弦。节目第一期的信是中国有史可查的第一封家书，由林更新朗读。信是身处南方战场的兄弟二人黑夫和惊写给老家大哥的。内容是问候母亲，索要冬装和钱，请求看好新娶的媳妇儿，提醒新封的爵位会有人送到家，问问冬装的布料卖的贵不贵，要是不贵就寄衣服，要是太贵了就只寄钱——钱要多多的寄，不然在前线就要活不下去了。他用低沉的声音把这封两千多年前战地家书中两兄弟对家人的挂念表达得恰到好处。同样采用朗读方式的还有之后中央电视台的《朗读者》，节目也是以朗读去传播文字，展现生命的意义，将值得尊重的生命和值得关注的文字完美结合。

北京电视台的《档案》是一个揭秘性的讲述栏目，形式是由讲述者在演播室现场讲述和展示。同时讲述者把幻灯机、16毫米放映机和影像资料、图片、道具、历史器物等变为故事讲述的必要环节和故事推进的关键手段，用以整体烘托现场讲述的氛围，强化节目的视觉元素。这样的形式对于揭密类型的节目有着很强的渲染气氛的作用。

《远方的家》是中央电视台的旅游专题节目，这个节目曾先后成功推出“边疆行”“沿海行”“北纬30°・中国行”“百山百川行”“江河万里行”“长城内外”“一带一路”等大型系列作品。节目吸取了纪录片的现场概念，借鉴纪录片纪实拍摄的手法，将观众带到实地。这样的形式对于以旅游内容为主的专题节目就非常合适。人们说眼见为实，要让观众相信景观的美好或了解真实的环境，用纪实拍摄和主持人导游式的讲解可以说是最恰当、最有效的形式了。

在文物类专题节目中，《国家宝藏》在形式上的创新更是令人印象深刻。以第一期为例，节目开场时，001号讲解员张国立站在舞台中央，他的身后是国内九大博物馆的馆长。由于第一期的3件文物都来自故宫博物院，所以首先是一段故宫博物院院长单霁翔的VCR。在单霁翔的介绍之后，出现的是第一件文物《千里江山图》守护人李晨。他作为地道的北京人，对于故宫自小就很熟悉。在他的娓娓道来中，我们认识了这幅出自18岁天才画师王希孟之手、长达 11.91 米的《千里江山图》。为了让观众更能够了解这幅画的意义，在接下来的戏剧片段中，李晨扮演了宋徽宗，还原了一个天才画师创造瑰宝的过程。戏剧片段之后，是单霁翔和上海博物馆馆长杨志刚、浙江博物馆馆长蔡琴对这幅画的评说。之后是张国立和李晨的对话，引出这件国宝的今生故事。首先是这幅画的临摹者，中央美术学院教师冯海涛，通过他的介绍，观众知道这幅画实际上是画了五遍，第一遍是墨稿，第二遍上赭红色，第三遍是石绿，第四遍还是石绿，第五遍才是青，才最终完成这幅传世杰作。而画中使用的颜料也不是普通颜料。节目再请出非遗国画颜料传承人仇庆年，请他介绍并当场演示画中使用的五种颜料的采集和制作过程，讲解为何画中颜色能够历经千年而不褪色的秘密。仇先生在回答完问题后合起双手，请求电视前的观众，希望有人可以提供有这些材料的产地，他会立刻去找。最后是三位守护人一起说出守护誓言。接下来的第二件文物釉彩大瓶、第三件文物千年石鼓大致都是这样的过程。节目使用了解说、对话、视频、照片、表演、展示等多种表现手段，演绎文物背后的故事与历史。使观众了解文物所承载的文明和中华文化延续的精神内核，感悟传统文化的深厚与自豪。

第三节　专题节目解说词

解说词是专题片的重要部分，甚至可以说是专题片区别于其他电视节目的重要标志之一。一些优秀的文化类节目，往往都有非常好的解说词，这些解说词不但能帮助观众了解片子的内容，而且本身就是非常好的欣赏对象。解说词写作要避免陈词滥调，要坚决抛弃那些被人说了无数遍的套话俗话，而用新鲜的、有情感、有个性、有温度的方式来进行表达。

要写好解说词，首先是要掌握充分的材料，进行深入的思考和感情的酝酿；其次还要有相当的文字能力，这才能够写出有思想、有激情、有意境的解说词。解说词的文字要求与散文并无不同。主要区别在于散文是单纯的文字，而解说词是要配合画面的。因此，凡是画面已经能够说明的，就不再需要解说词重复，除非是为了强调或为了挖掘画面未尽的意思。另外，解说词是有声文字，是要由解说员读的，因此最好比较口语化。进一步的要求则是要有韵律感和音乐性。

1. 事实和知识准确

解说词的重要作用是要通过文字，介绍知识和事实，特别是那些用画面难以表达或难以说清楚的知识和事实。因此，解说词基本要求首先是要准确，即交代和叙述的事实要准确。

由于要准确交代事实，因此在写作解说词前必须要仔细核对解说词中所涉及的时间、地点、人物的姓名身份等这些基本事实。中央电视台的《特殊航空件——肖斯塔科维奇的第七交响曲》的开头，解说词是这样叙述的："1942年初夏，在俄罗斯古比雪夫通往德黑兰的空中，有一架飞机，载着负有特殊使命的缩微胶卷飞行，这胶卷既不是军事地图，也不是什么行动计划，而是一份实实在在的交响乐总谱。战争爆发时，肖斯塔科维奇正在自己的故乡列宁格勒，在这严酷的日子里，他创作了这首D大调第七交响曲。1941年7月底开始写作，12月底完成。1943年3月5日，交响曲在临时首都古比雪夫，由萨姆苏德指挥乐队在大剧院首次演出。"在介绍那些知识性内容的时候，除了基本事实的准确外，还要求学术上要有依据。如在《吴门烟水》（《苏园六纪》之一）中，解说词这样介绍苏州园林："苏州的园林，大致可分为皇家园林、寺庙园林和私家园林三种，现存在园林，多是私家园林。春秋时期，吴王阖闾建造的姑苏台，夫差建造的馆娃宫，当是苏州最早的皇家园林。晋唐之间，佛教大兴，寺院丛林的一时之胜，带出了寺庙园林的涌现。杜牧的诗句'南朝四百八十寺，多少楼台烟雨中'，便是一种形象的写照。"这里，解说词所说关于园林的分类，除了有学术的支持之外，还有历史记载作为支持，为了加深印象，作者还引用了杜牧的诗句，以证明其所说的无误。如《梦界》中，对朱乃正水墨画的评述："朱乃正所作的水墨画，既无对中国传统山水画的明确师承，又对绝非具体时空或名山胜水的描写，而是以单纯而丰富变化的水墨，在东方特有的宣纸上，展现了心中的梦境。这梦境，有时比较具体，有时又比较抽象。”解说词还能起到宣泄感情、烘托气氛的作用，成为专题节目中传达感情的重要手段。如《昆曲六百年》中对于昆曲时代背景和文化氛围的介绍，“明清两朝，中国先后出了204个状元，其中有34个是苏州人。无论是苏州园林，还是诞生在园林之中的昆曲，都被深深地刻上了文人的烙印。当年，园林的主人很会享受生活。他们从官场上退下来，在最好的地方买一块地，砌一道高墙，把尘世隔开，在里面经营自己的园林。昆山腔形成后不久，一些民间的音乐家就应邀来到园林的主人家，担当曲师。他们陪同主人和他们的宾客，在园林中吟诗、作画、度曲。”对昆曲音乐和艺术传承的介绍：“昆山腔的音乐主要以宋词的音乐为基础，同时融合了江南的民歌小调。昆曲运用的曲牌达到两千多种，十分丰富、富于变化。唱词则主要来自当时文人的创作。同样也沿袭了唐诗宋词的创作传统，用诗一样的语言去抒发情感。文人们生活的园林，自然也就成为众多昆曲作品的故事场景。”苏联拍摄的《基洛夫的骄傲》中，在介绍雅各布森时说：“编舞大师雅各布森所编排的现代芭蕾在国际上声誉很高，但在趣味相对保守的苏联舞蹈界却常受到批评。雅各布森极为擅长对小场景的调度，人称微型编舞大师，他在这方面的功力甚至超过他的那些全剧的大制作，他所实验的那种将布景、氛围、灯光和舞蹈融为一体的创意在这首柴可夫斯基的《沉思》中，表现得淋漓尽致。”这段解说词准确地介绍了雅各布森对现代芭蕾的贡献。

2. 思想深刻、感情强烈

解说词不仅可以客观地介绍事实和知识，还可以在介绍事实和知识的同时进行观点的阐明和情怀的抒发。比如《叩访天一阁》在介绍了原来天一阁的藏书都已转走时，解说词这样说的：“宝书楼上的藏书，大都转移到了天一阁新建的书楼，只有这里的书橱，还是原来的样子，窗户依然紧关着，与书橱并列成一道幽深的长廊。楼上缺了藏书，未免让人感到空空荡荡。但同行的田涛先生说，没有藏书，这里都装满了精神。当代藏书家说到了古代藏书家业绩的点子上。是的，天一阁的故事，其实并不完全是书的故事。”这一段解说词，不仅是对于天一阁现在情况的介绍，更有作者对于人生的思考在里面。再如在介绍宜兴紫砂茶壶的《丁山泥土》里，解说词对数百年来宜兴紫砂壶工艺的演变和价值与价格之间的错位与同位的演变做了一番叙述后，在片子结尾时这样感叹：“它的价格，有时涨，有时落，但它真正的价值却没有变化，变化的只是人心。”这就带给片子一种历史和人世的透视，使得片子的品位一下子就高了许多。深刻的思想并一定用艰深的语言，电视是大众传播媒介，电视的主要受众是一般普通文化水平的观众。因此，专题节目最好用深入浅出，用通俗易懂的语言来表达深刻的思想和理论。比如感动中国 2011 年度颁奖盛典中介绍“无臂钢琴师刘伟”，颁奖词是：“当命运的绳索无情地缚住双臂，当别人的目光叹息生命的悲哀，他依然固执地为梦想插上翅膀，用双脚在琴键上写下：相信自己。那变幻的旋律，正是他努力飞翔的轨迹。”在介绍用双臂接住 10 楼坠落的 2 岁女童，导致自己双臂骨折的杭州年轻妈妈吴菊萍时，颁奖词是：“危险裹挟生命呼啸而来，母性的天平容不得刹那摇摆。她挺身而出，接住生命，托住了幼吾幼及人之幼的传统美德。她并不比我们高大，但那一刻，已经让我们仰望。”这些词句虽然简短，却直指人物的思想境界和人生追求。

解说词的文字应当充满感情，特别是在介绍那些具有较强感情因素的事实时更是这样。如《方荣翔》中讲到他对师傅的感情时说：“方荣翔对恩师感情很深，70 年代裘盛戎先生去世前，将六件心爱的戏衣传给方荣翔，并且把这块手表送给他，嘱咐他，珍惜时间，不能让传统戏失传。师傅病故二十年来，方荣翔戒掉烟酒，节衣缩食，每月寄钱照顾师母一家，从没间断。”有时解说词的写作者也可以借事情或作品抒发自己的情怀，这也是中国文学中借物咏志抒怀的传统。如《高原印迹》中说到格萨尔王的传奇时说：“征战的骏马已经死去，拼杀的戈矛已长满了铜锈。那气吞山河的呐喊也早已为时间所湮没，留给后人的或许就是那种难割难舍的依恋之情。”

解说词在强调文字的感情因素时要注意避免两种倾向，一种是缺乏感情，因而文字干瘪枯燥，毫无意趣；另一种是滥情，处处拿腔拿调，表现得很过分，使观众感到做作与矫情。

3. 语言精练、有力度

精练有力的语言表达可以给人一种力量。在这方面，中央电视台《感动中国年度人物》的颁奖词是一个典范。如《感动中国 2005 年度人物》解说词，在介绍在“麦莎”台风中，为救落水者三次跳入巨浪的打工青年魏青刚时，解说词是这样说的：“沧海横流，方显英雄本色！为了一个陌生人，他在滔天巨浪中三进三出，危险面前，他根本不需要选择，因为这瞬间动作源自内心品质。从人群中一跃而出，又悄然回到人群中去，他，是侠之大者。”同样的还有介绍为一句承诺，在北大荒为烈士守墓 37 年的上海知青陈健，他的解说词是：“一个生者对死者的承诺，只是良心的自我约束，但是他却为此坚守 37 年，放弃了梦想、幸福和骨肉亲情。淡去火红的时代背景，他身上有古典义士的风范。无论在哪个年代，坚守承诺始终是支撑人性的基石，对人如此，对一个民族更是如此。”在介绍改革开放后第一批学成回国，夺得连续空缺六年科技大奖的学者黄伯云时，颁奖词是这样的：“这个和世界上最硬材料打交道的人，有着温润如玉的性格，渊博宽厚，抱定赤子之心；静能寒窗苦守，动能点石成金。他是个值得尊敬的长者，艰难困苦，玉汝于成，三万里回国路，二十年砺剑心，大哉黄伯云！”由于现代人生活节奏快，导致当代观众的心理节奏加快，面对这样的时代心理。电视节目，特别是专题节目不能不加快语言的节奏，这是专题节目中最好多用短句，少用长句，语言尽可能精练的原因之一。

4. 文字流畅、优美

解说词的文字还要求流畅优美。如《丁山泥土》（《江南》之一）中介绍文人与宜兴紫砂茶壶的关系时说：“丁蜀镇有一个去处叫东坡书院，相传是苏东坡讲学的地方，东坡书院后来作了学校，吕俊杰当年上小学就在这里。苏东坡是一位文化情趣很高的人，他曾给紫砂壶设计过一种款式，叫‘东坡提梁’，这种提梁，紫砂艺人现在还在烧制。一位文化伟人无意间撒下的一粒艺术种子，无意间也就开成了一朵花，这花，在江南的太湖之滨，一开就是七百年。”这段介绍的文字非常流畅，如行云流水般叙来。但对于文艺专题节目的解说词来说，流畅只是最起码的要求，更重要的是要文字优美。这就要求解说词的作者在写作时立意比较高远，这样在文字体现上才会有品位、有意境。《苏园六纪》编导刘郎在谈到创作《苏园六纪》的体会时说：“欣赏苏州园林，就需要进入一种虚境。无比皎洁的月光，在宣纸一般的云墙上，将摇曳的树影凝成动人的水墨，也许就在此时，又添了一声青蛙自荷叶上跳入水中的响动。”[①] 正是这种对意境的追求，使得《苏园六纪》的解说词有较高的意境。如在“吴门烟水”（《苏园六纪》之一）中，解说词这样说道：“墙外长街，虽然是车水马龙，但在粉墙之中，黛瓦之下，却是鱼戏莲叶的悠闲，满地蕉荫的恬静。其实，苏州园林对现代人来说，不仅可以在喧闹中获取幽雅，而且可以从今日寻找到昨天。倘是沿着那一环碧水而徜徉，你会不知不觉地融入宋朝，如果迈过了那一道幽深的石库门的门槛，你就会一步跨进明朝。”

解说词要写得优美，还要锤炼字句和词语，寻找准确精当的表达和文字的诗意。如“老房子”（《江南》之四）的解说词中便有这样的：“先有了这些黑瓦白墙的鳞次栉比，才有了一座座宁静的院落，才有了一条条幽深的巷道。‘小楼一夜听春雨’，这优美的诗句，像檐前的春雨一样，从久远的宋朝，一直滴到了今天。”在“深院幽庭”（《苏园六纪》之三）中，解说词说道：“明清时代的园林主人，大多曾经显赫过、富贵过，自然也失落过。他们归隐之时，也的确做过农夫梦、渔夫梦，但绝不是真的要去种豆南山、寒江独钓，而是要追求另一种高质量的物质生活与精神生活。这两个生活层面，集中在园林里，便是优裕、优雅、悠闲的园居生活。”

第四节　专题节目的表现手段

除了解说词，专题节目在创作中主要运用的艺术手段有拍摄，采访当事

① 刘郎：《园林学术的电视艺术化》，载《电视研究》2000年第7期。

人和其他相关人物、作品展示、主人公自述、运用各种历史资料和形象资料、对特定人物和事件进行扮演、运用音响和音乐效果、电脑图形技术、影视特技等。这些艺术手段在节目的创作中可以交替使用。

1. 拍摄

拍摄分为纪实性拍摄和非纪实拍摄。

纪实性拍摄是指在被拍摄对象的自主活动中进行拍摄，而不是通过摆布对象的办法进行拍摄。纪实拍摄的要点是不失时机地拍下那些感人的但又是稍纵即逝的情景、场面和瞬间。如湖北电视台的《乡里伢学京剧》，就是采用纪实拍摄的手段，真实地记录了湖北鄂州市京剧团艺术班的少年学员的生活、学习和练功的情景。

非纪实拍摄主要是以扮演历史人物或过去情景的办法重现某些已经过去的事件、过程或人物。如《梅兰芳》里用现在的青年演员再现梅兰芳当年在北平（今北京）戏园子里演出的情景。也可以用模拟的办法，如介绍根雕艺术家陈企衡的《生命的秋天》在叙述陈企衡 1959 年突然得知他的作品在北京举办的一次美展中展出的时候："听到这个消息，我的心都要蹦出来了。我当时高兴得想唱歌。可是当我一个人跑到大海边，又悄悄地哭了。"此时画面向两边长满芦苇的小路推进，芦苇急速地从画框两边划出，这就是以摄像机的急速运动模拟雕刻家的跑；还可以用借用的办法，例如在《质朴与辉煌——解读廖昌永》中，廖昌永说他在中学时听到的印象最深的一首歌就是关牧村的《当金风吹来的时候》，这时画面穿插了一段关牧村演唱这首歌的 MV 黑白录像，这就是用其他画面来替代当时的情景；还可以用虚构其他人物的办法，如中央电视台的《艺苑风景线——马季专辑》中，就虚构了一个迷恋相声的孩子。从这个孩子的角度，以第一人称展开叙述，随着孩子的成长来介绍马季不同时期的代表作。非纪实拍摄还可以用主观镜头表现人物的心理活动、想象或幻觉等。

2. 访谈

访谈也是文艺专题片创作的基本手段。访谈可以用来讲述事件过程，如北京电视台的《您的朋友李雪健》中，李雪健讲述自己当初在北京的挫折：“那是1977年的元旦，原来是到北京帮忙，后来部队说把我留下搞专业。我也给部队写信了，又回了一趟家，就打算留在北京搞专业了。我挺得意的。后来又说不要我了，这下可把我弄惨了，我觉得特丢人，没法再回去了。”访谈也可以用来描述细节，如《芬芳年代》中，原南京军区前线歌舞团团长、作曲家何仿谈他当年采风的情景时说：“有一天早上，我冒着小雨，走在那个泥泞的田埂里，赶了三十多里地去拜访这位老艺人。这位老艺人从墙上拿下一把四胡，对我说‘新四军小同志，有个《鲜花调》你听过没有？’，我回答说‘没有听过’，他就唱了起来。”访谈也可以用来表达内心的感受，比如李雪健讲到当时的困境时说：“当时转悠了一天，天也黑了，我就回到老师给我找的临时住处。推门一看，桌子上摆着一碗饺子，那是刘敏老师给我放那的。当时的我，在北京无亲无故，也没什么背景的无名小卒。看到那碗饺子，我心里觉得特别热乎乎的，差点没哭了，挺激动的。我推的那个自行车也是刘敏老师他借给我的。”访谈可以对人物和艺术作品进行评判，如《质朴与辉煌——解读廖昌永》中，著名歌唱家、音乐教育家周小燕教授在谈廖昌永时说：“他朴实、诚恳，他得了奖，一年得三个奖，他一点都不骄傲，他还是觉得这是我的起点，一个新的起点，他总是这样，要往前头奔，想学，想做一点事情。这种品质、品德方面我很欣赏他的，所以我能帮他就帮他。”正因为访谈在节目中的这种穿透作用，它才是进入艺术家内心、表达被拍摄对象思想感情的重要手段。《昆曲六百年》中，通过余秋雨、陈丹青、白先勇、廖奔、郑培凯、楼宇烈、蔡正仁、田沁鑫等众多名家的访谈，回答了昆曲还能否融入现代人生活的问题。

访谈还可以弥补电视画面拍摄上的不足，对于无法拍摄的历史或其他情景，对无法用画面表达的内心情感，都可以通过采访和让当事人讲述的办法。比如浙江电视台的《鹧鸪飞》（《江南》之六）中，著名笛子演奏家陆春龄谈到这首民乐名曲时说：“《鹧鸪飞》这首曲子，原是湖南民间乐曲，我给毛泽东主席、周恩来总理和邓小平同志都演奏过，给毛主席演奏过八次，他非常喜欢这首曲子。我是想通过对鹧鸪展翅的情景进行比较生动地描写，表达人们盼望自由和向往幸福美好的生活。”这里，由于毛泽东、周恩来和邓小平都已去世，不可能再拍摄到他们听笛子演奏的画面，所以只能通过当事人讲述的办法。

3. 解说与展示

在专题节目中，常常少不了解说。所以解说是专题节目中重要而有效的手段。

解说在专题节目中常常用于开头。如《国家宝藏》的开头，张国立上场，对观众说：“我是张国立，《国家宝藏》的 001 号讲解员，这个头衔有多重，一起来看看齐聚在这里的九个主角，您就知道了。它们是即将迎接紫禁城第六百个春秋的故宫博物院（故宫博物院院长单霁翔），包罗中国古代艺术万象的上海博物馆（上海博物馆副馆长李仲谋）；第一座由国家投资兴建的大型综合博物馆——南京博物院（南京博物院院长龚良）；见证华夏文明多源头格局的历史艺术博物馆——湖南省博物馆（湖南省博物馆馆长段晓明）；华夏之中，上古文明开源之地——河南博物院（河南博物院院长马萧林）；以周秦汉唐四朝文明定鼎天下的陕西历史博物馆（陕西历史博物馆馆长强跃）；集荆楚文化大成的湖北省博物馆（湖北省博物馆副馆长万全文）；传诵万年越地长歌的浙江省博物馆（浙江省博物馆副馆长蔡琴）；新中国第一座博物馆——辽宁省博物馆（辽宁省博物馆馆长马宝杰）。每一座博物馆，都是民族文化基因的宝库，每一件文物的生命轨迹都让人为之叹服，九大馆长联席坐镇，他们将打开守护多年的宝库大门，甄选 27 件国宝重器，交予万众共赏，堪于日月争辉。”以这段解说来开启节目大幕。

在节目的进行中间，也少不了用解说来过渡。如 2019 年中央电视台“3 · 15”晚会在曝光医疗垃圾竟然被制作成儿童玩具之后，接着提到了国人非常熟悉的食品——辣条。节目在曝光某些企业生产添加剂超标的辣条时，是这样解说的：“中国有句老话叫‘民以食为天’，那接下来我们就说一说食品安全问题。舌尖上的安全百姓最关注也最担心，尽管近年来加大了监管的力度，但仍有一些暗流在大家不经意的地方蠢蠢欲动。今天我们就共同来关注近年来热销的一款小食品，它热销到什么程度呢？它被制成了表情包，甚至一度成为网络的热词。这种小食品就是辣条，它在青少年尤其是一些中小学生当中备受追捧，很多学校附近的小摊还有商店都是辣条的销售网点。那么在它香浓的口味、刺激的口感背后又隐藏了哪些不为人知的秘密呢？”以此来引出下面的暗访和揭露。

特别是在主持人比较有个人魅力的情况下，如《档案》主持人赵立新的解说，《国家记忆》主持人石凉的解说，《国家宝藏》中“001 号讲解员”张国立的解说，都得到了媒体和观众的认可。而《国家宝藏》中文物专家、文物制作工匠、艺术家的解说，都是帮助观众了解的重要部分，可以说是缺一不可。《寻宝》节目邀请的权威专家资源，节目中对入选宝物进行详细评鉴，并与藏友面对面交流，是节目中的重要特色。而专家正是以他们的专业知识对于文物和藏品进行说明和解释。

而展示则是加强说服力的有力手段。近年来专题节目中经常使用展示实物的办法，让观众亲眼目睹，要比抽象的说更有说服力。比如文物或收藏品的现场展示，就是文物鉴定类节目的核心元素之一。展示还可以和演播室环境相结合。如《档案》中讲述者使用幻灯机、16 毫米放映机把影像资料、图片、道具、历史器物的展示，变为故事讲述的必要环节和故事推进的关键手段，用以整体烘托现场讲述的氛围，强化节目的视觉元素。

特别是随着科技的发展，展示手段日益数字化，除了大屏幕投影、三维动画、数字沙盘、地面互动投影等，新的显示技术也不断出现，如透明显示屏幕。这种屏幕既如玻璃一般透明，又能保证动态画面的色彩丰富程度和显示细节。在《国家宝藏》中，节目组就使用了这种新颖的屏幕，舞台主屏幕是长 43 米，高 7 米的巨型环屏。节目每一环节的主视觉都由它来呈现，在每一个流程性环节营造出强烈的形式感，在故事演绎环节使人仿佛身临其境。同时，在展示文物和舞台演出中，还使用 9 根立体柱透明屏，作为随时移动的布景和环境气氛投影，成为节目中非常有效和成功的表现方式。比如第一季首期节目中故宫博物院的 3 件珍宝，《千里江山图》“各种釉彩大瓶”“石鼓”的介绍都是如此。《国家宝藏》还采用了 360 度全息幻影成像系统，将三维画面悬浮在柜体实景中的半空中成像，同时根据嘉宾讲解随时变换文物展示角度。这使得《国家宝藏》既有纵深的历史感，又有无比酷炫的科技感，给人以视觉上的强烈冲击。这些新的科技手段的运用，使得节目既有很强的可看性，又有历史知识、文物知识的巨大收获。

4. 资料

专题节目离不开资料的运用。不管是介绍艺术家、介绍艺术作品、进行作品评论或是艺术史的介绍，都需要资料作为片子的支撑。在文艺专题节目中，使用各种图片资料、影像资料、文字资料几乎已经成了这类节目创作的一个惯例。如获第十届“星光奖”二等奖的《一代宗师梅兰芳》中搜集到的资料就非常丰富。片子中有他祖父、父亲、伯父、师友和童年的照片，有他年轻时两次到上海演出的海报、剧照、报纸评论，有他与印度大诗人泰戈尔的合影，有印度画家绘制的大幅油画《洛神》，有他当年赴日本演出的资料，有他 30 年代率剧团远赴重洋在美国演出时的剧照和电影资料片段，有他 1935 年在莫斯科演出、做报告时的照片，还有抗日战争时他在日本统治的高压下蓄须明志，拒不为日寇演戏的生活照。如此之多的影像资料才足以表现这位中国京剧艺术大师精妙的艺术与高尚的人格。BBC 介绍世界名画的系列节目《旷世杰作的秘密》中有一集是介绍法国画家德拉克洛瓦的名画《自由神领导人民》，片中使用了大量资料。如这幅画被用在法国邮票、纸币、啤酒上的资料照片，1968 年 5 月法国学生运动时的新闻影像，学生领袖的讲话影像与录音，1968 年法国学生运动时的“自由女神”卡洛琳・狄班登手持三色旗的照片，甚至 1944 年巴黎市民反抗德国纳粹军队的和“二战”胜利后法国总统戴高乐发表演讲的影像，以及在越南、巴勒斯坦、伊拉克等街头骚乱的新闻影像。有世界各地依据这幅杰作的构图创作的各种版本的绘画作品，甚至有以解构方式表现的讽刺美国总统小布什的政治漫画。在分析德拉克洛瓦受到同时代画家影响时，用到了法国古典主义绘画大师大卫的作品，拿破仑时代著名画家格罗和席里柯的作品。在讲到德拉克洛瓦创作过程时，用到了他 1830 年写给其兄弟信的手稿、他的日记、他给朋友的信以及法国大革命时的宣传手册和海报等，所用资料非常丰富。

引用资料要有新鲜感，如果片子中有一些不为观众所知或鲜为人知的资料，观众就会产生浓厚的兴趣，因此最好要有些新鲜资料。在引用资料时还要注意，对引用的资料要加以说明，特别是那些需要具有一定历史知识才能懂的资料，要照顾到一般观众的理解能力。要注意到资料的考证，引用资料一定要准确，在引用相关资料时，最好能标明资料的出处和版本。

5. 视频特技

十几年前，中央电视台的《轻松十分》和《快乐驿站》借助动漫样式和 Flash 技术。不仅使老的艺术形式复活，更成为新兴的电视节目样式，为年轻观众所接受和喜爱。比如将相声大师侯宝林的相声《关公战秦琼》《改行》《卖包子》变成动画小品。在动画小品中，侯宝林的头像被处理成 Q 版大头卡通造型，饱满的颧骨被夸张放大。《改行》中，唱花脸的金少山先生被迫卖西瓜一段，侯宝林模仿其唱腔惟妙惟肖："我的西瓜赛砂糖，真正是旱秧脆沙瓤，一子儿一块不要谎，你们要不信请尝尝！"而 Flash 在处理画面时，把金少山改行卖瓜，摆出花脸威风的样子痛快地夸张了一番，瞪眼、持菜刀、切西瓜几个关键动作都用特写突出，把"卖西瓜的要跟谁玩儿命"具体形象化了。

随着电脑技术的发展，电视节目中越来越多地使用电脑视频特技软件，三维、VR、AR 等虚拟技术在电视节目中得到普遍的运用。如北京卫视《档案》开头，用逼真的全息影像和三维动画，营造出极具科技感的历史场景，带领观众穿越回历史。在中央电视台的几档文化类节目中，视频特效都大显身手，如《国家宝藏》的开场视觉设计，不仅让现代感与科技感完美结合，还将中国风元素融入其中，让观众仿佛置身于一台时光穿梭机进入历史。张国立背后是平铺在巨型环屏上的《千里江山图》，仿佛人在青山绿水中。在"国宝亮相"的重要环节中，位于舞台视觉中心的纱盒环抱国家宝藏缓缓推出，真实再现了国家宝藏的影像全貌。

思考题

1. 什么是专题节目?
2. 专题节目的表现手段有哪些?请举例说明。
3. 创作一部法制类专题节目,时长为 10 分钟。
4. 创作一部人物类文艺专题片,时长为 5 分钟。

本章参考文献

沈纪、黄望南主编:《电视文艺论集》,人民出版社,1993 年。
杨伟光主编:《中国电视专题节目界定》,东方出版社,1996 年。
中国应用电视学编纂委员会编著:《中国应用电视学》,北京师范大学出版社,1996 年。
张凤铸主编:《中国电视文艺学》,北京广播学院出版社,1999 年。
郑保章主编:《电视专题与电视栏目》,中国广播电视出版社,2007 年。

第八章　音乐电视

音乐电视，是电视文艺节目的一种类型。指的是以音乐为基础和听觉表现形式，以活动画面为视觉表现形式，声画相辅相成的一种艺术作品。音乐电视一般以一首完整的歌曲为作品长度，伴以歌手的歌唱和表演，它以或优美动听或狂躁刺激的音乐、或抒情淡雅或令人目眩的画面，或舒缓或强烈的节奏，给观众带来了极大的视听刺激。音乐电视是一种具有很强视听冲击力、可反复播出的电视文艺节目样式，也是现代社会中一种商业与艺术、文化与消费相混合的艺术品种。在英语中音乐电视被称为“Music Video”，简称“MV”。

第一节　音乐电视概述

1. 摇滚乐的产生与发展

摇滚乐兴起于20世纪50年代初期的美国，是当代世界流行音乐中最主要的一种。这种音乐形式主要是发泄生活中的苦闷，充满叛逆情绪，它是历史上第一次为青少年而发的歌曲文化。对于许多青少年来说，摇滚乐不仅是一种音乐，而是一种行为方式，甚至成为他们的理想、追求与信仰。

摇滚乐的音乐来源于美国乡村音乐和西部音乐，黑人的节奏与布鲁斯。它的奠基人是美国乡村音乐家比尔·哈雷，他和他的演唱组为电影《黑板丛林》(*Blackboard Jungle*)所作的歌曲《昼夜摇滚》(*Rock Around The Clock*)表现了50年代青年的反抗精神，在当时畅销一时，受到许多青少年的欢迎，成为“摇滚乐王国”的“国歌”。而标志着摇滚乐时代真正到来的则是被称为“猫王”的埃尔维斯·普莱斯利的出现。他那英俊可爱的面容、深沉而又略带沙哑的歌喉、性感的扭胯动作，一下子就征服了无数歌迷，使摇滚乐成为流行音乐的主流。60年代，世界局势动荡不安。导弹危机与“冷战”，马丁·路德·金被暗杀，约翰·肯尼迪被刺，越南战争、种族问题等，使得西方社会中的青年一代对社会充满反叛情绪。反战、反种族主义、追求性自由和各种权利在青年中成为潮流，而摇滚乐正是他们宣泄反叛情绪、表达自我主张的最好形式之一。正如美国大众文化史家迪克斯坦所言：“摇滚乐是六十年代的集团宗教——不仅是音乐和语言，而且也是舞蹈、性和毒品的枢纽。”①

1960年由英国利物浦几个青年组成的甲壳虫乐队，首先在英国掀起了摇滚乐浪潮。随着他们登陆美国进行巡回演出，在全美以至世界各地掀起了更大的“甲壳虫”热。与此同时，在美国也出现了鲍伯·迪伦和他的民歌摇滚乐，他以自弹自唱的方式唱出了青年一代的心声。60年代后期到70年代，摇滚乐呈现一派繁荣景象，各种不同流派和风格的摇滚乐竞相出现。如硬摇滚、朋克等，涌现了一些著名的乐队和歌手，如大卫·鲍依、埃尔顿·约翰、史蒂夫·旺德、比利·乔、保罗·西蒙等。进入80年代以后，摇滚乐依然保持着创新的势头，不断有新风格出现，如重金属、音乐说唱（RAP）等。但随着摇滚乐迷的年龄增长，热爱摇滚乐的主要人群已由当初反叛和迷惘的一代变成了绅士和传统的一代。而在秩序稳定、经济长期繁荣的年代中成长起来的一代青年，也比上一代人温和了许多。为了适应这些青年人，摇滚乐的反叛性也较过去明显减弱，而艺术性和音乐性则大为加强。摇滚乐开始变得适合大众的口味，进入了主流音乐文化，并出现了一批影响巨大的超级明星，如迈克尔·杰克逊、麦当娜等。同时，作为在青年和社会中具有极大影响的摇滚乐，也对一些重大的社会政治事件做出反应。1985年1月，由迈克尔·杰克逊等45位摇滚乐歌星联合举行为非洲灾民的募捐义演，这台名为“四海一

①[美]莫里斯·迪克斯坦：《伊甸园之门》，方晓光译，上海外语教育出版社1985年版，第186页。

心”（We Are The World）的演唱会，通过卫星对世界 160 个国家和地区进行了实况转播，产生了巨大的影响。

摇滚乐表现的内容是当代青年最为关注的内容。如性、爱情、暴力、堕落、个人的孤独、反战与和平、艾滋、吸毒、宗教问题、环境保护与地区冲突等。从音乐风格上说，摇滚乐和传统的古典音乐完全不同，它是一种情绪的宣泄，对规则的反抗，正如甲壳虫乐队的保罗·麦卡尼对美国《新闻周刊》所说的："摇滚乐的独特之处就在于，演艺界的一切常规对它都不适用。摇滚乐就是打破规则。"① 为了发泄的需要，摇滚乐常常表现为疯狂的节奏，狂野的表演，震荡的音响效果和强烈的感官刺激。摇滚乐的音量常常是放到最大量甚至达到震耳欲聋的地步。这种巨大的能量使演唱者和听众都极为冲动，摇滚乐的歌声粗野刺耳。歌手在演唱时疯狂地扭动身体，大胆表露性欲。它的音乐风格是粗鄙的、狂暴的，而不是精致悦耳的："在一定程度上是对听众的一种进攻。"② 这些表现上的特点都使它受到青少年的狂热欢迎，而遭到年长者的普遍反对，摇滚乐也因此曾被不少人视为"垮了的一代"的音乐。但时至今日，随着摇滚乐的流行与其风格的日渐温和，人们已经普遍改变了这一看法，而将其看成 20 世纪新兴的音乐形式和具有青年文化特征的流行音乐。

2. 音乐录影带的产生

摇滚乐在青年中的流行，刺激了摇滚乐音像作品的产生，而商业神经敏锐的音像制品制作商则从中看到了无限商机。为了满足青年们的精神需要，摇滚乐作品被文化工业在流水线上制成大量的唱片在市场上销售。而为了在激烈的商业竞争中战胜对手，音像制作商不得不求助于商业广告，在诸种广告手段中，影响最大的当然首推电视广告。因为电视广告具有传播人数最多、传播范围最广、传播速度最快、传播手段最全的特点。于是作为音乐电视雏形的电视摇滚乐广告，开始出现在 70 年代美国和欧洲一些国家的电视屏

① 吴汝华主编，红曼、洪亮编著：《疯狂摇滚》，时事出版社 1997 年版。

②[美] 莫里斯·迪克斯坦：《伊甸园之门》，方晓光译，上海外语教育出版社 1985 年版，第 191 页。

幕上。最初的电视摇滚乐广告，不仅时间短，制作质量也很粗糙。到了 1975 年，第一部真正意义上的音乐电视录影带（Music Video，MV）在英国诞生了。这年，女王乐队（QUEEN）演唱的一首歌曲《波希米亚狂想曲》（*Bohemian Rhapsody*）被制成音乐录影带。在电视上播出后，这首歌曲连续九周占据了英国流行音乐排行榜的第一名，成为英国有史以来销量最大的单曲之一。《波希米亚狂想曲》的巨大成功，让人隐隐看到了音乐录影带这一样式的神奇魅力，音像商人们开始大量投资拍摄这种片子。同时，音乐录影带的制作也吸引了一些艺术家的参与，产生了一些专门为音乐录影带进行画面创作的导演群体。70 年代，英国集中了一批优秀的音乐录影带导演，如史蒂夫·巴伦、朱利恩·坦普、唐·莱茨等。①

音乐录影带的产生，促进了流行音乐的传播。为了让人们记住歌手和音乐，音乐录影带必须具有强烈的视听冲击力和艺术感染力，这样才能吸引观众，调动观众的购买欲，达到推销音乐制品的目的。于是制作者调动一切可能调动的视听手段，使得音乐录影带的制作日益走向精良。由于制作质量日益提高，音乐录影带逐渐摆脱了纯粹广告宣传片的地位，开始向独立的视听艺术样式方向发展。

3. 音乐电视频道的诞生与发展

虽然音乐录影带最初是在英国发展起来的，但真正把音乐录影带这种制作方式推向全世界的却是美国的 MTV 频道。而 MTV 频道在全世界的巨大影响也使得人们有时误将 MV（即作为作品形式的音乐录影带）称为 MTV（专门播放音乐录影带的电视频道）。

大量音乐录影带在欧美各国电视屏幕上的出现，使善于经营的美国电视业看到了包含于其中的无限商机，最终导致了音乐电视频道的出现。1981 年 8 月 1 日，美国的华纳—阿迈克斯公司有限电视网，开出了一个 24 小时播放热门流行音乐的频道——音乐电视频道，简称为 MTV。这个频道除了播放

① 何晓兵、郭振元：《音乐电视导论》，中国广播电视出版社 2001 年版，第 7 页。

与音乐有关的新闻、访谈和广告外，每天还播出约2小时的音乐流（Music Loop）。音乐流的主要内容是那些长度为3—5分钟的音乐录影带。开播的第一首歌曲是Buggles乐队演唱的《录影带谋杀了电台明星》（*Video Killed The Radio Star*）。这首歌以一种调侃的形式宣告了MTV时代的来临。由于是24小时不断播放音乐作品，因此MTV对音乐录影带的需要量非常大，这就刺激了音乐录影带的生产。而音乐录影带的大量生产，又为MTV提供了源源不断的节目，使其具备了扩大市场、走向全球的实力。在早期的音乐录影带中，《Thriller》是第一部具有巨大影响的作品，同时也可以将其看成音乐录影带这种艺术样式成熟的标志。1982年，音像商斥资百万美元，邀请曾导演过《在伦敦的美国人狼》的好莱坞恐怖片大师约翰·兰地斯为美国黑人歌手迈克尔·杰克逊演唱的歌曲《恐怖之夜》（又译为《颤栗者》，*Thriller*）拍摄音乐录影带。这位导演在片中运用心理蒙太奇手段，以恐怖情境的营造、歌唱者角色的快速转换、拼贴式的剪辑和电脑手段的使用，奠定了MTV频道作品的基本特征，并使音乐电视与故事片、电视剧和其他电视体裁在艺术特征上有了明显的不同。由于迈克尔·杰克逊的优美演唱和动人舞蹈，加上导演的精心拍摄，《恐怖之夜》大获成功。在1982年连续37周获得流行歌曲排行榜冠军。到1983年底，这个专辑共销出2400万张，在格莱美评奖中，获得12项提名和8个奖杯，并在全世界获得150多个金唱片和白金唱片奖。

在MTV之前，流行音乐的主要传播方式是唱片和电台，对于歌手与歌曲来说，电台的流行音乐排行榜是歌手成名和推销音乐的主要途径。但当MTV出现以后，人们发现无论是电台播放歌曲或唱机、录音机播放唱片或磁带，其效果都无法与MTV相比。因为在MTV上播出的歌曲具有精心摄制的画面，这些画面再配以使人眼花缭乱的剪辑手段，使播出的摇滚乐歌曲具有一种前所未有的感染力。它集中了视觉与听觉最丰富的想象，具有更强的视听冲击力，大大激发了人们欣赏音乐的欲望，吸引着大批观众涌向荧屏。于是MTV成为传播音乐最有效的渠道与方式。观众的喜爱也使得原先看不起MTV的摇滚乐明星和唱片公司，纷纷加盟到拍摄音乐录影带的队伍中来。他们的进入又带来了大量的拍摄资金，音乐录影带的制作水平也日益提高，成为当代传播音乐的主要方式之一。最新最好的音乐首先出现在MTV，许多新人也是在这里首先被介绍的。由于MTV可以反复播放歌曲，人们开始习惯于从电视里欣赏流行音乐和歌手的表演。于是MTV成为了推广音乐、介绍歌手的直接途径。它播出的歌曲风靡全球，许多摇滚乐歌手从这里走向听众，成为世界流行音乐的巨星。

MTV成功很大程度在于其基本音乐风格与基本观众的定位。在音乐风格上，频道以摇滚乐作为频道的音乐风格，并且多少年都坚持这一点。尽管有许多人批评MTV频道选择的音乐范围太窄，可它并没有因为某些社会和文化批评而改变其宗旨。MTV创办是在80年代初，这时正是摇滚乐的反叛性逐渐减弱，进入主流音乐的时期。摇滚乐既受到青年一代的热烈喜爱，又已经赢得社会的承认和大众的支持。所以选择摇滚乐作为频道的基本音乐风格确实是一种既能保持青年的喜爱和追捧，又能获得大众支持，具有稳定商业前景的考虑。而MTV的传播史也证明了这一选择的有效性。MTV之所以被全世界青年广泛接受和喜爱，与其选择摇滚乐作为频道的基本音乐风格有直接的关系。在受众群体上,MTV将受众对象明确定位在15—35岁年龄段的人群。这一年龄段的人群，在对世界的看法上有许多共同之处，也有许多共同关心的问题，他们都喜爱音乐，特别是流行音乐，都具有某种反叛性。正因为这个原因，MTV才被认为是青年文化的代表和象征。

MTV创造了传播史上的奇迹，它的发展速度是惊人的。从开办至今，MTV已经发展出除美国频道外的欧洲频道、拉丁美洲频道、巴西频道、日本频道、亚洲频道、印度频道等近十个频道，并在全球拥有数十亿观众，MTV的发展充分证明了青年一代对它的接受和它在各国青少年中的巨大影响。

4. 音乐电视的艺术特征

音乐电视不同于电影中的歌舞片、音乐故事片、纪录片。音乐电视的艺术特征主要是表现在音乐的特点、画面的特点以及音乐与画面的关系这三方面。

音乐电视中的音乐一般都是通俗歌曲，通俗歌曲在音乐形态上的特点是："首先是曲式结构简单，通常采用单一、二、三乐段结构（其中'单三段结构'

都用得较少），尤其是由所谓‘主歌’和‘副歌’构成的单二段结构最为多用。其次是演唱技术的简单，通常采用大多数人能够达到的一个八度左右的音域和较少装饰性的唱法。最后，在旋律风格上，与本民族（或地域人群）传统音乐的旋律与曲调风格有一定程度的联系，使受众有亲切和熟悉之感。具备这样形态的歌曲，才有利于广大青少年记忆和传唱。”①

音乐电视被称为“三分钟视觉轰炸”，其画面的特点是非理性和非逻辑性。在 MV 作品中，时空的跳跃、动作的不连贯、异想天开的画面、超越现实的环境，夸张的镜头表现是司空见惯的。这些艺术特征使得音乐电视具有令人惊诧的新奇感和强烈的视觉冲击力，特别吸引喜爱新鲜和刺激的青少年观众。因为现在的青少年是看电视长大的一代。电视画面的直观性，电视屏幕中各种色彩与造型的组合，节目与节目、节目与广告之间无直接关系的突然跳接，使得这一代人习惯于无逻辑的画面组合，习惯画面与叙事方式的跳跃，对于前因后果相关性的消失，不存在接受上的障碍。音乐电视的画面很强调感性，它不需要思考就可以当下接受。因此奇异的色彩、高反差的光影、快速蒙太奇的剪辑、大幅度的时空跳跃、强烈的形式感、对歌手形象和重要卖点的反复强调等，都与音乐电视的感性展现方式有关。因为音乐电视需要的是一个让青少年浸入其中的梦幻世界，是一个让观众在观赏时能够获得快感和新奇感的视觉迷宫。

音乐电视在音画关系上也不同于过去影视艺术中的音画关系。在传统的影视艺术，如在故事片、纪录片、电视剧中，虽然都有音乐，但音乐只是处于从属地位的非独立因素，只起烘托画面、渲染气氛的作用。其音乐创作必须服从画面的需要，必须服从故事或剧情的需要，而不能喧宾夺主。因此，在影视作品中，虽然音乐是创作元素之一，但音乐本身没有完整结构，它的结构是纳于整个影视作品的结构之中。而在音乐电视中，音乐成了主导的因素，音乐有自己独立的结构，是一首完整的作品。音乐不仅不再是画面的附属，不仅不再依附于故事或其他叙事因素，成了画面赖以创作的基础。画面必须服从音乐，必须在音乐的基础上，根据音乐的情绪和动机来进行画面的创作，

① 何晓兵、郭振元：《音乐电视导论》，中国广播电视出版社 2001 年版，第 354 页。

画面被用来表达、演绎和延伸音乐的内涵与意境。

当然，在音乐电视中，既不能没有音乐，也不能没有画面，因为缺少这两种因素中的任何一种因素，就不能称为音乐电视。在音乐电视中，音乐需要画面的视觉感染力，而画面则需要音乐作为形象诠释的依据，二者的关系应是互为依存。对于音乐电视来说，除了音乐和画面的互补关系之外，其实还有一个因素也是不可缺少的，这就是由歌词代表的诗（文学）。音乐电视应当将这三种不同的艺术表现形式融为一体，使它们互补共存，共同创造出统一的艺术形象和美感意韵。

第二节　中国音乐电视的发展及特点

1. 中国音乐电视的发展

20 世纪 80 年代初，中央电视台《外国文艺》栏目中曾播出过《山歌交响曲》等一批外国电视音乐节目。这些节目中的音乐本身就很吸引人，有些早已为人们所熟悉和喜爱，再加上为这些音乐配上画面后，声画并茂，更能引起观众的兴趣。这种音乐与画面相结合的艺术形式吸引了中国的电视编导。80 年代中期，各电视台的电视文艺编导曾拍摄过一些以音乐作品为基础的电视片，片子大致分为两类：一类是由音乐作品的录音和拍摄的画面结合而成的。如《她从音画中走来》《北国音画》《看苗岭》等；另一类是音乐作品加上演员（一般是歌唱演员和舞蹈演员）表演结合而成的。如《太阳之子》《东北风》《中国风》《走西口》《好大的风》等。[①] 这些片子当时被称为电视艺术片或电视音乐片。此后，一些中国电视人通过访问交流等方式开始对国外的 MV 有所了解。

1988 年，中央电视台在《潮——来自台湾的歌》中，首次播出了台湾小

① 沈纪主编、黄望南副主编：《电视文艺论集》，人民出版社 1993 年版，第 415 页。

虎队演唱的音乐电视。这是中国内地媒体首次正式播出 MV 作品。90 年代以后，随着中国电视的进一步开放和卫星电视技术的发展，中国内地的电视观众开始通过卫星电视和港台电视大量接触欧美和港台制作的音乐录影带作品。这些作品也刺激着年轻的中国电视文艺编导，促使他们尝试拍摄中国自己的音乐录影带。与此同时，中国电视界和音像界也意识到了音乐电视对于中国青年观众的魅力。从 1993 年起，包括中央电视台和一些省市级电视台以及多家音像公司在内的制作机构，开始大规模制作本土音乐电视。仅 1993 年一年，就拍摄了总数达 400 部以上的音乐电视作品，出现了董文华演唱的《长城长》（导演张国立）、艾敬演唱的《流浪的燕子》（导演顾长卫）、田震演唱的《好大一棵树》（导演三娃）等优秀作品。

为了进一步推动音乐电视在中国的发展，1993 年 3 月 25 日，中央电视台开播《东西南北中》。这是一个汇聚各地方台文艺节目的综合性栏目，以“推出具有中国特色的音乐电视”为宗旨。第一期播出的作品是上海电视台的《青春寄语》（导演王国平），开播之初的音乐电视作品还有李丹阳演唱的《穿军装的川妹子》（导演辛无兆）、杨钰莹演唱的《轻轻地告诉你》、周洁演唱的《奉献》等，这些作品对中国音乐电视的发展起到了示范和推动作用。1993 年 12 月 15 日，在《东西南北中》播出作品的基础上，中央电视台举办首届中国音乐电视大赛。全国数十家电视台、音像公司和文艺团体送交了参赛作品 100 余部，其中《流浪的燕子》《穿军装的川妹子》《牵手》《长城长》等 12 部作品获得金奖，《好大一棵树》《小芳》等 15 部作品获得银奖。大赛标志着中国主流媒体对于 MV 这一源于西方的艺术形式的接纳，同时也标志着音乐电视正式成为电视文艺中一个新品种。此后，中央电视台陆续投资拍摄了“中国民族经典歌曲”“中国民歌经典”“抗日战争优秀歌曲”等许多系列音乐电视作品，并在中央电视台的《东方时空金曲榜》《中国音乐电视》《每周一歌》等栏目播出。由于电视媒体需要大量音乐电视，于是极大地刺激了音乐录影带的生产，不仅电视台、音像公司、文艺团体等机构投资制作音乐电视，甚至许多歌手都开始制作个人的音乐录影带。而除了中央电视台以外，许多省市电视台都开出了专门播放音乐电视的栏目，制作机构和媒体的互相促进，使得中国音乐电视以十分惊人的速度发展起来。

作为资本主义的娱乐商品，音乐录影带这种艺术样式能够进入中国内地并迅速发展，首先要归功于中国对外开放政策和政治上的宽松，使得中国的各个领域，特别是文化领域呈现开放态势。没有这个大背景，音乐电视至少是不可能这么快就在中国发展起来的。其次是中国经济和文化的市场化进程，使得文化产品，特别是具有较多商品属性的文化产品能够通过商业化的运作而得以发展。最后是中国当代通俗音乐的发展，为中国接受并创作音乐录影带提供了大量的音乐素材。正是以上这些条件为音乐电视准备了进入的契机、发展的背景和可供表现的内容。

2. 中国音乐电视的特点

中国音乐电视是在主流媒体的提倡和鼓励下发展起来的，因而带有明显的主流意识形态的印记。这使中国音乐电视在音乐风格、音乐内容、思想主题等各个方面，都表现出与欧美 MV 完全不同的特点。这种特点，通常被称为中国音乐电视的民族化。

在音乐风格上，欧美 MV 中的音乐是摇滚乐，而中国音乐电视的音乐则呈现兼收并蓄的特点。除了摇滚乐之外，中国音乐电视的音乐风格中还包括了通俗音乐、古典乐曲、传统民歌、民族器乐、儿歌、戏曲唱段等不同风格的音乐形式。在体裁方面，有中国传统民歌和民族风格的创作歌曲、欧洲风格的抒情歌曲、港台风格的通俗歌曲及摇滚乐歌曲等多种形式。在唱法上，既有民族唱法，也有美声唱法和通俗唱法。需要强调的是，虽然包容了不同风格的音乐，但中国音乐电视的主要音乐并不像欧美 MTV 那样是摇滚乐，而是通俗音乐。

在内容和题材方面，欧美 MV 表现的主要内容是性、爱情、暴力、战争，堕落、艾滋和吸毒、内心的焦虑和个人的孤独，也表现环境的恶化、宗教问题、地区冲突、反战以及对社会问题的关注等。在欧美 MV 中，强调的是青年对传统与现实的反叛与宣泄，这与摇滚乐反叛的基本宗旨是一致的。而中国音乐电视的内容则非常广泛，既有日常生活，也有爱情、自然环境、历史故事。在中国音乐电视里，主要是表现亲情、爱情、友情、乡情、美好的自然、生活的乐趣、爱国主义教育、歌颂社会主义制度、歌颂党和人民等。反映的则是中国老百姓的日常生活与感情、中国青年的心灵渴望与爱情、中国改革开放的社会现实与巨大变化以及各种宣传性的主题和内容。

在画面造型表现上，欧美 MV 中常常以冷色调为主，以幽暗的场景、恐怖的情境、奇特的造型为特点，充满阴冷的感觉，甚至令人毛骨悚然，同时有许多暴力、色情、恐怖的镜头。而中国的音乐电视的主色调常常是暖色，整个色调明朗向上，画面有很强的抒情性，具有中国传统诗画的意境。许多音乐电视中，画面常常很艳丽，加上漂亮的演员和华美的服饰，常给人一种唯美的感觉。从审美意境上看，中国的音乐电视编导深受民族音乐和民族传统文化的影响，非常注意表现中国民族文化的色彩和地域的特色。如江南的杏花春雨、小桥流水和北方的雄关大漠、孤雁秋风等。有意识地追求中国特色与民族风格，适应中国观众的欣赏习惯和审美情趣成为中国音乐电视导演们在选择歌曲进行艺术创作时的目标。

3. 中国音乐电视的文化背景

中国音乐电视之所以有诸多不同于欧美 MV 之处，是因为中国的社会现实和文化背景不同于欧美国家，其中对音乐电视影响最大、最重要的是两个因素：一是中国电视媒体的性质。二是中国当代流行音乐。

中国电视作为党和政府的喉舌，具有官方性质。因此，不管是什么样式的电视作品，要在中国内地的电视媒体，特别是中央电视台播出，都会被要求承担某种宣传主流意识形态的任务。而党和政府也经常通过行政管理手段对电视传播的内容提出要求和进行控制。这种电视机制保证了中国电视作为党的舆论工具的基本方向。因此，在中国音乐电视中，有相当比例的作品具有直接宣传教育作用，这是毫不奇怪的。同时，作为大众传播媒体的中国电视，也不能不表达广大观众的意愿和要求。正是如此，中国电视媒体不可能忽视或拒绝 MV 这种对中国观众，特别是青年观众有影响的形式。在中国音乐电视中，并没有直接宣传教育作用，而只是反映中国人，特别是青年人内心情感的作品，同样也有很多。甚至可以说，中国音乐电视之所以能在主流音乐界的反对下迅速发展，与广大青年观众对其喜爱和支持有直接的关系。中国电视的另一个重要特点是，在向市场经济的转化中，中国电视在其原有的宣传机器性质之外，又增加了另一重色彩——商业的色彩，这就使许多电视台实际上具有了某种商业电视台的性质。这种性质使得电视台除了考虑其政治影响和宣传任务之外，还要考虑其财务状况和经济效益。这种双重考虑使得中国电视必须一方面眼睛向上，完成上级布置的宣传任务；另一方面又必须眼睛向下，在满足大众收视要求的前提下，追求最大的利润，这就使一部分电视节目能够实现由宣传品向商品的转化。中国电视的这种双重性质，正是造成中国音乐电视中既有大量体现主流意识形态的主旋律歌曲，又有大量体现大众趣味的商业歌曲的基本原因。

中国内地的流行音乐传统也与欧美不同。中国当代流行音乐开始于 70 年代末，即“文化大革命”结束后。最先出现的是施光南谱写的《祝酒歌》和《洁白的羽毛寄深情》。从 70 年代后期到 80 年代中期，中国内地出现了大量脍炙人口的歌曲。如《在希望的田野上》《吐鲁番的葡萄熟了》《年轻的朋友来相会》《我们的生活比蜜甜》《军港之夜》《妹妹找哥泪花流》《牡丹之歌》《在那桃花盛开的地方》《党啊，亲爱的妈妈》《塞北的雪》《长江之歌》《十五的月亮》《望星空》等。

20 世纪 70 年代末以后，港台与欧美的流行音乐开始进入内地。最早是邓丽君演唱的一些抒情歌曲，如《小城故事》《何日君再来》（当时被认为是靡靡之音）等。然后是罗大佑等人的“校园歌曲”以其清新的风格很快征服了内地的听众。1988 年以后，随着原装正版的港台歌曲磁带的热卖，一大批港台歌星及港台流行歌曲如台湾歌手齐秦、童安格、赵传，香港的谭咏麟和“四大天王”等相继进入内地，在内地掀起了一阵又一阵的港台流行音乐热。欧美的流行音乐则始于 80 年代初的美国乡村民谣，但当时主要是在大中校园里传播。直到 80 年代中后期，大量的欧美流行音乐，主要是摇滚乐才通过各种途径为中国听众所了解，而许多摇滚乐的巨星如迈克尔·杰克逊、麦当娜、U2、比利·乔、保罗·西蒙、洛克赛特等，也同样为许多内地听众所熟悉。这些欧美摇滚乐对于内地听众和内地流行音乐的创作产生了巨大的影响。

受国外流行音乐的刺激和国内创作的推动，1986 年以后，中国内地的原创流行音乐进入了快速发展时期。1986 年 5 月，受 1985 年美国“四海一心”演唱会的启发，中国流行音乐界组织了第一届百名歌星演唱会“让世界充满爱”。这个由陈哲作词、郭峰等作曲的大型演唱会集中了当时全国几乎所有青年歌星，第一次整体展示了中国流行乐坛的实力。从 1987 年以后，中国流行乐中先后流行过“西北风”（如《信天游》《我热恋的故乡》《黄土高坡》等）“囚歌”“知青歌”“红太阳颂歌”以及“城市民谣”（如艾敬的《我的 1997》、李春波的《小芳》《一封家书》等）、“校园民谣”（老狼、高晓松等人的作品）、“新民谣”说唱乐（Rap）（如崔健《不是我不明白》和雪村的《东北人都是活雷锋》）等。

中国摇滚乐的发展也始于 20 世纪 70 年代末，最早是北京的万李马王乐队。1986 年崔健以摇滚歌手的身份在百名歌星演唱会上公开登台表演，标志着中国当代摇滚乐的诞生。1988 年 1 月，崔健与 ADO 乐队在北京举办第一次正式的个人演出。1989 年 3 月崔健推出个人专辑《新长征路上的摇滚》（这张专辑的版本历史非常复杂，专辑 CD 至少有 7 个版本，所有海外版本专辑名都改成《一无所有》）是中国内地有史以来的第一张原创摇滚乐专辑，奠定了崔健在中国摇滚乐历史上的开山鼻祖之地位。其后他陆续推出专辑《解决》《红旗下的蛋》成为 80 年代中国年轻人的最佳代言，并且多年来传唱不衰。1987 年黑豹乐队成立。1988 年唐朝乐队和呼吸乐队成立。1994 年，魔岩文化推出何勇、张楚、窦唯三人的首张专辑《垃圾场》《孤独的人是可耻的》《黑梦》，被传媒称为“魔岩三杰”。1991 年，指南针乐队成立，罗琦担任主唱。1993 年，指南针推出首张专辑《选择坚强》其中包括罗琦最具有代表性作品：《选择坚强》《我没有远方》《回来》等。1993 年 11 月，鲍家街 43 号乐队成立，主要成员汪峰、王磊、龙隆、单小帆、杜咏全部来自中央音乐学院，推出作品《小鸟》《晚安，北京》等，引起巨大反响。2000 年，汪峰签约华纳后乐队解散。从 20 世纪 80 年代中期到 21 世纪，中国的摇滚乐有了一定的发展，在青年和流行音乐界中具有相当的影响。但摇滚乐并未能成为中国流行音乐的主流。

还需要一提的是，影视歌曲，特别是电视剧的主题歌和插曲，也成为内地流行音乐的重要部分。最早成为流行歌曲的有电视纪录片《话说长江》的主题歌《长江之歌》，之后是电视剧《便衣警察》的主题歌《少年壮志不言愁》《雪城》的主题歌《心中的太阳》《渴望》的插曲《好人一生平安》《篱笆、女人与狗》的插曲《篱笆墙的影子》《北京人在纽约》的主题歌《千万次地问》《过把瘾》的主题歌《糊涂的爱》以及电影《红高粱》中的插曲《妹妹你大胆地往前走》等。

从中国当代流行音乐的发展来看，流行歌曲的风格主要有两类，一类是中国民族音乐风格的通俗歌曲。“这类歌曲往往采用中国各民族传统音乐的某些风格要素，如音阶、调式、旋律型、节奏型、音色、曲体、歌词等，甚或完整的原生民歌，作为歌曲创作的基本素材，然后以欧洲音乐的和声、节奏、音色等因素对之进行重新组织，形成具有强烈的民族传统文化内涵的形态风格的、亦中亦西的通俗歌曲作品。”[①] 另一类是欧美音乐风格的通俗歌曲。“这类歌曲的主要风格元素系来自欧洲的艺术音乐和流行音乐，以及北美地区由欧洲音乐和黑人音乐杂交而成的布鲁斯、爵士乐、说唱乐（Rap）等乐种风格。”[②] 在这两种音乐风格的歌曲中，民族音乐风格的通俗歌曲数量更多，影响更大。“因为这种音乐风格兼有中西方音乐的特点。其具有传统延续性的民族音乐因素，能与大多数中国人经传统积淀形成的音乐审美心理相吻合，并易于在音乐接受过程中产生基于文化认同心理的情感共鸣，其异国音乐的风格因素，又能够迎合市民阶层受众表现最为突出的求新求异心理。”[③] 因此，中国音乐电视选择民族风格的歌曲作为拍摄音乐录影带的主要歌曲是理所当然的。正如欧美的 MTV 不选乡村音乐、不选迪斯科音乐，而选择摇滚乐一样，中国的 MTV 也只能从本土影响最大的音乐作品中去寻找它的基本内容，因此通俗音乐成为其主要内容是一个必然的选择。同时，无论是从审查通过方面还是寻找最大市场价值方面，民族风格的通俗歌曲都具有优势，容易得到官方的许可和受到听众的欢迎。所以，中国 MTV 的民族化并不仅仅是某些人的意志，而是官方主流意识形态、大众审美口味和文化市场机制对其综合作用的结果。

---

① 何晓兵、郭振元：《音乐电视导论》，中国广播电视出版社 2001 年版，第 205 页。

② 何晓兵、郭振元：《音乐电视导论》，中国广播电视出版社 2001 年版，第 206 页。

③ 何晓兵、郭振元：《音乐电视导论》，中国广播电视出版社 2001 年版，第 206 页。

第三节　音乐电视类型

音乐电视作为一种新的视觉艺术样式，从其他艺术形式中吸取了大量表现手段，并因而产生了音乐电视的一些基本类型。

1. 故事类

用故事情节来演绎歌曲，是音乐电视中常见的一种类型。这类音乐电视作品，往往讲述一个故事，有剧中人物和故事情节的发展，就像一部电影短片。因此美国人有时把 MV 称为短电影（Shortfilm）。如曹燕珍的《外滩寻梦》（导演王国平）就讲述了一个海外游子回到上海外滩寻找当年情人的故事。当这位老人还是青年的时候，他在茶楼与一个弹琵琶的女子邂逅并相恋。后来他去海外留学。登船前，他一直在等他心爱的女子。她却没来。直到他登上舷梯，才有一个工友举着花向他奔来，说是一个女子让他送来的。原来她早就来了，但一直没有勇气与他当面告别。如今他回到外滩，却早已人去物非，在外滩五光十色的霓虹灯中，老人感慨万分。

在故事类的音乐电视中，歌手除了演唱之外，一般还要扮演故事中的主要人物，如迈克尔·杰克逊在他的 MV《经常想起》（*Remember the Time*）里，就扮演了一个歌唱艺人的角色。这部 MV 的开头是在古代埃及王宫里，为使郁闷无聊的王后开心，国王让人找杂耍艺人来表演。第一个上场的是玩杂技的艺人，他刚开始表演，王后就不满意，于是立即被拖下去喂狮子。第二个表演者表演吞火，但王后也不满意，她做了个划脖子的手势，第二个也被拖下去杀了。胆战心惊的侍臣带上了第三个全身蒙着黑衣的表演者，他走上台阶，从衣袋里掏出一把金沙洒在地上，然后站在金沙上，突然黑衣全部下陷，人也消失得无影无踪，侍女们惊呆了，金沙旋转成一个着金色服装的漂亮歌手，他就是迈克尔·杰克逊。他的歌舞表演深深吸引了王后，于是歌手大胆走上台阶吻了王后的手。国王见状大怒，叫卫兵捉人。歌手离开王宫来到市场，边唱边跳，吸引了一群戴白色面纱的青年女子。卫兵又跟踪而来，歌手来到后宫，早已爱上他的王后和他拥抱接吻。卫兵追到后宫，后宫所有侍臣和侍女都跟着歌手唱歌跳舞，非常兴奋。国王带着卫兵来到后宫，歌手眼看前后都有卫兵，无路可逃，于是身体一转，顿时化为地上的金沙，金沙一阵旋转随风而去，消失得无影无踪。

在大部分故事类的音乐电视中，歌手都是扮演角色的，但也有一些故事类音乐电视歌手并不扮演角色。如田震的《好大一棵树》中，虽然也讲了一个乡村小学教师的故事，但歌手田震并不是故事中人，故事中主要人物是乡村教师和他的学生，其中有一个小女孩作为歌手小时候的隐喻。有些MV则是直接利用电影作为故事。如席琳·迪翁的音乐电视《我心永恒》就是用了电影《泰坦尼克号》中大量的精彩画面，如两人在船头前后张开双臂成十字形，船下沉后水涌进船舱等。郭富城的《无忌》就用了许多电影《雷霆战警》的资料镜头，如主人公在大街上车流中飞奔、与匪徒拳脚搏斗、扑在飞驰的轿车顶上、驾摩托追赶直升机等。如波比的《巴比伦河》就用了电影的资料加上现场演唱的镜头。

音乐电视在叙事上的特点是情节的跳跃，这与影视作品讲究叙事的完整性是不同的。音乐电视在叙事时，可以从一个情节跳到另一个情节，从一个故事场面跳到另一个故事场面，中间不做任何交代或过渡。如超级男孩的MV《与你短暂的时光》就是从一个男孩出生讲起的，镜头表现母亲在院子里洗衣而孩子在一边玩皮球；孩子牵着妈妈的手走路，他参加学校的棒球队比赛，妈妈来看并为孩子的进球而欢呼；做作业时妈妈送上热咖啡；战争爆发，孩子穿上军服向妈妈告别，在俱乐部的酒会上与女友跳舞吻别；妈妈收到了孩子的来信，不久音信断了，母亲担心；他的女友一次次打开邮箱都是空的；他的女友安慰妈妈，最后男孩从战场归来，妈妈打开门发觉是儿子时一刹那的惊喜与回忆。整个故事情节呈跳跃式向前发展。

2. 片段类

片段类是指歌手在不同空间和场景中进行演唱，通过演唱内容的变化和场景的变化来表现歌曲的内容，是音乐电视最主要的类型之一。

片段类音乐电视的特点是，歌手往往以不同形象在各个不同空间中演唱，歌手的形象不断变化，空间也不断变化。克里斯蒂娜·安古娜娅的《瓶中精灵》中歌手就是一会儿穿彩色短衫黑色短裤卧在沙丘上演唱，一会儿穿黑色露脐装在海边小屋的阳台上演唱，一会儿是浅绿色露脐装和橙色长裤在海边空地上演唱，一会儿又是红色短袖衫和白色长裤在轿车顶上演唱。席琳·迪翁的《排山倒海的爱》中，随着歌手脱去象征淑女的外套，她立即变成了充满野性和活力的现代都市年轻女性。她一会儿是穿着白色短裙与一群黑人在街上打篮球，一会儿穿着短袖 T 恤和红色超短裙边跳边演唱，一会儿穿着黑色无袖衫和牛仔短裤边唱边跳，一会儿又爬上街上房屋旁的楼梯歌唱。在不同的空间中，往往有一个空间场景作为 MV 中的主场景，如刘斌的《当兵的人》（导演滕俊杰）中，主场景是部队的训练场，除了歌手穿演出服的演唱镜头外，大量镜头都是在这个场景中拍摄的，如歌手身穿迷彩服与战士们一起摸爬滚打、一起钻铁丝网的镜头等。郭富城的《动起来》就是以足球场作为主场景，MV 中主要拍摄的就是歌手身穿蓝色球衣，反复表演踢球的动作，同时用足球比赛的现场资料镜头来充实和说明主场景。

有时片段类也会只用单一场景。如王菲的《流年》，整个 MV 就是在一个带有壁炉、沙发、台灯、桌子椅子、花和相片架的客厅里演唱。为了避免单一演唱空间带来单调感，有的 MV 往往利用其他资料。如历史图像片断，如第八届全运会会歌的音乐电视《生命的放飞》就是用了历次全运会的资料、党和国家领导人从事体育活动的资料、中华体育健儿在国际大赛上奋力拼搏的资料等。16 届世界杯足球赛的会歌音乐电视《生命的杯》中，大量使用了比赛现场的种种镜头。《走进新时代》用了许多党的三代领导人在不同历史时期的资料镜头。而卡朋特的《昨日重现》则用了歌手大量与家人在一起的照片等。

片段类中既有现实生活空间和场景，也有现实生活中不存在的、非现实的幻觉或超现实空间。如童安格的《看未来有什么不一样》中，大象穿过都市的人行道，人飘浮在空中。瑞典洛克塞特乐队的《Crash!Boom!Bang!》中，歌手走在穿越时空的台阶上，身边是各个时代的人或是现实中不存在的奇怪的人、鸟和小物件从画中飞过等。

3. 演唱会类

演唱会类指以歌手演唱会的现场情景为主要内容的音乐电视。这类作品以展现歌手的现场表演为主，也是音乐电视中的一个常见的类型。

演唱会类主要是展现歌手在演唱会现场忘我表演的状态。如U2乐队的《星期天，血腥的星期天》中，一开始就是从火光中叠现出演唱会现场，然后是歌手踏步到台前，边唱边跳，同时主音吉他手和鼓手也不停地晃动身子。在狂热的现场气氛中，主唱声嘶力竭地唱着。在演唱中歌手从台后扛出一杆插着旗帜的旗杆，边唱边将旗杆插在台前。在整个演唱过程中，歌手非常投入，整个演唱充满激情。再如张惠妹的《奔跑》也是如此，在MV中，张惠妹边跳上场边开始演唱，在整个演唱过程中，她一会儿单腿跷起，一会儿双腿跳动，不停地扭动身躯，在演唱中她手拿话筒边演唱边向观众致意，并时不时弯下腰来和台边的歌迷握手。除了歌手的现场演唱，在演唱会类音乐电视中现场观众也是表现的重要内容之一。在热烈的演唱气氛中，台下的观众往往手持蜡烛、电筒、气球之类小东西，随着歌手的演唱，一边喊叫着，一边摇晃身体和手中拿着的物件，现场气氛有时狂热喧嚣，有时平静安宁，在歌手唱到观众熟悉喜爱的歌曲时，往往出现全场观众与歌手齐唱的动人情景。

演唱会类的音乐电视需要有各种角度的镜头，需要奇妙变幻的灯光配合、需要有歌手出色的现场表演和现场观众的热烈反应。

4. 歌舞类

歌舞类是指歌手在各种场景中边演唱边舞蹈，演唱和舞蹈成为整个MV中主要的画面部分，歌舞类也是音乐电视中常见的类型。如TLC的《不要擦净》中就是几个穿黑色服装的、发型做成奇形怪状的女孩子边演唱边舞蹈。克里斯汀娜·安古拉的《瓶中精灵》中则是一群男女着泳装在海滩边唱边舞。黎明的《重色轻友》则由几段舞蹈组成，其中有黑衣男子的舞蹈、红裙女子的舞蹈、红上衣黑长裤男子的舞蹈和着蓝色露脐装及蓝色超短裙女子的舞蹈。在歌舞类的音乐电视中，歌手往往作为领舞者，带动一群人与他或她一起边舞边唱，或是许多人在歌手身后面随着他的动作与节奏作伴随性的舞蹈，如迈克尔·杰克逊的《魔鬼》，就是迈克尔·杰克逊身穿他那典型的白衣黑裤白袜黑鞋边唱边跳，后面是一群化装成魔鬼的男男女女跟着狂跳。李玟的《真情人》就是歌手身穿橘红色的拉丁舞舞蹈服，在音乐中边唱边跳，在她的身后有一群身着同样服装的年轻女子伴舞，不时还穿插打鼓的男子和穿绿色舞服的男子伴舞。

歌舞类的音乐电视也可以有故事性，如布兰妮·斯皮尔斯的《宝贝再来一次》就是以一群歌舞女孩为主。歌声在下课铃中响起，于是女孩在教室的走廊里跳起舞，男孩也加入进来，从教室跳到大街，又跳到室内体育馆，甚至女老师受到影响也跳了起来，最后上课铃响，男男女女的学生飞跑离开。迈克尔·杰克逊的《Beat It》则叙述了两个街头黑帮欲在一个废仓库里斗殴，但随着迈克尔·杰克逊边唱边跳的到来，他们却不再斗殴，而是纷纷跟着他跳起来。也可以故事性比较淡，如汤姆·维特的《献给你》就是随着歌手的演唱，一群男青年在游乐场的大转轮前不停地边唱边跳，接着开来一辆白色吉普车，从车上下来几个男青年，也加入了跳舞的行列。天渐渐黑下来，这时，一个卖快餐的女孩终于忍不住，摔下头巾，化上艳妆，带着两个女孩，穿过舞蹈的人流来到歌手面前，歌手与女孩跳舞拥抱。也可以没有故事，陈慧琳的《星期五档案》是歌手和一群女孩穿着西班牙斗牛舞风格的长裙在跳舞，最后来了两个男舞者和歌手一起跳舞。

歌舞类音乐电视的特点是音乐的动感和节奏都很强，群舞场面较大，画面显得比较丰满。歌舞类音乐电视对歌手的舞蹈基本功要求较高，如果歌手舞蹈功底不够，是很难表演好这类 MV 的。

5. 动画类

动画类是指虽然MV中演唱者是歌手，但歌手的形象并不出现或很少出现，出现的是动画形象或主要是动画形象。这类MV虽然目前较少，但随着电脑科技的发展，有日益增加的趋势。动画类的片子又分两种，一种是完全动画的，即不用歌手表演而用动画形象来演绎歌曲的内容。如黎明的《眼睛想旅行》中就是由鱼、戴宇航员帽子的娃娃、粉红色的小猪、倒立的人等组成的。罗宾·威廉姆斯的《让爱给你能量》，就是一个动画男子不停地奔跑。在音乐电视中，这位木偶人跑过树林、跑过北极、跑过沙漠和都市，在跑步器上跑、在冰上跑，跑上高楼、跑上峭壁和山峰。最后与一个也是木偶形象的年轻女子相拥，然后两人突然掉下山峰，叠化出一个大大的心形。而用Flash演绎的雪村的《东北人都是活雷锋》，也属于动画类。另一种是既有歌手形象，也有动画形象，真人与动画在一起表演，如迈克·马克斯与唐娜·刘易斯的《起点》，就是动画人物与男女歌手一起表演。

第四节　音乐电视创意与视觉呈现

音乐电视创作的核心是创意，一部音乐电视是平庸还是优秀，很大程度上取决于创意的高低。音乐电视的制作过程就是把创意具体化的过程。创意可以归纳为想象或寻找到一个（或一组）贯穿的基本意象来演绎音乐作品。这就要求编导根据自己对音乐的独特感受和理解，找到既能体现歌曲意蕴和歌手魅力，又具有独创性的形象。

1. 创意基础

音乐电视的创意建立在三个基础上，即音乐、歌手和歌词。

音乐是音乐电视最重要的基础，也是唤起编导创作灵感的源泉。音乐电视是以画面的方式表达对音乐（歌曲）的理解。音乐经常决定着画面的基本形象，特别是一些地域性、时代性、民族性较强的音乐。如内蒙古的长调牧歌、维吾尔族的民歌、陕北的信天游、藏族民歌，或是抗日战争歌曲、民国初年的学堂歌曲、三四十年代的老式爵士乐等，都可以引人想象出相对应的某种风情民俗、某种特定的时代形象或地理特征。因为特定的音乐总是和特定的时空联系在一起的，而特定的时空往往又有其特定的人文特征，抓住这些特定的人文特征，就是抓住了音乐的内涵。

歌手是歌曲的演唱者，也是音乐电视中主要的人物形象。从歌手本人形象和演唱风格出发构思音乐电视，正是作为歌曲和歌手广告的音乐电视的基本功能。有些歌曲，是需要特定的歌手来演绎的。如音乐电视《祝你平安》的成功在很大程度上就与歌手形象有关，本来这首歌是一部电视连续剧的插曲，由那英演唱。因为歌曲的内容是祝福性质的，原唱那英的形象比较冷，与歌曲内容不太和谐。而孙悦的形象却比较契合这首歌。所以，换成孙悦来拍这首歌的音乐电视，一下子歌也红了，人也红了。

歌词是歌曲的组成部分，是文字对歌曲的一种表达和演绎。根据歌词提供的意象进行拍摄的 MV 作品很多。但歌词的特殊性在于，歌词不是独立的诗，而是依附于音乐的文字，歌词与音乐不是不可分离的。因此，有时候音乐可以脱离歌词而单独存在。生活中常有这样的现象，人们没有听清楚歌词而却熟悉了歌曲的曲调，于是嘴里哼着没有歌词的音乐，或者有时忘记了歌词，但可以继续哼着一首歌的旋律。歌词的这种从属地位使得有些歌手和歌词作者可以对某些歌曲的歌词大加改动，甚至完全抛弃原歌词而改填新词。由于歌词的这种特点，歌词虽然也是画面创意的基础之一，但歌词不是音乐意义的唯一阐释者，画面同样也是音乐意义的阐释者，某种意义上还是更重要的阐释者，因为画面的形象性能让观众通过直观的画面理解和感受音乐。

说明歌词的从属地位和非决定性作用并不是贬低歌词的作用。作为两种不同的阐释，歌词与画面的关系是一种互补关系。画面可以根据歌词进行发挥，如《当兵的人》；也可以脱离歌词而根据音乐进行重新构思，如《同一首歌》。在根据歌词进行创意时，应当注意掌握两个原则：一是词画分离的原则，即不重复歌词已经说过或说明白的内容。如音乐电视《黄河源头》的导演崔亚楠在创作体会中谈到词与画面的关系时认为，音乐电视的歌词和画面“应按照声画分离的原则处理”①，所以歌曲中“牧马汉子的酒壶”被表现为一条河谷，“擀毡的纺车”被表现为一个纵横交错的大网。二是虚实对应的原则，即歌词与画面采取虚实关系比较合适。如果歌词里的词句已经将事物描述得非常具体和形象，那么画面就不要太具体，而要空灵一些，抽象一些；如果歌词的意思比较抽象，那么画面就需要具体一些。例如音乐电视《祝你平安》的歌词是：“人生自古就有许多愁和苦，请你多一些开心，少一些烦恼。”而画面里则出现了一个具体的形象，聋哑学校的女教师，并以她与聋哑学生的交流构成主要的画面。

在创意构思中，画面应当避免完全图解或重复歌词，比如歌词说到一条小河，画面就是一条小河；歌词提到月亮，画面是天空中一轮明月；歌词说到长城，画面立即就是人们熟悉的蜿蜒长城，这样的画面是没有任何意义的。一个优秀的音乐电视导演，应当能够从优美的歌词中寻找到可供表现的词外之意，寻找歌词中蕴含的深远意境，而不是只是简单地对应歌词。

2. 创意特点

音乐电视在创意上的特点是多样性、时尚性和民族性。

音乐电视创意的多样性是指对于同一首歌，可以有多个完全不同的创意。正像不同的演奏家和指挥家对于同样的古典乐曲可以有完全不同的理解和感受一样，不同的 MV 导演对于同一首通俗歌曲也可以有完全不同的创意。由于编导个人的爱好、素养、审美趣味和艺术风格的不同，他们对音乐的理解和感受也不同。这种不同使他们在创作过程中会产生不同的视觉形象，并拍出不同风格、不同类型的音乐电视作品。音乐电视的多样性特点给了编导们广阔的创作空间，使创作者可以不拘一格地进行想象和创作。音乐电视的创作是将音乐的个体情感经历转换成特定的视觉形象，从音乐的审美特点来看，许多人在欣赏音乐时，都会产生某种联想和某些视觉形象。因此，音乐电视

---

① 洪民生、刘文敏主编：《中国电视音乐》，中国三峡出版社 1996 年版，第 273 页。

提供的视觉形象一方面开拓和丰富了观众的联想与视觉想象，另一方面也限制了观众的联想和视觉想象。音乐电视的这个特点要求编导在进行创意构思时需充分考虑到这一因素，给观众提供更大的想象空间。

音乐电视的时尚性是指在创意时导演要把时尚和流行文化的因素带入音乐电视之中，要让观众在欣赏流行歌曲的同时欣赏流行文化，包括流行色、新潮服饰、新潮化妆、最新的时尚、最新的电脑特技等。这就需要密切注视当代艺术的新观念和新发展，并将新的艺术观念和创作手法迅速引入音乐电视的创作。如音乐电视《我爱五指山、我爱万泉河》，就是借鉴了国外大地艺术的做法，导演将一块巨大的红布覆盖了山岩，产生了强烈的造型效果。除了关注当代的新艺术之外，音乐电视在创意时还应当表现当代青少年观众的视觉心理与审美意识。由于音乐电视的主要观众是青少年，所以在创意时应该了解他们的审美趣味和视觉观念，追随当代青年对时代的感受、情绪与表达方式。比如他们特别爱扮酷，表现为怪里怪气的服饰、与众不同的行为。其实，这正是这一年龄段的青少年追求新鲜与时髦，喜欢刺激与有趣的心理表现，如果无视他们的这些特点，MV 就很难让他们喜欢。MV 的创意如果能满足他们这方面的心理需求，就会受到青少年观众的喜爱。正如 MTV 频道总裁鲍勃·皮特曼所说，这一代青年人都是看电视长大的，他们对于电视图像有一种天然的认同，他们用本能去感应的比用脑子思考的来得多。因此，MV 一定要紧紧逮住他们的感觉，并以这种感觉为基础去制作音乐录影带，至于逻辑的问题，倒并不是太重要的。作为 MV 导演，一方面要密切注视当代艺术观念和样式的变化与发展，密切注视流行文化的变迁，注意时尚的变化；另一方面要紧紧追随当代青年审美意识的变化，注意青少年观众审美趣味的变化，迎合他们文化心理和审美特点。

音乐电视创意的民族性是指音乐电视导演的创意想象必然受到民族文化的影响。在特定的社会背景、文化艺术传统的影响下，在导演脑海里浮现出来的鲜明形象，往往都和中国民族的某些传统形象有关。这些形象往往携带着民族的生存信息，浓缩着民族的思维定式和情感含义。这些形象既是生活中常见的形象，也具有文化的象征意味。要以极简约的画面取得人们的认同，使用这些公认的形象或符号无疑是一个明智的选择。比如要以音乐电视讲一个爱情故事，一般故事的情节发展和叙述方式总是中国式的。比如要以画面来表示意境，那么传统的国画无疑是最直接的汲取对象。我们从音乐电视《江南》《霸王别姬》《小桃红》等作品中，都可以看到鲜明的民族特点。

3. 创意的产生

在音乐电视中那些奇异的、有时令人感动的、有时令人捧腹的形象是如何创造出来的。形象的产生无疑是音乐电视创作中最神秘的一环，但我们从一些音乐电视导演的创作体会中，还是可以看到一些雪泥鸿爪。

创意受生活经验和人生经历的影响，音乐电视《河鼓》的导演曾这样说过创作体会，让他最终确定形象的“是晋南河东的那个娶亲场面和那场摄人心魄的鼓会”。于是他由最初的好奇和激动逐渐进入联想，“黄河、新妇、鼓手、生命……原来单一的物象，河、女子、鼓艺人，以及河边生息的人们，逐渐朝一个线上穿缀……”[①] 但是，像这样直接从现实生活选取画面的只是创意途径的一种。虽然艺术创作的基础是生活，但对于音乐电视创意起作用的更多是生活印象的积累和人生情感的沉淀。音乐电视的创意常常要求导演从音乐诉诸的情绪及情绪记忆中寻找形象，而这种由情绪记忆引出的形象往往成为创意的种子。音乐电视《阿姐鼓》的导演薛芳芳在谈到拍摄《月亮船》的创意时，说到她最初的创作冲动是在听这首歌的过程中，想起了小时候妈妈讲过的莎士比亚戏剧和安徒生的童话，故事里那些在树林里奔跑的精灵似的女孩总是令她回味。而《月亮船》中，那“漂浮在水中的女孩，那头戴花冠的女孩，那无忧无虑奔跑在丛林中的女孩的画面”，其最初的种子正是来自导演童年时代对“精灵似的女孩”的形象记忆。

利用梦境来产生形象也是音乐电视创意产生的途径之一。中外许多艺术家和现代心理学家都发现人的梦具有产生视觉形象的能力，因为“在梦中，人主要是用视觉的形象来思维。”[②] 借助梦境对自己意识深处进行发掘，以产生

① 洪民生、刘文敏主编：《中国电视音乐》，中国三峡出版社1996年版，第17页。

② 中国社会科学院外国文学研究所编：《外国理论家、作家论形象思维》，中国社会科学出版社1979年版，第189页。

特别有意思的画面，也是音乐电视的创意途径。音乐电视《轮椅上的梦》的导演王国平曾表示，他的有些创意就是梦境中产生的。他还认为，其实MV本身就是一个“梦”，就是要迷糊混沌、恍恍惚惚、无须严密的逻辑规则。MV越是离奇、异想天开，就越能给人神秘新奇的享受。

借助外在因素也是创意产生的途径之一。所谓外在因素是指借鉴已有的作品，包括特定的符号和影视作品。从特定符号入手，可以帮助导演产生音乐电视中的形象。如《爱的港湾》中，导演就是从已有的一些文化符号入手开始创意的。这部音乐电视的导演认为，鱼是女性的化身、鸽子是孩子的化身、童车是依靠与回归的象征、婴儿的小床是原初与无瑕的象征等，将这些文化符号连缀在一起，就可以形成音乐电视的贯穿形象。在麦克·伯顿的《我说过爱你……但我撒谎》中，奔马、烈火、躺着的女性，都是作为情欲的象征。由于符号具有象征意义，很容易在视觉上被认同，因此在音乐电视的创作中，寻找特定的视觉符号来体现音乐的内涵就成为创意活动的重要内容。但是，在运用象征符号时，要注意避免或少用那些已经为人们非常熟悉的公共符号。比如天安门、长城、黄河、壶口瀑布、国旗、党旗等，因为这些公共符号很容易造成画面的雷同。同时还要注意在使用一些通用符号，如二胡、唢呐、对襟布褂、大鼓、大锣时，要尽量使这些符号与音乐的内容相一致，而不是为表现所谓民族化而不顾音乐的具体内容。

借鉴电影或其他叙事性作品，也是许多MV的创意之源。如美国天蝎乐队的《逗逗我，逗逗我》中的基本情节，中产阶级富裕男子的中年妻子诱奸比她社会地位低的年轻男子，可以说源自美国电影《毕业生》。而席琳·迪翁《回归》的基本情境则和电影《人鬼情未了》的基本情境相似，都是丈夫死后，其魂魄回到妻子身边。《同一首歌》和苏联电影《这里的黎明静悄悄》，除了战争的背景不同，一个是中国的土地革命战争，一个是苏联卫国战争，在人物的设置和情节的走向上非常类似，都是五个年轻的女战士在战争中悲惨地死去。

创意思维的特点是借助联想和类比来实现从音乐到画面、从歌词到画面的跨越与转换。如音乐电视《黄河源头》的创意就是将黄河源头转换成中华民族文明的历史长河源头，并以中国最古老的乐器埙来代表这种文明的源头。

法国心理学家李博认为:“思想秩序中创造性的想象里，根本的、基础的要素，就是以类比来进行思维的功能，换句话说，就是借事物之间的，亦往往是偶然的相似关系来进行思维。”[①] 如音乐电视《好大一棵树》，这首歌的歌词是写树。很明显，这里的树有比喻人的某种精神的意思，人的精神本来是抽象的，但歌词作者找到了一个具象的东西——树。以树来比喻，跨过了从抽象到具象的一步，完成了歌词的作用。但现在要拍成音乐电视，再从具象的树（歌词）到具象的树（画面）就不行了，因为没有对原有形象进行再创作，没有增加新的东西，其意义也就没有发展和延伸。而现在音乐电视的导演为这首歌词所代表的意思又找到了另一个形象——北京郊区一位扎根山乡多年的乡村教师，把他比喻为这样的一棵参天大树，并把这位老师的形象定为这首音乐电视的基本意象。于是原来歌词中的“风雨中你昂起头，冰雪压不服”就成为他人格与品德的描绘，“深情与沃土”就成为他的人生追求与教育事业，而“绿色的祝福”则表达了对这位老师和乡村教育事业的希望。

4. 音乐电视的视觉设计

歌手的形象设计是整个音乐电视视觉设计的核心。歌手形象设计的目的是对歌手进行形象包装，并在最大程度上展现歌手的魅力。国内外许多音乐电视中用不同镜头、不同影调、不同手法来表现歌手的脸，正是出于这一目的。歌手的形象设计就是根据歌手的形象特征和歌曲的风格进行形象的塑造。歌手形象是整个音乐电视中一切人物形象的核心，所有其他人物形象的设计都是围绕歌手形象来设计的。

在音乐电视中，歌手既以他本人的原来形象出现，同时又以扮演某种角色的方式出现，并且在演唱者和角色之间进行无过渡的快速变换。如在《流浪的燕子》中，艾敬还扮演农村女孩和远离故乡的女学生。在《外滩寻梦》中，曹燕珍分别扮演卖花女孩、弹琵琶女子和少爷的恋人。《霸王别姬》中屠洪刚扮演打鼓者、古代勇士、楚霸王的舞台角色。音乐电视中歌手扮演的角色是

---

① 中国社会科学院外国文学研究所编:《外国理论家、作家论形象思维》，中国社会科学出版社 1979 年版，第 183 页。

一种符号化的角色，在形象设计上要求具有角色的典型特征。如村姑的蓝花布褂、麻花辫子，旧上海都市女性的旗袍等。歌手与歌手本人所扮演的角色并存于同一作品之中，是 MV 所独具的特点，也是 MV 在进行人物形象设计时主要的依据。除了歌手以外，MV 中常常还有一些配角人物，这些人物在音乐电视中起到陪衬歌手、突出歌手的作用。如《流浪的燕子》中，与女孩相好的男孩、一群农村后生、盲艺人、船夫。《追缘》中的古代男子和现代青年。《好大一棵树》中的乡村教师和农村的小学生等。

音乐电视也很重视环境与场景设计，在许多音乐电视中，同一场景可以既是演唱背景又是故事场景和想象性场景。如席琳·迪翁的《回归》的场景设计是一所具有贵族风格的大房子，以及卧室、客厅和走廊，卧室里的壁炉、炉中的燃烧的火、壁炉前的地毯、雕花大床、床上方垂下的白色帐幔，18 世纪风格的胡桃木桌子、桌上的相片架、四壁的镜子，客厅里的三角钢琴、大落地窗以及随风飘起的窗帘等，这些场景即是歌手演唱的背景。一开始席琳在床上唱，也是故事里的空间；之后爱人的鬼魂回到屋子里，与她相拥、抚摸、起舞；最后又开着摩托车进入墙壁里，同时也是想象性的空间场景。音乐电视的场景设计具有简洁、符号化的特点。在音乐电视的场景设计中，并不需要完全再现全部现实生活环境，而主要是以视觉符号的方式来构成特定的场景，以指代特定的环境。如《祝你平安》的内容是表现聋哑学校的老师与聋哑学童，但音乐电视中的主要场景只是一间教室，里面只有一张长桌，以此来代表聋哑学校。麦克·伯顿的《没有你我无法生存》的内容是表现现代人的情爱与矛盾，但 MV 的主要场景只是一间客厅，客厅里只有一些简单的摆设，以此来代表现代都市中青年人的居住环境。《外滩寻梦》中的外白渡桥和印度巡捕代表着旧社会的上海。《小桃红》中陈旧的胡同和老式四合院代表北方民居，而民俗化的服饰和旧戏班的各种物件则代表旧社会，具有时代特征。

在音乐电视中，常常需要通过光的运用造成特殊影调的画面。如一些节奏强烈、风格粗硬狂放的音乐，像摇滚乐、重金属的音乐就需要用硬调画面来表现。而节奏缓慢柔和、风格比较抒情的音乐如爱情歌曲，就可以用灰色调丰满的软调画面来表现。如要表现美好纯洁的事物往往用以浅色影调为主要基调的高调，而表现神秘、恐怖、罪恶、阴暗、压抑的情绪时，往往就用以深色影调为基调的低调，特别是硬低调。在音乐电视中，除了运用白光之外，还经常运用各种色光，如蓝光、红光、绿光等以造成特殊的视觉效果。

在音乐电视中，也可以根据音乐的内容和情绪，赋予画面或画面中某些事物以特定的色彩，以造成特定的感觉。如王菲的《情深不变》中黑色与红色的对比。如郑秀文的《随身听》中艳丽的色彩与高调摄影的结合。苏德·哈蒙妮的《我爱你》中则反复出现紫红色块，如紫红色的墙、紫红色的门框、歌手演唱时舞台后景两边的紫红色甚至在草地中偶尔出现的紫红色等。如凯丽·美奥的《信任我》里高调背影下歌手炫光的脸、紫色的、绛黄色的吊带裙、鲜红色的紧身短裤以及非常突出的女歌手红唇，这些奇异的颜色组合非常恰当地造成了一种超现实的感觉。主观色经常用来作为歌手的特定形象色，如迈克尔·杰克逊的黑色外衣、黑色长裤、黑色皮鞋和白色内衣、白色袜子。或用来在一群伴舞者中突出歌手，这时通常采取歌手与背景大反差的色彩，如背景是灰暗的颜色，歌手是明亮的颜色，背影是白色的高调，歌手是红色、黑色、紫色等。

5. 音乐电视的剪辑特点

与故事片的镜头剪辑受情节、对话和同期声的限制不同。在音乐电视中，除了歌手对口型演唱的画面外，其他画面都是无声的画面，这些无声的画面常常是不连贯的。因而导演在进行画面剪辑时，可以不受情节、对话、同期声的限制，在画面剪辑上有极大的自由度，可以根据自己的主观感受对画面进行组合与拼贴。

在进行画面剪辑时，音乐电视在运用蒙太奇语言上同样有自己的特点，其表现为：在叙事性音乐电视中，叙事蒙太奇不是用来进行完整的叙事，而是跳跃式的叙事。以《经常想起》为例，这部 MV 在讲述故事时，除了故事的一头一尾，即歌手的到来和离去是比较明确有序交代之外，故事的主体恰恰是跳跃式的。比如歌手离开王宫来到市场，边唱边跳吸引了一群蒙着面纱的青年女子，她们开始围着歌手旋转跳舞；卫兵追到市场，打翻了小贩的货物，在掀开一个竹筐时，被筐里的毒蛇吓了一跳；歌手来到后宫，早已爱上他的王后和他拥抱接吻；卫兵追到后宫，后宫所有侍臣和宫女都跟着歌手唱歌跳舞，非常兴奋。其他叙事型的音乐电视，像《外滩寻梦》《与你短暂的时光》，在叙事上都有跳跃的、片段式的特点。在非叙事性的音乐电视作品中，表现蒙太奇的运用与一般影视作品中的表现蒙太奇相比，其逻辑联系更为松散更为随意，而显示出典型的拼贴特点。拼贴就是将一系列并无直接关系的不同画面随意集合在一起。如黎明的《越夜越有机》中就是将黑夜中男孩与女孩撑伞走下台阶／天空中站立一黑衣男人／墙角一黑衣男人抬起头／飞旋的白色蛛网形光轮／穿白色航空服男人／三个白衣男人面对镜头／五个黑衣男人／架子上八个黑衣男人跳舞／一黑衣男人床上醒来／一男一女在厨房做早餐等不同画面拼贴在一起。

由于大量的音乐电视作品没有故事情节。因此在音乐电视的画面剪辑中，常常是将歌手的演唱画面作为贯穿因素，而将其他的画面插入歌手演唱的画面中。对于这些插入画面而言，歌手的演唱有时融入故事或情境，如《经常想起》《排山倒海的爱》《流浪的燕子》等；有时并不融入剧情，而是作为独立的演唱因素，与故事形成一种平行关系或观照关系，如《轮椅上的梦》《生命的放飞》《星星》等，都是将歌手演唱镜头作为独立的画面序列，而将其他画面或资料镜头作为插入因素处理的。

音乐电视镜头的平均长度，要比电影和电视剧镜头的平均长度短得多。有人做过统计，中国音乐电视中镜头的平均长度，大致是 3 秒多一点，[①] 也就是说一首四分多钟的歌曲大约为 88 个镜头左右。如《长城长》88 个镜头，《心酸的浪漫》100 个镜头，《祝你平安》50 个镜头，《霸王别姬》104 个镜头，《流浪的燕子》121 个镜头。这个平均长度如果与歌词相对应的话，大约是每句歌词平均对应两个或两个以上镜头。这样多的镜头数量和这样短的镜头长度，决定了 MV 画面剪辑速率要比一般叙事性影视作品快得多，几乎是还没怎么看清楚就换镜头了。这种剪辑速率往往给人一种目不暇接的感觉。

---

① 何晓兵、郭振元：《音乐电视导论》，中国广播电视出版社 2001 年版，第 163 页。

思考题

1. 谈谈中国音乐电视的特点。
2. 试述音乐电视的艺术特征。
3. 试述音乐电视画面剪辑的特点。
4. 为什么中国 MV 的主要音乐是通俗音乐?
5. 制作一部完整的音乐电视作品。

本章参考文献

中国社会科学院外国文学研究所编:《外国理论家、作家论形象思维》,中国社会科学出版社,1979 年。

[美] 莫里斯·迪克斯坦:《伊甸园之门》,方晓光译,上海外语教育出版社,1985 年。

何晓兵、郭振元:《音乐电视导论》,中国广播电视出版社,2001 年。

第九章　电视散文

电视散文是中国电视界在创作实践中约定俗成的称谓。它以一篇散文作品为原作，以画外音的方式朗诵作品，配以优美的画面和抒情的音乐，表现散文蕴含的情思和追求的意境，营造一种唯美抒情的艺术风格。电视散文是文学作品的电视化，是用电视视听艺术手段来表现散文意境的节目样式。电视散文清新淡雅、抒情色彩较浓，它接续了中国古典文学中的诗化传统，给观众以文学审美情趣，是世界各国电视娱乐节目中较为少见的节目样式。因此，可以说电视散文是相当中国化的电视节目类型。它以唯美的画面、隽永的意蕴和令人感动的细节，褒扬了人性的美好，满足了较高文化层次的观众尤其是知识阶层对电视观赏的需求。

第一节　电视散文概述

1984 年，江苏电视台根据中外文学作品拍摄了一系列电视作品，如电视诗《门槛》《古诗三首》，电视散文《街声》《女儿的责问》，电视小说《最后一片树叶》以及散文诗式的电视剧《小巷通往大街》《遗落在湖畔》等。这种根据经典文学作品进行电视拍摄的做法立即引起了电视界的关注，同时也出现了各种不同名目的说法。如电视诗、电视散文、电视小说、电视报告文学等。

进入 90 年代以后，电视散文这种节目形式受到不少电视编导的青睐，出现了更多优秀作品。在作品日渐增多的基础上，1992 年 5 月，江苏电视台开辟了“电视散文”专栏，电视散文第一次以栏目方式进行整体展示。1995 年以后，青岛电视台开辟了《人生 TV》，辽宁电视台开办了《三原色》，浙江电视台开办了《文学工作室》等电视栏目，都将电视散文作为主要的节目样式。与此同时，电视理论界也从理论上开始研究这一新兴的电视作品样式。1994 年中国电视艺委会召开了“电视散文观摩研讨会”，对电视散文的审美特征、创作手法、社会价值等进行了广泛的讨论。

随着作品数量的增加，电视散文作品也开始了全国性的汇集，1993 年上海东方电视台举办“全国电视散文大奖赛”，全国各电视台 15 部电视散文在东方电视台播出，其中《夏天的羡慕》和《在路上》获一等奖。1998 年春节期间，中央电视台《地方文艺》栏目推出“98 全国首届电视诗歌散文展播”，收到全国 111 家电视台的参展作品共 279 部。从 1998 年 2 月 1 日起，共播出了 93 部电视诗歌散文作品，其中有《妹妹，永远的遗憾》《我看见了大海》《残荷》《荷塘月色》《胡杨祭》等优秀作品。由于展播的作用，电视散文作为一种全新的电视艺术品种，获得了全国性的广泛影响，也有了自己正式的名称。此后，中央电视台每年都要举行电视诗歌散文展播。1999 年，中央电视台举行“99 第二届全国电视诗歌散文展播”共收到参展作品 229 部，播出 77 部作品。其中有《小桔灯》《一千张糖纸》《生灵》《无名烈士祭》《一样秋花》《冬日看海人》《匆匆》《沈园的故事》《哈纳斯之秋》等优秀作品。2000 年，中央电视台举办“海尔杯第三届全国电视诗歌散文大赛”，收到作品 146 部，播出 47 部。其中有《我与地坛》《黄山挑夫》《穿越卡拉其库》《父亲的漓江》《散步》《一株行走的草》《洪湖情》《怀念天水》《守望壶口》《我的山寨》《雪山上的父亲》《梦里雪乡》等优秀作品。2001 年电视诗歌散文展播作品有《忆三毛》《迟到》《天一生水》《中国画里的村庄》《梦萦阿诗玛》《库姆塔格轶事》等。2002 年展播的作品有《蓝色的平静》《徽州往事》《你在谁的伞下》《魂系泸沽湖》系列等。从 1998 年到 2002 年，可以说是中国电视散文的第一阶段。这一阶段播出的作品都以单篇为主，多取材于已有文学作品进行电视化的二度创作。这些作品绝大多数来自全国各地方电视台，地方台和展播是其突出的特点。展播一般是从前一年的二三月开始，到下一年的二三月结束。隔半个月播一期，每一期节目可播出 2—4 个单篇作品，一个单篇的长度从几分钟到十几分钟不等。这一阶段，电视散文从零星作品出现到栏目化播出，从地方电视台探索到中央电视台展播和理论探讨，作品和观众数量日益增加，影响日益扩大，电视散文或电视诗歌散文作为一个电视艺术节目的样式被广泛接受。

从 2003 年起，中国电视散文进入了系列化阶段。从中央电视台《电视诗歌散文》栏目播出的电视散文中，单篇作品基本上被系列作品所取代，规模化的系列作品日益增多。如《China · 瓷器 · 景德镇》系列、《马背日记》系列、《魂系泸沽湖》系列、《皖风皖韵》系列、《阿里札记》系列、《边城印象》系列、《毕业了》系列、《可可西里》系列、《问路世界屋脊》系列、《城之眼——中国名湖》系列、《中国古诗词欣赏》系列、《中国古代散文名篇欣赏》系列、《印象中国》系列等。系列创作“采取‘主题系列组合，精品与新作捆绑’的策略，栏目的风格呈现出集约式和规模效应”。电视散文的内容范围和表达的方式开始向电视纪录片、自然风光片延展。如表现解放军官兵用青春和生命铺就青藏公路的《问路世界屋脊》，就采取了纪实叙事的手法，用大量的数据、珍贵的文字史料、影像（照片、镜头）史料以及历史见证人的陈述，表现了一批又一批年轻军人的创业精神和崇高情怀。最近十余年来优秀的电视散文有《烟雨桃花潭》《丽江印象》系列，云南曲靖电视台的《倘塘 · 黄豆腐》，宁波电视台的《寻迹白云庄》《张苍水》等。

中国电视散文的发展从 1984 年起步至今，产生了许多优秀作品。三十余年来，电视散文在创作题材、创作理念、作品形式、风格等方面不断探索创新。但电视散文也始终无法摆脱作品数量不多、质量停滞不前、收视率和商业价值偏低的问题。

第二节　电视散文的艺术特征

电视散文是文字语言的形象化，即把文学语言转化为可感可见的画面形象。比起其他电视文艺节目来，电视散文更为讲究画面的构图和韵味，抒情色彩更为浓郁，意境追求更为鲜明，具有诗电影的特征。它以丰富的镜头语言、动人的声音效果，表达出单一的文字所无法达到的诗情画意。可以说，由画面形象、音乐音响、文字和诗文吟颂构成的电视散文，“其本质是诗质——审美性，凝练、纯真的审美特质。”①

1. 浓郁的抒情性

电视散文大都具有浓郁的抒情性，它以意蕴深厚的文字为基础，由优美的画面、朗诵式的画外解说、抒情性的音乐共同营造了一种强烈的抒情氛围，因此可以说抒情性是电视散文最明显的特征。

抒情性的语言是散文的基本特征。电视散文是文学语言的形象化，它要忠实还原文学语言，因此电视散文的语言也必定是抒情性的。在电视散文创作的早期，有许多佳作是选用的现代作家的散文名篇。如以孙犁的《荷花淀》、朱自清的《荷塘月色》、冰心的《小桔灯》等为蓝本拍摄的电视散文。这些作品，因为原作都有着浓郁的抒情味道，因而根据原作拍摄的电视散文也保留了抒情性。因为抒情性的缘故，不少当代作家的散文也成为电视散文的基础。如史铁生的《我与地坛》、铁凝的《一千张糖纸》、刘心武的《冬日看海人》、陈所巨的《残荷》等。随着电视散文的发展和对于文学作品的需求，现成的文学作品已经满足不了电视散文的需求，于是专门为电视创作的散文出现了，这些作品同样带有浓郁的抒情性。如电视散文《城之眼——中国名湖系列》中的各篇，都以深沉的意蕴、灵动的思绪和淡雅的文字渲染着作者对于名湖的情怀。如《单眼皮的莫愁湖》中“南京人是有福的。在忧愁的时候，可以到莫愁湖边走一走。湖风如同一个循循善诱的声音，在劝解着你、抚慰着你：不要忧愁，不要忧愁……走着走着，你果然就没有忧愁了，或者说忘掉忧愁了……”《再度年轻》中“我想我是与榕湖心灵相通的，即使我走得再远，我也能感受到它对我的呼唤与诱惑。那是一种榕树般郁郁葱葱的思念，桂花般

① 周星：《艺术审美化的电视呈现——论中国电视诗歌散文的审美特性》，《中国电视》2001年第2期。

沁人心脾的牵挂……”《惠州西湖一日》中“二十年前，井边汲水的少年听到‘枝上柳棉吹又少，天涯何处无芳草’，留下无名的感伤，二十年后心花开放时却是清晰的寂寥。今人只慕天才高放，千古文章；不识一泪永驻红颜，已漏隔世遗香。恍然间是谁在花瓣里呼吸，温暖的感动里远去的已走近。身在大好湖山，怀想风流人物，我当在‘一亭孤月冷梅花’的夜晚来看你挂泪的容颜。一日不短，二十年不长，你是时光的囚徒，我是匆匆过客，你是镜中一湖春水等待风来，我是走进镜中的人不知还能不能出来；你等待了很久，我也等待——香魂归来在晚秋……”都以贴切的比喻、浓郁的诗意情怀，描绘了千百年来城市与名湖的关系。电视散文《问路世界屋脊》系列中的“自从我一腔热血扑进你的怀里，我就知道将和你难以分离。茫茫戈壁留下我的脚步，高原岁月流淌着我人生的记忆；自从我七尺身躯躺在你的怀里，我就知道将和你融为一体。巍巍雪山映照我的身影，生命禁区燃烧着我青春的火炬……”则以一种豪迈的诗情表达了对雪域高原的向往和征服生命禁区的勇气。宁波鄞县电视台的《方井》在怀旧的情调中充溢着对于往昔的柔情。作品中以抒情的笔调回忆儿时小巷中一口方井，直到80年代一个看似平静的日子，自来水进了小镇，方井打水成了美好的记忆，于是感叹：“在我们的生活中，有许多在过去显得那么重要的东西，而今都成了故物，我们温馨地怀念它们。毕竟，它们曾像蜡烛一样照亮我们漫长的生活，然而谁愿意再让蜡烛来照亮黑夜？”

同文学散文一样，电视散文形式多样，最常见的以记人叙事的叙述性散文和借景抒情、借物言志的抒情性散文为主。

在已经播出的电视散文中，相当多数量的是叙事性的作品。这类作品或是回忆一段往事，或是叙述一段经历，或是讲述一段故事，表现人物丰富的内心情感和对美好生活的向往。如《妹妹，永远的遗憾》讲述了一个催人泪下的故事。一位12岁的农村小女孩，牺牲自己童年的幸福，毅然放弃学业，挑起全家劳动的重担，以支持三个哥哥读书深造，唱出了一曲无私奉献的哀歌。《一千张糖纸》讲述作者“我”七八岁时的一段往事。在外婆家里养病的表姑答应她和隔壁院子的小女孩世香，攒够一千张糖纸，就换给她们一只电动狗。两个小孩用各种办法终于每人都攒够了一千张糖纸要跟表姑换电动狗时，表姑却在笑够了之后说是逗她们玩。描写孩子纯真的心灵是如何受到大人的伤害。《我看见了大海》讲述作者“我”从小是一个腿有残疾的女孩儿，母亲怕遭人讥笑，从不让她迈出家门一步。父亲死后，母亲改嫁镇上一个退休的海员。不久又抛弃了他们远走他乡。这个她只肯叫伯伯的人带她走出院门，接触外面的世界，讲大海的故事。并答应她长到16岁，带她去看大海。在女孩16岁春天那年，伯伯一病不起，临终前告诉女孩，早在退休前一年，他就因过敏性哮喘，必须远离海洋，所以永远也不可能带她去看海。女孩觉得伯伯欺骗了她，非常委屈。然而当她一个人独自生活并面对各种事情时，她突然明白了看海的真正意义。于是站在伯伯的遗像前，悄声对他说：“伯伯，我看见了大海，真的，我看见了，看见了……”浙江电视台《朵朵》描绘了物质匮乏年代一个叫朵朵的八岁女孩，为了抢回积攒一年零花钱才买来的牛皮筋，不幸被车撞死的故事。沈阳电视台的《冬日看海人》表现的是一位从未见过大海的大西北小镇里的小学教师，为了给学生讲关于海的课文，攒出费用来到冬日的海边，在十来天里尽情地看海的故事。散文描写了这位第一次见到大海的山村教师被海所震惊以致哼着歌看海、跳着舞看海的情景。青岛电视台《永远的蒲公英》讲述一个孤身哑巴捡回一个遭人遗弃的女婴，将她抚养长大，上了身边的小学，县里的中学，外地的大学，在自己衰老生病需人照顾时，不许女儿退学伺候他的故事。表现了人间深厚真挚的情感和普通人博大慈爱的胸怀。四川电视台的《油灯》是以一位青年作家在作品获奖后，到曾经下乡插队的大巴山区去探望一位农村老大娘为主线。勾勒了在物质贫乏的年代，一位朴实的农村老大娘以无私的爱点燃下乡青年生命之光的动人故事，塑造了一位感人的农村老大娘形象。四川电视台的《哑巴渡》讲述的是一个老红军在长征时为阻截敌人的追兵，奉命炸掉了一座石桥。在负伤残废无法跟上红军队伍后，在当地隐姓埋名当了一名渡船工，为人摆渡。临终时，摆了一辈子的他用积攒下的钱修起了一座新桥。浙江电视台《沈园的故事》则在沈园的明丽景色中，讲述了宋代诗人陆游与唐琬凄婉的爱情悲剧。浙江电视台的《远去的旋律》讲述的是一个行业的故事。即历史上在浙江金华地区曾经一度盛行、最后由于经济的发展与时代的变迁而逐渐衰落的“弹棉花”行业，表达了对一种人文景观衰落的感叹。《徽州往事》则讲述了一个徽州女人“我的五祖奶奶”的故事。端庄美丽的五祖奶奶嫁到徽州岩溪时才 15 岁。婚后七天，祖爷爷就像其他徽州男人一样出门做生意了，15 岁的年轻女人挑起了全部的生活重担。祖爷爷去了遥远的四川贩运木材，每次来信，他都说会很快回来。苦苦煎熬的五嫂嫂熬成了五婆婆，终于得悉丈夫在一次贩木头时，木筏漂了捆，不幸葬身水底。她与祖爷爷一世夫妻只有七天相处。表现了徽商文化中女人的坚韧和苦难。

2. 优美而有意境的画面

电视散文讲究诗中有画，画中有诗，诗画结合的审美境界。它是诗画结合的艺术，优美而有意境的画面是电视散文的突出特征。

许多电视散文以优美的画面表现自然美景。如《哈纳斯》系列展现了哈纳斯湖四周春季艳花彩蝶，秋季层林尽染，冬季雪峰耸峙的迷人风光。电视散文的画面中既有湖面碧波万顷，群峰倒影，也有山巅间银光闪烁的现代冰川，雄伟壮观。《走进阿坝》系列中也是以雄伟的雪峰，浩瀚的森林，山间隐然的庄严古寺，途中随处可见飘动的经幡，以及溶洞、钟乳石和神秘的彩色池海，千姿百态的美妙画面，给人以神秘感和高远的意境。《梦里雪乡》描绘了一个冰清玉洁的世界。如漫天雪花彻夜不停地飞舞，将苍莽延绵的林海淹没在雪原之中，在雪后的清晨，似童话般的梦境世界。

在电视散文中，自然风光是作为感情渲染的寄托对象，人的主观情感的投注才是最为重要的。“一切景语皆情语”，当人感情凝聚投射在自然风光美景时，景物便似有了情感有了生命。因此，表现自然风光不仅是自然美景，同时也是写景抒情，抒发人的感悟和高远的情怀。如江苏电视台的《残荷》中以秋后残败的荷叶为对象，抓住残荷的形象特征，从不同的角度拍摄了不同状态的残荷。如秋后池塘中的残叶、倒栽在水中的残茎、挺举着的残枝等。以满池残荷画面的不断重复，以及残荷的相互交叉扶助，揭示了残荷才是结结实实的这一丰富的主旨，表达了某种人生的哲理。如甘肃电视台《生灵》中，通过广袤沙漠中突兀矗立的胡杨残干，表现了胡杨“活一千年不死，死了一千年不倒，倒了一千年不朽”的生存形态，褒扬了即使在最艰难的环境中，仍然可以不屈服的精神。画面中胡杨嶙峋的枝干正是不屈服于肃杀荒漠的精神象征。取材于朱自清同名散文的《荷塘月色》，则以蓝、黑为主的冷色调，以竖遮幅画面的方式，利用角度、光线、色彩、构图等多种手段，将月光与荷塘、写景和抒情巧妙地结合在一起，非常好地表现了原作静谧安详的抒情氛围。《烟雨桃花潭》以若真若幻的优美景色，表达了原作“每每由凝思进入幻境，将自己化成汪伦、李白，或岸上，或舟中，送人或被人送者，一样的难分难舍、别情依依。”在流连桃花潭如诗如画的意境里，觅寻历史的踪迹，感怀古人的心地与纯洁友情的情思。

在叙事性散文中，画面的诗意则表现为对情感细节的视觉化表述。如《妹妹，永远的遗憾》中，妹妹给住校的三哥送食粮，在离别的一瞬间，她向教室扭头一瞥。这个细节动作表现了妹妹对哥哥、对教室和读书的深深眷恋。片尾时，这个镜头再次出现并连续重复三遍，特别是做了慢镜头表现，造成了“一步三回头”的强烈视觉冲击。山东电视台的《不沉的船》中，以冷光中一束熊熊的火焰映照出小不点的面容，表现这个孩子内心的悲伤与不屈。《驯鹰人》在讲到柯尔克孜老阿吉时，以特写画面表现老阿吉粗糙的双手和皱纹。《夏天里的羡慕》中画面虽然朦朦胧胧，但视觉化表达很有特点。如拍空椅子时，摄像机拍摄的是黄色强光照射下，投在墙上的暗黄色影子和实物摇椅；如表现儿童们互相扇扇子一段时，布景后是强光直射的人物场景，画面上小小的人影举着一个金色大扇子上下扇动，表现了留在记忆中变形的印象，富有独特的韵味。

3. 诗化的蒙太奇

电视散文类似电影中的诗电影。其视觉语言特征是：在文字与画面的关系上，是以联想、隐喻、象征等画面表现文字的内涵与意境。在画面之间的组接上，蒙太奇的主要目的不是叙述情节，而是通过相连的或相叠的镜头相互对照、冲击，产生比喻、象征的效果，以表达创作者的情绪、情感、思想和心理，引发观众的联想，创造更为丰富的涵义。

以电视散文《在路上》为例：

解说	画面	音响音乐
走向陌生是一种选择，也是一种责任。走向陌生是一次又一次的拓展，成功也好，失败也罢，走向陌生就是获取一片人生新的空间。 远方，永远是一个未知数，因此便有了无数求解的方式，而每一种求解方式，都印上斑斓的色彩，都带给人生无限浪漫的遐思。远方，永远新鲜而美丽的诱惑。只有远方的召唤，才是生命永远的牵引。	红色的信号灯散射出淡淡的光晕，她在信号灯旁坐下，掏出小本借着微弱的光斑，在小本上写着什么。 晚风不断卷起纸屑和尘土，她蜷缩成一团，合上双眼，泪水潸然而下。	汽笛嘶鸣，车轮在铁轨上辗压出沉重的声响，音乐渐渐覆盖而来。

画面里小站、路灯、红色信号灯、铁轨都是走向远方的象征，而不断卷起纸屑和尘土，则是对未知命运的一种隐喻。

《天堂电影院》是一位青年人回忆童年时到电影院看电影的情景及多年以后回家探亲，经过已被拆除的电影院引起的联想，以及现在的“我”的感受。片中采用三个时空交错的手法，一是现在“我”；二是童年的“我”；三是当年大学毕业后返家途中的经过电影院遗址的“我”。在片中，这三个时空是相互交错穿插的。这样，画面之间内在逻辑关系的连接和发展主要依靠旁白来解决和表现，而不必过于拘束于情节的连贯性。可以根据需要任意跳跃时空，达到作品意蕴上的完整统一，更好地展示和表现作品的意蕴。

象征与隐喻的画面有时可以是文字与画面基本对应，如《我与地坛》中：

文字	画面
两条腿残废后的最初几年，我找不到工作，找不到去路，忽然间什么都找不到了。	面对镜子长久地自我凝视的青年。

这里的画面基本是与文字对应的，表达出作者心情的迷茫，画面中镜子的寓意是自我，表现了作者在镜子中寻找自我、寻找出路的含意。

浙江电视台的《朵朵》中：

文字	画面
仿佛是在昨天，我几乎能肯定，那个女孩的生命便是在一愣神，在我们许多人一愣神的当口消失的。	玻璃杯落地破碎。

这里的画面是对文字的隐喻，即寓意着小姑娘朵朵的生命如同玻璃杯落地被打碎了。

有时也可以采取声音与画面对立或分立的做法。如朱自清20年代的散文名篇《匆匆》本是一篇空灵的散文。而浙江电视台的电视散文以大量现代都市、手表、车轮的特写镜头与变形处理，造成了具有很强运动感的画面，再配上嗓音低哑的朗诵和现代节奏的演唱，色彩的迅疾变化等，造成了一种现代艺术的奇异感觉。特别是表现一些哲理性强的散文时，可以借鉴西洋画派中印象派和现代派的经验，这两种画派中强烈的主观意识，含蓄、隐晦的画风，浓厚的象征意味，与哲理性散文正好不谋而合。

在表现人物的动作表情和事件场面时，许多电视散文往往会采用较长的镜头，这正是诗化蒙太奇的镜头特点。如沈阳电视台的《冬日看海人》学生发问时，使用了老师面对学生时内疚的慢镜头楚楚动人，令人深感乡村的贫瘠与为师的艰窘。在剪辑上电视散文往往多运用叠的手法，使得电视散文的节奏显得较为和缓。如《永远的蒲公英》中，从哑巴喜不自禁捡捧回女婴的特写，叠到他轻巧纺线的近景。最后，从女儿在远方独自吹蒲公英的慢镜头中叠化出她从小到大与父亲相悦的动人画面。青岛电视台《妹妹，永远的遗憾》中，基本采用叠镜头的组接方法，第一个镜头还没结束，第二个镜头画面已逐步显现；第二个镜头还没完，第三个画面又逐渐显现出来。在两个镜头相叠时，采用画面主体不重叠的做法。如开头时画左是哥哥穿军装的侧面头像，画右是叠出的妹妹远去的背影；而待哥哥的头像消失后，左边又叠现了他们家的破屋等。《夏天里的羡慕》的镜头组接也多用渐隐渐显的手法，以求全片节奏的统一。《朵朵》中大量慢动作画面和叙述者缓缓描绘的声音，表现了一个女孩因突如其来的车祸而夭折的痛楚感。

第三节　电视散文的创作手法

电视散文从个体的阅读文本变成广泛传播的视听形象，需要整体构思和各种艺术表现手段的巧妙融合。包括画面、字幕、演员的表演、画外音朗诵、同期声、后期制作音响、音乐等，以表现文学原作的思想内涵、表现电视散文的艺术境界。在许多优美的电视散文佳作中都不难看到色调与画面、音调与音乐、音响及配音等互相衬托，构成电视散文情调和欣赏性的重要因素。

1. 虚实结合的表现手法

电视散文在创作上首先要处理好虚与实的关系。

电视散文不像电视那样有曲折起伏的故事情节和强烈的戏剧冲突，也不像电视纪录片那样可以用纪实手法表现生活细节和事件过程。许多电视散文都以第一人称方式叙述，它往往通过主观的视角和故事的片段、人物的点滴，表现创作者的情感，有极强的主观个性色彩。和电视记录片相比，电视散文无论在文字的描写还是内容的叙述上，都要“虚”得多，而电视画面由于其纪实特性，又是与前二者一样，是相当“实”的。因此，要准确而传神地表达散文原作的内容和神韵，创作一部优秀的电视散文作品。创作者就需要找到电视散文特定的表现方式，即以实表现虚，以虚支撑实，虚实结合。而不是简单地画配文，即将电视画面与散文文字做表面上的简单对应。

编导在进行电视散文创作时，首先要将散文原文中那种主要依靠文字语言来表现的意境，转化为用画面和声音来表现。因此电视散文在表现自然景物方面，主要是通过自然美景（实），来表现人物的情绪和胸怀（虚）。虚中有实，实中有虚，虚与实相结合，来表现美的意境。如《生灵》和《胡杨祭》中，沙漠中的胡杨嶙峋的残枝枯干是实的画面，表现的是在最艰难的环境中仍不屈服的虚的精神理念；辽宁电视台的《火蝴蝶》中，火红的枫叶树与小姑娘的面容身姿是实的画面，表现的是作者对纯洁青春的咏叹这一虚的情感；安徽电视台的《雄哉，天柱山》中，天柱山美妙的风景是实的画面，而作者对于昂扬向上的生命的情感抒发则是虚的；浙江电视台的《匆匆》中，现代化的城市高楼、宁静的山间小溪、街头来往飞驰的汽车、躺在水中的一只手表，都是很实的画面，而表达的时间匆匆飞逝的意念却是虚的；福建电视台的《在路上》中“在路上”的情绪是虚的，但画面中“银色的铁轨”“一束小白花”“杂草丛生的墓碑”“傍晚时分的小站”“空无一人的教堂”“小站候车室里带着儿童的疲惫妇女”的画面却都是实的，这些画面充分表现了主人公在路上的所遇与心态。同样的还有山西电视台的《山坳之月》，江苏电视台的《遥远的门》等。

电视散文在表现事件与人物的叙事方面，主要是通过感人的故事和具体的人物和人物命运（实）来揭示人生的感悟和哲理（虚）。比起纯叙事类作品画面的写实性而言，叙事类电视散文不能完全按照散文原作中连续的情节和时空顺序来表现，而仍旧要依照虚实结合的原则。即在表现人物的动作、细致的表情、关键的场面时，做实的表现；但在表现事件的过程、情节性的表演、人物的对话方面则大都虚化或省略，存有大量的留白，观众自己去想象、补充，强调场面省略过程。这一点与叙事型 MV 有共同之处。如依据作家林海音同名散文创作的电视散文《迟到》中，小女孩的特写、父亲的身影、小女孩打雨伞和上洋车的镜头都很传神，但如何赖在床上不肯上学、父亲如何打她，课堂上老师如何对她说话等过程就省略了。在《朵朵》中跳橡皮筋的小女孩朵朵的笑脸、朵朵的可爱身姿画面中都表现了，但遭遇车祸的过程却省略了。

《记忆中的一位少女》的散文中，作者将自己与性格文静的姓张的女同学的一段交往写得十分具体，但在电视散文中，画面中仅仅是少女可爱的面容。对于散文中提到的许多事件，如上学和放学时在同一条街道相遇，她的父亲请他帮忙放学时和她一起走以阻止学校的小痞子的骚扰，为保护她与外校留级生打架等事件不作情节表现，将主要过程虚化留给观众自己去想象。《天堂电影院》中，童年的“我”坐在电影院中看电影的场面以及实拍的电影放映画面，在最后的剪辑中都剪掉了，编导有意留下空白让观众凭着自己看电影的经历来想象。

2. 富有意味的具体形象

电视散文时间长度有限，拍摄资金有限，因此在创作时必须要寻找一种精巧简略而又准确动人的表现方式。因此要选择最有代表性的、最具典型特征的形象或意象，完成文学的诗意到镜头的诗意、诗意的想象到具象的转换，表达作品想要表达的意境或韵味。

在叙事性电视散文中，编导的任务首先是选择适当的具体画面形象，去表现散文中主要的文字形象。如《哑巴渡》中老人那饱经沧桑充满皱纹的脸，以及那条在片中贯穿始终的渡船；《冬日看海人》中为了让自己的课教得更好、更符合课本内容的乡村教师；《我与地坛》中坐在轮椅里的残疾青年和在阳光中行走的中年人；《朵朵》中穿着大红色的毛衣，头上扎着两根麻花辫，笑着站在暖暖阳光里的小女孩；《我看见了大海》中的伯伯和主人公“我”等。

电视散文的诗性特质决定了叙事性电视散文在使用演员进行表演时，对表演的要求也与电影和电视剧不同。电视散文中演员的表演是一种替代性的表演，即以虚化的、符号化的、片段化的表演代替实的、完整的、现实主义的表演。《徽州往事》中五祖奶奶的整个人生，是由几个片段性的场面构成的。如在一座风格的大宅里，年轻的五祖奶奶正在为丈夫整理行装。河边的柳树下，五祖奶奶送别外出经商的丈夫。她的特写，以及小河载着丈夫的小船远去的镜头，在河边长久地目送小船的年轻女子的特写。《我与地坛》中，母亲的形象采用虚焦的方法，总是远远的或是模糊不清的，有时是被树枝挡住，表现母亲非常担心儿子，在远方寻觅儿子，但又不敢在儿子面前表现出来。于是在“我”的印象里形象总是不清楚。《永远的蒲公英》中，主要是抓住整个故事的动情特征，重点渲染几个片段：如中年的哑巴喜不自禁捧回女婴的情景，女儿生平第一次说出“哑巴”二字时的惊喜特写；女儿进城读中学后，哑巴养的小狗被人宰杀吃掉时，哑巴的悲伤表情；送女儿到外地上大学时，迟缓地挥手向远去的女儿告别的镜头；读大学的女儿要退学回来伺候生病的父亲时，哑巴拒绝的面容、佝偻的背影和女儿回头的镜头等。《我与地坛》中主要是双腿瘫痪后坐在轮椅上的青年人正面、背面和侧面的镜头等，都是用一两个有代表性的表情或动作来替代全部过程。

有时候代表性的、典型性的形象也可以用具有象征意义的物品形象来借代，通过象征性的联想产生耐人寻味的内涵。如《妹妹，永远的遗憾》中代表妹妹的有三个具体形象，一是两株摇曳的狗尾巴草，它象征妹妹像狗尾巴草一样平凡普通，但却顽强生长，有着不屈不挠的生命力；二是两次出现的蜡烛，象征燃烧自己照亮别人的奉献精神；三是水上漂浮的一片树叶，象征妹妹像树叶一样到处漂泊的命运。电视散文《远去的旋律》中，选择了儿童车、小玩具、娃娃衫、皮弹弓、小书包、一双婴儿鞋叠化到一双小孩穿的球鞋来表现“我逐渐长大成人”的过程。青岛电视台的《永远的蒲公英》，以蒲公英作为具体形象，将蒲公英、哑巴和女儿的特写叠化反复出现，作为亲情的象征。黑龙江东宁电视台的中《野鸽子》中，用鸽子作为具有历史与和平象征的意象。片中通过老人、日本人、母亲、老师等，一次次强化着野鸽子的寓意。《毕业了》系列中用校园典型景物来指代大学生活。如宿舍外的晾衣绳、不知哪个宿舍落下来的白衬衫、插着爱护花草牌子的草坪、被抄近路打水的大学生踩出的小路、墙上学术讲座的通知或考研班的广告、自习室晚上的灯光，以及对男生来说，几乎是永远禁区的女生楼等，都典型地表现了大学生活的场景以及大学生们的青春、友谊和爱情。这些原本沉积在记忆深处的大学生活细节，以平凡朴实而又充满感情的画面语言表达出来，激起了许多人对于大学四年生活的回忆和留恋，引起大学生情感的强烈共鸣。此外还可以用其他手段。如剪辑、动画代替真人真物，《夏天里的羡慕》选择了舞台道具作为真人的替代品，在讲到“轮到我给别人扇一百下时”，画面出现的是一个活灵活现的小泥人儿，眯着眼笑，背着手，幸福地享受这由汗水赢得的短暂的凉爽感。小玩偶获得了比真实人物露面诗意得多、浪漫得多的强烈的艺术感染力。《张苍水》中令人印象最深刻的画面是一只孤独的海鸟，在黑色的大海上反复盘旋。海鸟一声声凄凉孤独的鸣叫声，象征了张苍水悲壮的命运，和虽死未悔的报国情怀。

3. 多种艺术手段的综合运用

除了画面，电视散文还应当运用多种艺术手段来表现作品的意境，如解说、音响、音乐、字幕等不同方面。无论是文字的诵读还是画面的拍摄，电视散文目的都是表现原作感情状态，丰富原作的意境。画面、文字字幕和朗诵、音乐构成了电视散文的三大语言元素。

电视散文既然是文学作品的电视化，就必须保留它原来的文学特征，且不能随意改编。所以电视散文主要以朗诵加字幕的方式，把散文原作的文字以字幕方式打在电视屏幕上，并通过朗诵，将这些文字变成听觉语言。这是电视散文区别于其他电视文艺样式的重要特征。这是电视散文在画面空间上的特点。

影调与色调是电视散文艺术性构成的重要因素。影调的变化，可以对人的内心情感加以模拟和外化，直接作用于人的视觉，激起观众内心的共鸣，调动起人们的内在情感，达到特殊的审美效果。《远去的旋律》中的男主人公梦境中出现他梦寐以求的新娘，新娘端坐在堂前，周围是悬挂的红灯笼、点燃的红烛组成一片绚烂的色彩，与现实中的生活形成强烈的色彩对比，完成了虚幻视觉空间的营造。浙江电视台的《记忆中的一位少女》，用高调摄影和朦胧的画面，微妙地表现了少男少女的羞涩感和朦胧美，叙述了少男少女的情感历程。《夏天里的羡慕》以桔黄色作为色彩主调，表现儿童时扇扇子的夏天，让人想到儿时岁月的温馨。用暗蓝的色调表现日益变化的现实世界，展现从电扇的夏天到空调的夏天的变化，反思伴随成长的变化。通过现实的冷调和往昔的暖调，表现纯真无邪的童趣，呼唤纯朴人性的回归。《我与地坛》中，最初季节是冬天，画面为黑、白、灰色，表现的是青年史铁生孤独、焦虑甚至绝望的心情。当史铁生人到中年，慢慢悟道人生，也改变了心境的时候，画面变成了彩色，表现了他重新拾回自我和对生活的信念。有时，前期拍摄囿于条件限制无法做到完美，这时候后期色彩的精确调整就成为补救和加工优美画面的必需。一般的影片是成段的调整，让整个色彩有一个统一的调子，同时对一些细节和重要画面进行单独调整，让反差层次饱和度更好，以让这些画面达到完美境界。

电视散文大多直接以散文原作为基础进行配音解说，这也是因为电视散文的特征所致。电视散文中的叙述语言不同于电视剧中的独白、旁白、对白等话语形式，而是以画外朗诵的形式来实现与观众的文学沟通。不论几个角色，不论男女老幼，都由朗诵者一人承担电视散文中的声音表达，电视散文中的声音代表着作者的自我心声，如果朗诵者的水平很高，朗诵是有相当艺术感染力的。如电视散文《荷塘月色》中著名配音演员毕克的朗诵，那低缓、深沉的嗓音完全读出了朱自清先生"颇不宁静的心情"以及文中"浅浅的忧郁"。《妹妹，永远的遗憾》中张保全的朗诵，也是声情并茂，他那富有磁性和感情的声音，完全将原文中的感染力传达给了观众。当然也有学者认为，电视散文的朗诵腔对文学作品中人物自然的、有个性特征的语言，以及画面里的其他声音如同期声形成了压制。①

音响在影视作品的作用是表现真实环境、赋予电视画面以生气，进行象征和隐喻，它可以给观众以真实感、现场感、亲切感。准确丰富的音响可以再现现实生活的图景，与文字构成彼此呼应的紧密联系。《我与地坛》用地坛公园中风声鸟鸣、老人们的京剧同期声等手法，使得史铁生的深沉的富有哲理的内心独白，变得更为真实起来。《夏天里的羡慕》中，作者用特写的扇子落地的慢镜头伴着夸张的声音及回声"当当当"来表现夏季的燥热与不安，表现作者"喘着粗气""汗流满面"扇扇子的疲惫。四川电视台的《九寨磨坊》伴随有节奏的咯吱咯吱声，传达出一个少女的苦恼与害怕。

音乐在影视作品中的作用是抒发情感、展示时代特点和地域特色、表达主题思想，也可参与情节的叙事，为影视作品增添诗意感觉。电视散文在表

---

① 邵长波：《电视散文的困惑》，载《电视研究》2002 年第 4 期。

现人内心的情感世界、烘托主题气氛时，音乐是不可缺少的。如《妹妹，永远的遗憾》中选择钢琴作为主乐器，同时配以女声无唱词的哼唱，以一种既凄婉动人，又温情柔婉的风格，营造了片中略带凄苦的音乐氛围，烘托了作品催人泪下的情绪。《远去的旋律》中以大提琴的独奏作为全片的贯穿乐器，大提琴婉转低沉的旋律与主人公的命运伴随始终，同时也为画面的剪辑提供了支点，使得画面节奏更为流畅。《毕业了》的音乐部分除了轻轻的背景音乐伴着富有情调的朗诵外，还大量使用大学生们耳熟能详的流行歌曲，如老狼的《睡在我上铺的兄弟》《恋恋风尘》、周华健的《朋友》、水木年华的《今天我们要走》和吴奇隆的《祝你一路顺风》。这种音乐的搭配更能引起对大学生活的回忆与留恋，能激起观众的强烈共鸣。黑龙江电视台讲述女作家萧红生平的《呼兰河的女儿》原始素材不多，仅是二十几张照片和萧红故居，但配上抒情的音乐，却让人感动不已。

电脑动画技术的运用也是电视散文创作中重要的辅助设计手段，一些无法拍摄的物体，可以通过三维动画建模并与现实场景合成，营造出美妙的视觉效果。中央电视台《好诗如风·古代名篇之旅》中，就采用水墨画和三维动画的制作方式，营造出“诗中有画，画中有诗”的艺术效果，为观众展现了一种古朴淡雅的意境。

思考题

1. 什么是电视散文？它的审美特征有哪些？
2. 你认为电视散文的发展前景如何？
3. 试创作一部电视散文。

本章参考文献

张凤铸主编:《中国电视文艺学》，北京广播学院出版，1999 年。

周星:《诗与画的交响——关于电视诗歌、散文艺术的思考》,《中国电视》1999 年第 1 期。

周星:《艺术审美化的电视呈现——论中国电视诗歌散文的审美特性》,《中国电视》2001 年第 2 期。

邵长波:《电视散文的困惑》,《电视研究》2002 年第 4 期。

崔军:《干净而寂寞的艺苑精灵——解读〈电视散文〉》,《电视研究》2006 年第 4 期。

徐清枝:《电视散文代表作品论》,《文学教育》2007 年第 8 期。

第十章　节目创意与策划

节目创意与策划是指围绕节目制作进行的创造性想象和可行性思考。创意是一个点子，策划是将这个点子变成具有可操作性的方案。节目策划就像广告制作中的文案、工程建设中的设计图、影视剧创作中的剧本一样，是电视节目制作的基础和依据。许多轰动一时，或具有重大影响的电视节目，都是精心策划的结果。同时，作为一种日常性的、批量性的精神产品生产，电视节目特别强调通过独特的创意和策划来保持其活力，并通过模式化、标准化的方式来生产节目，使得节目质量易于控制，避免节目制作资源的浪费，用比较小的风险获取较大利益，有利于节目的传播。

节目策划的主要内容有节目研发和创新，它的内容、模式与总体风格是什么？它针对什么样的客户或目标群体？观众是否会接受这样的节目？它有哪些竞争对手？将来的经营发展前景会怎样？新的节目和现有的节目资源有什么样的互动关系等。除了具体节目的策划，节目策划还包括频道、栏目的设置与定位、电视媒体的社会形象与形象包装、电视机构财务运作的目标等。

第一节　节目策划的基础

一、了解观众的收视需求

电视节目是做给观众看的。要使节目受欢迎，就要充分了解观众，了解观众的收视行为，研究观众的收视心理，只有在充分了解观众的基础上，才能策划出投观众所好的电视节目。中国观众看电视的主要目的是了解事实，娱乐消遣，增长知识。观众的收视目的决定着观众的收视行为，同时也决定着电视节目的市场。有些质量一般甚至较差的电视剧比一些具有较高文化品位的知识性节目的收视率高，就是因为观众并不是总是根据节目质量来选择收看节目，而是根据自己的收视需求来选择节目。如果收视需求是消遣，那观众在选择电视节目时首先是寻找娱乐节目，其次才会考虑节目的质量。

1. 观众收视需求的特点

观众收看电视的目的千差万别，对此不同学者有许多不同的看法。有人认为受众接受传媒的目的是消闲、做伴、认同、警戒（张隆栋），有人认为受众的目的是消除寂寞、好奇心、自我的目的（郑贞铭），有人认为是得到报酬、寻找线索、符合倾向（和田洋一）。但无论目的如何，观众需求的多样化是大家公认的。无论是为获取信息、消遣或者参与，观众需求的多样化使得每一类节目都有自己的观众。同一个观众，可能既要看严肃的时政节目，也要看轻松的娱乐节目。观众不会因为某一类节目流行而不看其他类型的节目。其次，不同的观众群体也有自己主要的需求，比如知识分子主要需求是文化方面，一般市民主要需求是娱乐节目，精英阶层则对时事政治方面的需求最强，企业经营者的主要需求是与经营有关的政策法规节目，而打工的蓝领劳累了一天，回家看电视就想放松放松等。观众总是先看自己最关心的、自己最有兴趣的、对自己来说最重要的节目，然后才是一般的消遣。三是观众的收视需求不是固定的，而是变化的，在某些特定时期、特定环境、特定地域、特定背景等，观众的收视需求都会有所变化。比如双休日、节庆放假，娱乐需求就会上升等，而在出现重大事件时，对新闻的需求会上升，其他各类收视需求会下降。比如科索沃战争时期，特别是中国大使馆被炸的那几天，观众对新闻节目的收视需求明显上升；而在某个热播的电视连续剧快要结束，特别是最后一两集的时候，收视率也会上升到这个电视连续剧的高峰值。四是除了被动地接受之外，观众还有主动参与的需求。只要看一看观众是多么愿意在镜头前回答采访，多么愿意参与谈话节目、男女交往节目和竞赛游戏节目，就可以知道观众的参与愿望是何等强烈。这是电视从单向的我传你受到双向的互动传播的表现。观众的这种需求，正是许多电视访谈节目、竞赛游戏节目产生并受到欢迎的基础。而近年来，随着城市大龄女青年的婚恋成为难题和人们关心的内容，于是妈妈们对于儿女相亲的热衷、相亲、逼婚、不婚成为时代话题。这正是江苏卫视的《非诚勿扰》、东方卫视的《百里挑一》产生的背景。同样，随着21世纪初中国大学的扩招和大学毕业生数量的逐年增加，大学生的求职难和就业问题成为社会现象，与此同时还伴随着企业的招工难和某些地区人才招聘难。于是，类似《非你莫属》这样的求职节目就有了真实的观看需求，正是大学生的求职需求催生了这一类的节目。

2. 确定节目的收视群体

传统的观众划分方法主要是根据人们的职业，如将观众分为工人、农民、军人、干部等。而现在对电视观众收视群体的分类不是将地域、年龄和职业作为主要标准，而是将观众的特定收视需求作为主要的分类标准，对观众进行细分。比如同样是针对中学生的娱乐节目，中央电视台《三星智力快车》和湖南卫视《快乐大本营》的观众定位就不一样，前者是针对爱学习的、学习成绩优秀的中学生，这些人基本是属于青年才俊一类；而后者是针对爱玩的、成绩大都不太优秀，属于中等或中等偏下的中学生。凤凰卫视是以新闻和娱乐为主打的综合频道，它的受众定位是文化程度较高的中青年人群。

具有共同兴趣的观众可以看作特定的收视群体。如中央电视台的《曲苑杂坛》栏目组在研究了观众需求之后有一个发现，就是喜欢曲艺的、对曲艺有兴趣的观众并不少，而且各个年龄段都有。因此，这个栏目只要能保证节目质量，就会有一大批忠实的拥护者。随着生活水平的提高和生活内容的丰富，使得人们有可能发展自己的爱好，比如摄影、钓鱼、收藏、养宠物等。共同的兴趣会集合起一个个新的收视群体。比如城市里养宠物的人多了，就会出现一个养宠物的群体，这个群体就会有对养宠物方面的电视节目的收视需求。国外的电视中有高尔夫频道、家政频道、国家地理频道等，就是针对以兴趣集合的特定收视群体。以共同兴趣而形成的收视群体，可以从原先的收视人群中扩大或分化出来。比如对于军事知识的内容，是不是只有军人观众才感兴趣呢？并不是，许多不是军人的观众也同样感兴趣。比如高科技战争的故事，比如各种有关现代化兵器的知识，这些内容的观众面实际上要比单纯的军人更宽泛。因此，将兴趣作为划分观众的方法，可以帮助栏目编导人员发现新观众。《我们》原是北京电视台青少部为18—40岁的青年人开设的栏目。但经过了解，他们发现许多青年人实际上并没有时间看电视，因为中学生要奋力拼搏准备中考和高考，没有时间看电视；大学生在学校集体住宿，不具备收看电视的条件；已经走上工作岗位的青年人压力大、心态浮躁，静不下心来看电视。而经常看电视的倒是老年人居多。有许多老年人非常关心自己孩子的学习生活与就业环境，有些老年人渴望了解如今青年人的所思所想、情绪以及心态；还有一些中老年人有着一颗年轻的心，希望感受到青春的活力与节奏，愿意触摸青年群体中前卫的思潮和超前的信息。因此，他们将自己的节目《我们》定位于“关注青年人的动向与思潮的人群”。中央电视台的《国宝档案》的受众定位有两个基本层次，一是基本受众，他们是对中国文物感兴趣和有一定专业素养的人；二是外围受众，这类人群感兴趣的是文物的人文故事和市场价格，他们是保证节目收视率的基础。根据收视调查，《国宝档案》的收视群体主要集中在初中以上文化程度40岁左右或以上的观众。节目针对多数受众的审美素养，总结出了深入浅出、贴近性的叙事形态。

扮演共同社会角色的观众可以是一个收视群体，比如当家人。当家人一般指在家庭里握有财政大权、负责实际家务的人。这样的人并不一定的是中年妇女，“他可以是年富力强的中年，也可以是退而不休的老年，还可以是追逐时尚的青年，只要这位青年有了家的意识，可以是女士，也可以是围裙丈夫，也可以是市长、董事长，也可以是下岗女工，海外归来的学子”[①]。根据这样的标准确定观众群体时，性别、职业、年龄、收入、文化程度这些因素都会淡化。这些观众共同关心的是对当家有用的各种实用信息。此外，有共同的收视时间、有相同的经济收入、有相似的地位，都有可能成为一个收视群体。而随着社会生活的变化，则会出现新的收视群体，如城市白领阶层、喜欢二次元的青年人等。

总之，应当根据特定观众的收视需求来确定收视群体，作为节目策划的基本依据。比如央视《百家讲坛》的成功就在于节目组准确地定位了观众群，这就是“初中文化程度以上”。《百家讲坛》2001 年开播时的观众定位是精英人群，栏目宗旨最初是“建构时代常识，享受智慧人生”。嘉宾多是杨振宁、周汝昌、叶嘉莹等社会名流，但收视率并不理想。2004 年 7 月，新任制片人万卫对《百家讲坛》进行改版，将观众群定位在初中文化程度以上，并根据观众群体重新制定主讲人选择标准。这就是：第一要有学术根基，第二要有很好的电视表达能力，第三要有个人魅力。同时调整演讲内容和讲课设计，借鉴电视剧的流行元素，最重要的就是设置悬念、讲究故事性，因而大获成功。[②]河南电视台的著名栏目《梨园春》的观众定位就是河南观众，特别是农村观众，并进一步扩大到全国的农村观众。由于观众定位准确，因而成为中国电视栏目中的佼佼者。重庆卫视的《雾都夜话》是一档由群众演员表演的方言短剧，剧情故事来自重庆的真人真事，在开办之初并不被看好。但这个节目从 1994 年开办至今，其他同时代的节目先后消失，它却成为当地电视栏目的常青树。其秘密就在于节目锁定的是重庆中下层观众群体，他们是下岗工人、农民、小贩、家庭妇女。正是这样一些铁杆观众将《雾都夜话》变成了电视传奇。

① 王霞：《谁是受众》，《中国广播电视学刊》1998 年第 2 期。

② 李振兴：《揭秘〈百家讲坛〉的杀手锏》，《文化创意产业周刊》2007 年 2 月 26 日。

3. 了解观众需求的途径

了解观众需求有各种途径，从个人感受到通过媒体，从个人对观众心灵的感应到借助专门调查机构所做的社会调查，都可以了解观众。在各种了解观众的方式中，观众调查是大众传播机构常用的了解观众情况的方法。观众调查又分两大类，一类是不针对特定电视节目的调查。如我国在1987年、1992年、1997年、2002年、2007年曾经由中央电视台牵头进行了五次大规模的全国电视观众调查。这五次调查，为了解中国电视观众的需求提供了宏观意义的把握。另一类是针对特定电视节目观众的调查，即收视率调查。这是各电视台在日常工作中经常做的事。比如中央电视台每隔一个月，都要发布上一个月各频道、各栏目的收视数字。这样的调查对于调节栏目的制作播出能起到重要的参考作用。一个栏目收视率太低就有可能被取消，或被挪到不重要的时段中去播出；而一个栏目收视率高，则有可能延长栏目时间或再开出类似的栏目以形成节目群等。但即使有收视率调查，要真正了解观众也不是一件容易的事。除了对收视率做抽样调查，也可以用举办各种座谈会、收集媒体反应和从观众来信来电中获得信息；或者通过亲朋好友、同事、邻居、熟人等，了解他们对节目的意见，从某一个角度来了解观众对节目的看法。

而互联网的发展，则为了解观众提供了更为全面强大的手段。比如中国互联网协会的年度报告、一些关注娱乐行业的咨询公司行业报告。如艺恩咨询、艾瑞咨询等，都有对电视娱乐节目和网络娱乐节目观众的调查。借助于数字技术和基于用户的各种调查，网络的观众调查可以做到对于点击量的精准统计，同时运用数据分析方法，可以大大改善过去观众调查统计的模糊性。

二、了解社会和大众心理

电视节目是以视觉形式反映社会心理的，无论何种形式和题材的节目其实都是观众心理的表现。因而，在节目策划时，要准确感知由于社会生活的变化而引起的观众心理变化，并根据观众心理来策划和推出电视节目。

1. 感知社会心理

一种节目的走红总是有某些社会心理作为支撑。80 年代以央视春节晚会和各大电视台综艺节目的火爆是和当时的社会背景分不开的。因为当时正是粉碎“四人帮”后，这时的人们迫切要求欢乐。但当时娱乐形式非常少。于是综艺晚会这种内容和形式都很丰富，同时又充满喜庆和欢乐的节目样式受到人们热烈欢迎，满足的是全社会压抑多年以后追求快乐和笑的集体心理。90 年代以后，特别是邓小平南方讲话和确立社会主义市场经济的模式后，社会变化转型日益加速，社会问题日趋增多。人们的工作和生活的压力越来越大，许多事情必须要靠自己解决，但一时又不知如何解决。面对种种社会问题，解惑型的、安抚感情型的财经节目、生活节目就开始出现。以《实话实说》《新青年》《艺术人生》等栏目为代表的谈话节目表达了当时社会要求解惑和满足情感表达的集体心理。最近十几年来，随着 80 后、90 后一代的成长，对于经济的负担不像父辈那样沉重。而全社会对于名利的追求对他们影响很大，对明星的追逐和对未来的梦想，成为青年一代的集体心理。这些孩子们不仅是要追求快乐，许多人更希望追求梦想和自我表现。如果有可能的话，哪怕付出代价也要成为明星的梦想更为不加掩饰。而代表这种集体心理的电视节目正是眼下风靡一时的各类真人秀节目。无论是《超级女声》里的李宇春、何洁，《中国达人秀》中的刘伟，“民工街舞团”“西单女孩”“旭日阳刚”，还是《偶像练习生》《创造 101》中的男孩女孩，其实都展现了 80 后、90 后一代人表达自己的欲望，显示了当下时代的社会心理。

社会心理不是固定的，而是在不断嬗变中。如果说 80 年代社会心理的关键词是“欢乐与奋进”，90 年代社会心理的关键词是“疑惑与迷茫”。那么，最近十几年来社会心理的关键词就是“梦想与愤怒”。如果能紧紧抓住观众社会心理的变化来进行节目策划，就能够策划出被观众接受的好节目。如近年来的“国学热”和观众对于大量庸俗综艺节目的厌倦，导致了文化类节目的兴起。因为有这样的社会现实和需求，所以电视上文化类节目相继涌现就是一种必然。从 2013 年的《中国汉字听写大会》《汉字英雄》，2014 年的《中国成语大会》，2016 年的《见字如面》《中国诗词大会》，2017 年的《朗读者》

都是基于这样的社会心理与收视需求。而国人对收藏的兴趣，数量庞大的民间文物收藏者，以及某些人想通过自己的收藏一夜暴富的社会心理，正是近年来许多风靡一时的鉴宝类节目的心理基础。而这类节目中对藏品价格的判定正是吸引观众最大的噱头。因此，当诸如《寻宝》一类选秀模式的鉴宝类节目组走到全国任何一个地方去进行宝物鉴定的海选时，往往都会出现万人空巷的局面。鉴宝类节目的火爆也反向带动了收藏市场的进一步膨胀，全国各地的“建筑工人”“意外”挖出各种宝物的数量开始显著增加。当然，由于此类节目的乱象横生和丑闻造成的恶劣社会影响，最终相关部门不得不出手干涉。2012 年，国家广电总局和国家文物局联合印发《关于加强对文物鉴定类广播电视节目管理的通知》，要求各大电视台在这类节目的制作和播出是，要重点宣传文物的历史价值、科学价值和艺术价值，宣传文物保护法律法规。

小到一个具体节目，大到一种节目类型，都是观众收视心理的变化所致。如学者苗棣所言，比如谈话节目的兴起就与人们收视心理的成熟、收视环境接近自然有关。比如在电视的早期，人们对电视是新鲜、好奇和狂热，完全被电视机吸引。收视状态是精神高度集中，甚至把灯完全关闭。随着对电视关注程度的减弱，开始开一个小灯，方便接电话上厕所。而现今看电视已经完全不关灯了，在看电视时还会看书、看报、接电话、聊天等。在人们注意力高度关注时，走红的是画面变化丰富、动作性强的电视剧和综艺晚会，谈话节目不会受到喜爱。而到了观众收视心理成熟时，电视画面的吸引力下降，人们更倾向于听电视时，谈话节目就应运而生了。[①] 而《百家讲坛》也是满足了观众对于知性电视节目的需求。这个节目的成功源于节目组在进行周密系统的市场调查后，了解到观众真正需要的是什么，并在此基础上对制作人员和专家学者洗脑，改造他们固有的表达方式。于是得到广大观众的欢迎。

比如这十几年来真人秀节目火爆的原因首先是中国当代青年人的集体参与。一般说来，年轻人由于胆子大、敢于冒险、充满梦想、没有太多顾虑，往往更强烈更直接地更超前地表现出社会心理。特别是在需要选手出场的真

---

① 苗棣、王怡林：《脱口成“秀”——电视谈话节目的理念与技巧》，中国广播电视出版社 2006 年版，第 6 页。

人秀舞台上，她们的真诚、勇敢、率真，都让人印象深刻。比如首先震动全国的真人秀节目就是以十几岁女孩子为主角的《超级女声》。在后来其他真人秀节目中，也是由 80 后、90 后的年轻人冲在前面，继而带动社会各个不同年龄层参与。而社会的集体心理并不是仅仅存在于年轻人身上，而是普遍都暗藏在中国社会各阶层和各个不同年龄层中，一旦有节目将其引发出来，很快就会风靡社会。比如《中国达人秀》的火爆，让人们看到了存在于社会各个不同阶层、不同职业的面貌和时代的烙印。上海电视台的《妈妈咪呀》，让许多年少时有过较好声音，也做过歌星梦却因为成家而搁浅的主妇们在节目中一展歌喉。而《极限挑战》节目创意源自于东方卫视一次研讨会。会上探讨了中国的社会现状，认为在当今社会，其实压力最大、最辛苦的是男人们，尤其是过了而立之年的男人们。他们上有老下有小，工作压力大，生活压力大，又不能随意倾诉。在《极限挑战》节目里，观众可以看到男人们在各种追逐、竞争当中焕发的魅力与睿智，流血流汗艰难获胜。

正是因为真人秀节目满足了普通人内心的渴望、为想成为明星的年轻人和有艺之人提供了迅速出名的机会，满足了社会的集体心理而得到广泛的认同。

2. 捕捉流行情感和审美变迁

流行情感是指一个时期许多人共有的某种情感。作为文艺节目的策划人员，要能捕捉到流行情感，在节目中表现这种情感。如中央电视台 1983 年春节晚会中推出的李谷一演唱的《乡恋》，就是晚会导演黄一鹤对观众流行情感的捕捉非常准确，因此才能够在当时的政治环境下将其推上春节晚会这样的舞台。《乡恋》原是为一部三峡风光片所配的插曲。这首歌曲的旋律委婉优美、歌词情真意切，准确地表达了当时人们的情感，因此在观众中不胫而走，广为流传。但当时这首歌曲却受到批评，有人认为歌中“缠绕着不健康的情绪，隐约含有毒素”。但以黄一鹤为首的晚会策划组却对这首歌坚定不移，他们通过观众电话点播的办法让主管领导看到了观众对这首歌的喜爱，终于使这首歌曲能够在春节晚会上演唱。其实，流行歌曲之所以流行，往往就是因为它表达了一个时代的流行情感。我们在许多流行歌曲中，如邓丽君的歌曲、流行一时的“西北风”、《血染的风采》《小草》这样的歌曲，都可以看到非常明确的流行情感印记。《北京人在纽约》的走红，除了作品创作上的成就之外，不能不说和当时国人对美国的不了解并夹杂了某种复杂的情绪有关。

流行情感是与社会生活的变迁、与人们审美意识的改变联系在一起的。90 年代后，中国进入经济转型期，经济大发展促使社会大变革。当整个社会都在不顾一切地追求经济发展时，往往容易忽视非经济的、人们内心的情感和家庭的价值。这时，关注日常生活、关注家庭，强调亲情的歌曲，就容易击中社会情感的痛点。“找点空闲，找点时间，领着孩子常回家看看……老人不图儿女为家做多大贡献，一辈子不容易，就图个平平安安。”这正是 1999 年春晚歌曲《常回家看看》成功的原因，因为它唤起了人们内心深处最温柔的情感。

在新旧世纪交替之际，人们往往容易产生怀旧的心理和感情情绪。对传统道德的怀念和传统女性的赞美，使电视连续剧《渴望》引起了全社会的共鸣。而湖南卫视针对当下中国普遍的道德滑坡，推出以礼仪公德为主题的《天天向上》，节目让人们回顾中华民族传统美德与礼仪风范、让观众在娱乐嬉笑之余，感受中华传统美德的精髓。这个节目因定位的准确和形式的创新，因符合了人们普遍的情感需要和时代的道德需要而获得成功。时代的审美变迁也影响着节目的内容与样式。比如从前人们欣赏音乐很注重旋律。但是随着生活节奏越来越快，许多年轻歌手更重视节奏，而国外的摇滚、Rap，都以不同的途径影响着中国的年轻人。说唱产生的快感、表达的思想、令许多人产生共鸣等，因此就会有《中国有嘻哈》这样的节目。而戏曲节目则正相反，作为传统文化代表的中国戏曲（包括京剧和各地方戏剧种）在电视节目中的地位日益不重要。“在春晚创办初期，戏曲节目还是占有相当重要的地位的，1983 年第一届春晚中，袁世海表演的《坐寨盗马》一张口便赢得满堂彩。此后的几年里，不但老艺术家表演的节目广受好评，推出的大量新人也得到观众的喜爱。但随着社会经济的发展，生活节奏的加快，戏曲这门艺术形式本身所具有的节奏慢、唱词念白不易懂等特点成为制约其发展的瓶颈，这也使得戏曲节目在春晚中的地位不断下降。尽管创作者们也试图以更丰富的形式吸引观众的眼球，如戏曲小品、戏曲歌舞、戏曲反串等，但终究未能改变戏曲节目日渐衰落的局面。从1991年的春晚开始，戏曲节目逐渐改为联唱，每个剧种的表演没有独立的节目。近几年来，表演时间也调整到零点以后，成为了一个'华丽的点缀'"。①

流行情感有时甚至与某些偏激的社会情绪联系在一起。比如当社会充满感伤情绪时，那么表现感伤情绪的作品就会流行；而社会上充满激昂情绪时，表现激昂情绪的作品就会受到追捧。需要说明的是，流行情感只是指一个时期人们的共同感情，并不代表这种感情一定是正确的或是深刻的，也不能用好坏、高尚或低俗来划定。

三、重视调查和资料积累

文学艺术创作的规律中有一条，叫长期积累，偶尔得之，就是指平时积累资料的重要。绝妙的创意和成功的策划产生有赖于调查和资料的积累。许多资料尽管不能直接提供点子，但可以为点子的产生提供想象的材料。通过报纸、杂志、广播、电视、网络等渠道，寻找具有价值的信息是有效途径之一。在电视节目的策划实践中，许多编导之所以拿不出好创意，原因之一就是他们往往轻视资料工作。不掌握资料，只凭编导人员仅有的一点知识、很少的信息和过时的经验，尽管冥思苦想，但通常效率较低。因为许多好的创意、想法不完全是靠灵机一动，而是靠积累和研究资料。因为你了解得越多，则可供组合的要素也就越多，进行创意的材料也越多。这时，好的创意就有可能一闪而出。如1994年春节晚会的纪实节目《全家福》的线索，是来自总策划徐然在上中学时曾看到过一本摄影杂志。那本杂志中记录了一位摄影记者跟踪拍摄一个农民家庭20年并获摄影大奖的事。节目组由此想到，要是这位摄影记者一直在继续拍摄的话，应该是40多年了。这40多年拍摄同一家庭的照片要是放大了摆在舞台上，那该是一幅多么壮观的画面。结果节目组在浙江省和杭州市政府的支持下，真的找到了《浙江日报》的摄影记者和他多

① https://baike.so.com/doc/8376683-8694021.html

年跟踪拍摄的农民家庭。这个节目播出后不仅深深打动了现场观众，而且中央领导也给这个节目以很高的评价。晚会后，照片被中国革命历史博物馆收藏，作为中华人民共和国发展的见证，摆在进门最显眼的位置，可见这个创意的质量。中央电视台 1995 年春节晚会的节目《看看母亲河》的创意，最初就是从报纸上看到的一条消息：说是旅美艺术家陈强回国后，准备用分段采集的黄河水样建立一座黄河纪念馆。看到这个消息，剧组主创人员感到这个事件有意思，因为它非常形象地反映了华夏儿女对母亲河的眷恋，成为这个精彩节目最初的点子。

对于资料的搜集不能过于短视和功利。有些编导只有在创作节目时才想到搜集资料，这是不够的。其实对资料的留心与搜集往往是一个长期积累的过程。这样，一旦要用的时候，资料就能发挥意想不到的作用。如 1994 年春节晚会上的无伴奏侗族民歌《蝉之歌》，是编导郎昆 1987 年在欧洲进修电视编导时，无意中了解到我国云南、贵族一带有一种少数民族无伴奏多声部合唱。他当时默默记住了这个节目，直到 1993 年筹备 1994 年春节晚会时，他在国家民委的大力支持下，晚会编导组将贵族黔东南自治州的七位少数民族歌手（七大歌）请到晚会上，现场表演了《蝉之歌》。那清新的旋律、奇妙的和声、纯朴的风格、真诚的表演，一下子征服了全国的电视观众。

四、了解节目的模式特征

电视节目模式，是指包括节目名称、内容、流程、主持人、舞台设计、技术指导、背景音乐等一系列元素的组合，英文称为“Television Format”。节目模式是按照特定的策划和文案，规定连续性节目制作的框架结构和执行细节，一个具体节目的模式可以细化为几十页甚至几百页的节目制作宝典（Format Bible）。随着电视媒介产业全球化和中国电视与世界的接轨，国外电视节目，特别是真人秀节目模式对于中国电视产生了巨大的影响和冲击。而中国电视真人秀节目的迅猛发展，也证明了节目模式对于电视节目创新的引领作用。因而在中国电视界，电视节目模式创新已经成为公认的制作理念。

从节目模式角度说，节目创新意味着不一定要改变节目内容，而要在节目类型、节目规则和环节上做出改变。比如唱歌，是许许多多电视节目的基本内容，覆盖各种节目类型。按照节目的分类要求，节目基本元素是唱歌，但并不意味着唱歌节目就是同样的节目。因为按照模式的要求，重要的不是唱歌，而是怎么唱歌。同样是唱歌节目，我们可以看到有三种主要类型，综艺节目、益智竞赛节目、真人秀节目。三种类型的主要区别是：综艺节目是单纯表演，其呈现方式是主持人请明星或职业歌手唱歌。如当年倪萍主持的《综艺大观》和历届春晚，这里不管节目是什么名称、请哪些人演唱，都不改变其基本类型。益智竞赛节目是进行表演竞赛，引进了竞赛这个重要元素。因而与综艺节目不同，除了唱歌，还要比谁唱得好，要比出一个高低来。如中央电视台的“青年歌手大赛”，这里不管选手是专业还是非专业，重要的是比赛。而真人秀节目除了比赛演唱水平的高低，还要表现选手身世、个人性格和人生故事，如《中国好声音》等。

同样，按照节目模式化的创新要求，同样是唱歌内容，同样是真人秀节目类型，只要在某个点上，比如比赛重点、比赛规则上有不同之处就可视为节目有创新性。在歌唱类真人秀节目中，有的是强调歌词的，如浙江卫视的《我爱记歌词》；有的是强调评委与学员共同参与的，如江苏卫视的《名师高徒》；有的是强调年轻女性参与的，如湖南卫视的《超级女声》；有的是强调导师选择和评判的，如浙江卫视的《中国好声音》。这些都可以看成是电视真人秀节目的创新方面。所以，社会上有些批评声音指责中国电视节目都是模仿，缺少创新，节目高度同质化。这些意见尽管也有合理的成分，但不能不说也包含了某些对电视节目特征的无知，是拿对文学、戏剧、电影的要求来衡量电视节目的创新。当下中国电视节目确实有比较严重的同质化现象，但当下中国电视节目也处处都表现出创新，有些批评是源于对电视节目模式的规律不够了解。其实中国电视节目的制作者们也与中国其他领域的艺术工作者一样，有着强烈的创新冲动并且在尽可能的条件下进行创新。但因为许多富有创意的想法和细微的变化是隐藏在节目的环节中，往往不太为行业外的普通观众所熟知。因而笼统地指责中国电视人不懂创新、不会创新其实是有些武断的。当年英国电视人在看到《荷兰之声》中转椅时的第一反应就是“这么简单，怎么我就没有想到！”但英国人仍然承认转椅的想法是了不起的创新。

而《中国达人秀》在引进以后为原版提供了“媒体评审”的环节，也被版权方认定属于创新并被写入宝典，成为引进节目反向输出的案例。

第二节　节目策划的原则

节目策划的策略简单地说，就是艺术感觉 + 市场感觉。艺术感觉就是对节目诉求、节目内涵、节目样式的把握，就是找到节目的与众不同、令人激动之处，找到整个节目的价值所在；市场感觉则是对市场需求、市场接受可能性的感觉，就是发现并确认节目中最具商业价值的因素，找到节目营销的基础和途径。所有成功的电视节目，都是艺术价值和市场价值的结合。具体地说，可以从四个方面来把握。

1. 空白原则

空白原则就是要根据观众需求的空白，寻找尚未出现过的节目形态。如中央电视台的名牌栏目《东方时空》和《焦点访谈》，就是在对观众的收视需求空白进行分析和研究后设置的。《东方时空》在创办前，节目策划和编导人员在研究中发现观众的收视需求存在两点空白：一是观众迫切希望在电视上看到对各种社会丑恶现象进行监督的内容，但当时中国电视上这样的内容基本没有；二是在当时的电视屏幕上，表现的都是英雄模范人物和大人物，而缺乏对小人物的关注。于是他们针对这两种空白推出《焦点时刻》《生活空间》两个小栏目，立即获得了成功。而这两个小栏目的成功则带动了整个《东方时空》栏目的崛起。同样《实话实说》的出现也是如此。90 年代的美国已经是谈话节目的天下。但当时中国没有这种节目形态，于是中央电视台在筹备之后，推出了由崔永元主持的《实话实说》，立即受到了全国观众的喜爱。荷兰的《老大哥》就是因为此前没有这种电视节目形态而引起全世界电视界的关注。

还可以根据节目内容寻找空白。如随着白领和上班族的出现，他们的生活已经成为社会关注的对象。但电视节目中却没有一档专门节目是反映他们生活和表现他们内心世界的。于是上海第一财经与唯众传媒推出针对白领的《上班这点事》一下子受到了许多白领和上班族的关注和热捧。上海东方电视台中的《欢乐蹦蹦跳》栏目中的核心板块“童言无忌”也是发现空白的结果。一开始，栏目里并没有这个板块。在做了一段时间之后，编导发现虽然节目找到比较合理的模式，但由于录制等条件的限制，动的内容达不到《Baby Race》等节目的水准；而由于随意的社会参与性，静的内容赶不上《大风车》的精致。为了提高节目质量，必须找到自己的特点。当他们经过思考后猛然发觉，孩子们的节目，应该是反映他们内心的东西，但恰恰在所有的儿童节目里，都没有表现儿童内心的内容。节目中充斥的是成人的语言符号，这就是空白。于是他们参照成人脱口秀的办法，设计了节目的语言板块，让儿童说出他们的所思所想。“童言无忌”也就成了整个节目中最受欢迎、最有特色的内容。在目前电视频道众多、节目竞争激烈的情况下，寻找已有节目在内容、形态上的空白，是栏目生存的重要策略之一。爱奇艺的 Hip-hop 音乐真人秀《中国有嘻哈》也是看准了中国从未有过以 Hip-hop 为主要内容的综艺节目，因而一炮打响。

随着社会生活的变化，有时会出现新的空白，而节目的策划者则需要抓住这种变化去发现新的空白，比如《声临其境》的诞生就是这样。根据媒体报道，2017 年 4 月底“书香中国”的晚会上，一段《三国演义》的配音打动了无数观众。徐涛、李立宏、曲敬国、吴俊全、刘润成几位艺术家现场配音的片段让导演徐晴产生了灵感，“能不能以这个片段为原型，做一个相对单纯的，只比拼声音的节目？”然而在接下来的创作过程中，她遇到了阻力。因为有人觉得节目表现形式太单一，和电视节目讲究丰富的表现手法不太相符。① 但是，进一步的市场调研又给了她信心。通过广泛观察，徐晴发现有声读物、广播 APP，都是这几年大火的内容产品。一些游戏配音演员、电视剧配音演员纷纷走到台前，并被观众熟知。1986 版《西游记》中孙悟空的配音演员李世宏、《甄嬛传》中甄嬛的配音演员季冠霖、《全职高手》中叶修的配

① 《〈声临其境〉接档〈亲爱的客栈〉》秀出声音的魅力，人民网，2017 年 12 月 28 日。

音演员阿杰，都已经有了一大批忠实度很高的粉丝。那些曾经小众的、偏二次元的文化正在走向大众化。徐晴认为这个节目会受到年轻的95后、00后喜爱。① 果然，经过精心策划，《声临其境》刚一播出口碑就非常好。

从传播特征发现空白，也是一种思路。如果一个表现方式从来没有人用过，那就可以是空白。中央电视台的春节联欢晚会，就创造了许多中国电视文艺的第一次。如第一次设节目主持人，第一次在节目现场设热线电话，第一次完善了晚会的茶座形式，第一次在大陆的电视晚会上请港台歌星表演节目，第一次推出“动情节目”，第一次请党和国家领导人出席晚会“与民同乐”等。正因为如此，中央电视台的春节晚会才能具有如此之巨大的影响。上海东方电视台的文艺部的编导在策划文艺节目时，把“谁拥有第一，谁就拥有历史”作为自己的口号。因此，东方电视台的许多节目很注意抓第一次。如第一次实况转播奥斯卡颁奖晚会（第65届）、第一次在全国直播谈话节目《东方直播室》、第一次在全国推出游戏节目《快乐大转盘》等。而上海电视台的《外国友人学中国文化大赛》和上海东方电视台的《外国人中华才艺大赛》等，也都是全国其他电视台所没有做过的。两个节目紧紧抓住“出外国人洋相”这个点子，使观众通过比赛看到许多有趣的细节。在这个键盘时代，提笔忘字，会读不会写，已经成为很多人的生活常态。但在河南卫视与爱奇艺的《汉字英雄》和中央电视台科教频道《中国汉字听写大会》之前，从来没有人把写字作为电视节目的核心元素。而这两档电视节目，不仅唤醒了观众对汉字书写的重视，更让人们意识到，传承汉字书写文化的重要性。将听写课开到了电视上，确实让人耳目一新。而以偶像养成为核心元素的《创造101》《偶像练习生》。芒果TV的夫妻观察治愈节目《妻子的浪漫旅行》让妻子团踏上浪漫之旅，丈夫团则留守棚内，通过远程观察旅途中的妻子，了解其生活中的另一面。让夫妻重新审视彼此关系，在中国电视节目都是第一次出现，因而得到了业界和观众的注意。

---

① 《〈声临其境〉接档〈亲爱的客栈〉》秀出声音的魅力，新浪网，2017年12月28日。

2. 独特性原则

在电视节目市场上，同样类型的节目会有很多，如何在众多的电视节目中吸引观众，除了受众需求和节目质量之外，节目是否具有与众不同的独特性也是一个重要因素。以《快乐大本营》为例，这个节目从节目类型说，在中国电视节目市场绝不是独一无二的，在它之前和同时，各电视台都有许多类似的节目。从节目的内容看，它的一些小栏目，在许多游戏节目中都出现过，比如《快乐大本营》中的“快乐传真”小栏目，就和上海电视台的《智力大冲浪》中的“COPY 不走样”、河北卫视的《大家来欢乐》中的“欢乐复印机”没有什么大的差别。从节目质量上说，一些大电视台如中央电视台、北京电视台等同类节目的质量也不比它差，所以它也不能说是最好的节目。那么，为什么这个栏目会获得如此巨大的成功？原因之一是这个栏目办得很有个性，与众不同。比如在节目娱乐性上，《快乐大本营》发挥得比较到位，栏目的两位主持人何炅和李湘的主持风格与以往许多娱乐性节目相比，显得特别放松、随便、亲切。编导没有提供给他们台本和串词，全由他俩临场自由发挥和即兴表演。虽然他们说话有时要“吃螺丝”，或发生冲撞，但鲜活、自然、配合默契，把演员与嘉宾的情绪充分调动出来又能控制得住。在节目兴奋点和高潮段落，演员与观众，嘉宾与主持，台上与台下常常打成一片。

大凡成功的节目，一般都有比较鲜明的个性特征。如台湾华视的综艺节目《金曲龙虎榜》的独特点是节目中的“鸡同鸭讲”单元。这个节目原是一种纸上游戏。节目编导借用了这个游戏中的错位效果，先以正常问题访问艺人并拍下实况，再重新配上新问题，剪进他以前的回答，形成驴唇不对马嘴的大笑料，让受邀艺人、现场观众与电视观众都笑得前仰后合。而为了强化和包装这个点，节目制作者后来还专门制作了巨型的道具鸭，使节目特点更突出，更具有趣味性和娱乐性。而英国的《富贵险中求》节目则突出了节目主持人兼老板理查德·布兰森的个性，与其他职场节目不同的是，这个节目中有许多对胆量的考验。如单人匹马在空中跟着小型飞机翻腾转圈，在非洲丛林单独和野兽为伴，极速水上滑翔、跳蹦极，甚至在万米高空爬上气球等。许多观众欣赏这个节目不仅是因为职场内容，领略各地不同的风光，更是为了看理查德·布兰森如何带着选手尝试疯狂的玩命项目。同样是唱歌节目，《我是歌手》的关键是每期邀请 7 位已经成名的歌手进行竞赛。这个节目的韩国原版让多个沉寂已久的韩国歌手演艺事业枯木逢春，几乎将韩国本地歌坛重新洗牌。湖南卫视制作人洪涛正是因为这一独特之处，看中了这档海外节目并将之引进。而《中国好声音》的豪华导师阵容、导师可以抢人的节目流程设置、别出心裁的转椅，使得节目与之前的歌唱类真人秀完全不同。同样是知识竞猜，《你比五年级小学生聪明吗？》其实与其他知识竞猜节目没有多大不同，但其核心点除了将题目限制在小学课本这一了不起的创意之外，还在于引进了五个真正的小学生，让他们来回答成人们回答不出的问题。正是这些小学生的出现，让节目变得饶有趣味，充满喜剧性。看到那些自命不凡的大人们抓耳挠腮、在回答不出问题或答错问题时的尴尬不已，观众们乐不可支。《天天向上》的个性特点就是 5 位风格迥异的主持人共同组成天天兄弟。5 个主持人分别来自不同的地方，比如汪涵来自湖南，欧弟来自台湾，钱枫来自上海，田源来自河北，金恩圣来自韩国，矢野浩二来自日本。这些来自不同地方的主持是《天天向上》这个节目的核心竞争点之一，成为节目独到之处。无法复制性使得这个节目在国内电视台当中很少有被模仿成功的案例。而《王牌对王牌》与众不同之处是两大 IP 团队对决，两个参赛队分别由一位队长带领，围绕一个主题，通过各种方式的对决，胜出者成为真正的王牌。吉林卫视的《回家》则抓住回家这个独特的行为，从一个特别角度，用纪实手法讲述文化名人和著名人物的故事，因而从同类节目中脱颖而出，多次获“星光奖”。而以演员演技为核心的《演员的诞生》，独特之处在于以演技为唯一视角。将有实力的普通演员和追梦人们请到节目现场，让他们与业界大腕面对面切磋，告诉大众演技究竟是怎么回事儿，怎样叫演技好，怎么才能演技好。

3. 补充原则

一个电视文艺节目要力争在同类节目中做得最好。因为只有把节目做得最好，才能取得最高的节目知名度、吸引最多观众的目光、夺得最大的节目市场份额，才会出现节目选择上的马太效应。因为观众的收视特点是同类内容只挑最好的看，是重视精华，轻视一般。同时段如果有差不多的节目，观众只看最好的。在体育节目中这一规律特别明显，在体育比赛中，往往观众看预赛的少，看半决赛的多，看决赛的更多。

然而，如果经过努力做不到最好，或暂时不具备成为同类节目中最好节目的条件，这时节目策略就不一定去拼第一，而是可以将节目、栏目的竞争策略定位为最好栏目的补充。特别是实力较弱的电视频道、栏目，与那些强大的媒体或名牌栏目硬拼显然不是明智之举。聪明的办法是瞄准这些媒体或栏目留下的空隙去填补。比如有些受众群体比较小的、或特别具有地方特色的节目，一般大型媒体不会特别关注，或不可能下大力气做。而这些内容，却正是地方小型电视台所擅长的。从定位理论上说，没有一种产品或品牌能够覆盖整个市场。即使是最好的栏目，也不可能满足所有受众的收视需求，不可能覆盖所有的受众市场，因此总会留下某种空隙。那么，未被满足的需求和最好的栏目无法覆盖的受众，就是本栏目的生存空间。如凤凰卫视在香港创办之初，由于香港艺员和明星都被香港的无线和亚视两家电视台所签约，不能随便参加别的电视媒体的演出。所以凤凰卫视不得不把自己定位在娱乐节目的补充——娱乐资讯的位置，并以这个目标来制定自己的节目制作策略。如选秀节目一般是年轻选手居多，因为人们爱看俊男美女的才艺表演，但可爱的儿童和一些不得志的中年人中很多人也具有唱歌跳舞的才艺，甚至具有更多的表演才能。于是英国的选秀节目《英国达人》就从一般选秀节目不选的那些对象，如儿童和中年人中发掘人才，结果节目获得巨大成功。成为“达人”的小女孩康妮·塔波特只有 7 岁，乔治·桑普森年仅 14 岁，而保罗·波兹和苏珊·波伊尔则是中年人实现梦想的代表。这就是《英国达人》在全球都追逐俊男美女、年轻帅气偶像的背景下，采取补充策略的结果。深圳卫视的《饭没了秀》最初创办时，是要做一档生活节目。经过讨论，他们认为生活就是家，而一个完整的家庭，就是由爸爸、妈妈、爷爷、奶奶和宝宝共同构成的，因此决定做一个有关儿童的家庭节目。但是如果做带有明星的家庭娱乐节目，已经有湖南卫视的《快乐大本营》在先，而纯粹的儿童节目，那么有中央电视台的《大风车》。而相比这两家媒体，无论影响和地位，深圳电视台科教生活频道（《饭没了秀》最初是在这一频道下），都没有什么优势。

他们意识到自己不应当直接模仿这两个节目，而是应当对这两个节目形成补充效应，于是把节目定位为一档以孩子为载体的娱乐节目。

4. 实际原则

在节目策划中，执行力是一个很重要的因素，在节目策划时也必须考虑。因为有时节目的创意很好，但可能因各种原因，创意无法实现。这时，实事求是地对自己的实力做出估计，选择最具可行性的方案进行，就变得十分重要。如上海电视台第一财经《激荡 1978—2008》节目就是如此，当时财经作家吴晓波的《激荡三十年》的书很有影响，于是领导提出将这本书拍成纪录片。这个创意很好，但执行团队遇到了很大问题，首先是整个团队没有人做过纪录片，缺乏经验；其次是时间紧迫，距播出只有三个月时间；最后是更要命的，因为时逢改革开放三十周年，几乎所有电视台都在做这个选题。于是节目策划人提出三点想法，一是篇幅不能少。因为全国电视台都在做十集、八集，如果第一财经也做这个量，声势就出不来，因此要做 30 集（每年一集，最后一集是一台晚会）。二是不请人、不采访、不外拍。因为改革开放 30 年所有重要人物都分散在全国各地，一旦拍摄队伍出去，三个月根本回不来。因此提出全部采访记者，请 30 年中见证了重大事件的记者来上海录像。这样就在可行的范围内迅速完成了片子的制作，并取得了成功。而凤凰卫视的《锵锵三人行》则是因为有了窦文涛这样的主持人，才能办出这样一个节目。而且节目从香港移到北京制作之后，曾经一度“水土不服”。后来节目组经过反思，最终确定了“唯窦文涛独尊”的制作方针。曾在中央电视台、凤凰卫视担任主持人的阿忆，在谈到为北京电视台《夫妻剧场》栏目进行策划时，曾分析过这个栏目收视不理想的原因。一是没有充足经费，无法邀请最优秀的主持人，甚至连固定的普通主持人都做不到，主持人三天两头更换。二是嘉宾夫妻均为普通百姓，没有足够的收视引力，于是针对这两项不足提出相应的对策：找英达，以天价报酬，邀请他来做长期主持。并决定，改版后的夫妻嘉宾，其中至少有 1 位是明星，但必须褪去他们的耀眼光环，用他们的婚恋教训和经验去实现社教功能。在具体做法上，“首先攻破顶级明星，尽管非常艰难，但他们一旦现身做出示范，并拉起收视，不愁其他明星不来，等到明星资源穷尽了，就请一般演员来，他们毕竟容貌喜人，受过台词训练，吸引人的程度肯定高于普通夫妻”。通过这两项改进，《夫妻剧场》成为了北京电视台明星栏目，平均收视率一直高居不下。①

在节目策划中，还有一个很有意思的现象，即节目制作者与忠实观众的同构关系。比如浙江电视台《我爱记歌词》栏目的主管领导、制片人和制作团队都是70后的年轻人，节目组在为节目选歌时，不由自主地选择自己最熟悉、最感动的歌曲，因而节目的忠实观众也基本上是70后。

根据自身的条件、特点、实力制订相应的节目策划，量力而行，也是节目策划成功的一个重要原因。

第三节　节目策划方法

1. 模仿

自20世纪80年代以来，模仿一直是中国电视节目创新的主要途径。因为模仿国内外成功节目具有创作难度小、成功概率大、可操作性强、制作时间短和制作经费少的特点。因此，模仿国内外著名节目成为当代中国电视的普遍现象。中国电视的许多名牌节目可以说都是对国外、海外著名节目的模仿，如湖南卫视模仿美国福克斯电视台《美国偶像》的《超级女声》；模仿美国广播公司《换妻》的《变形记》；中央电视台模仿英国广播公司《Go Bingo》的《幸运52》；模仿英国《谁想成为百万富翁》的《开心辞典》；模仿美国《学徒》和英国《龙穴》的《赢在中国》《创智赢家》；浙江卫视模仿美国《歌唱小蜜蜂》的《我爱记歌词》；上海东方卫视模仿美国《与明星跳舞》的《舞林大会》；模仿美国的《天桥骄子》的《魔法天裁》；模仿《英国达人》的《中国达

① 阿忆：《旧媒鼎盛时期的探索空间》，《青年记者》2018年8月上卷。

人秀》等。

《见字如面》的问世是导演关正文偶然看到的英国电视节目《书信朗读会》(*Letters live*)。它由英国坎农格特出版社在2013年发起，每年办一次，请名人们朗诵从世界各地找来的书信。最初在伦敦一间临时房屋进行，后来被搬上电视。这个节目中曾经有过名人来读信。如本尼迪克特·康伯巴奇就朗读过“计算机科学之父”图灵写给友人的书信——他也曾在电影《模仿游戏》中扮演过他；《魔戒》中“甘道夫”伊恩爵士，朗读过一位少年写给母亲的出柜信；印度领袖甘地写给希特勒呼吁和平的信、伊丽莎白二世写给艾森豪威尔总统的司康饼配方、泰坦尼克号沉没前发出的电报、古巴领袖卡斯特罗写给“我的好朋友罗斯福”的信，都在朗读清单中。这让关正文一下子找到了突破口。[①] 这就是模仿“明星当众朗读”这个最有闪光点的创意。芒果TV的《明星大侦探》则模仿了韩国JTBC台的《犯罪现场》，每期参与录制的明星需要在“案件现场”寻找证据，并推理出真正的凶手。

模仿不是简单地照抄，而是学习外国节目后的中国化。《超级女声》虽然是模仿于《美国偶像》，但它却在比赛规则方面做了不少改进。尤其是手机短信投票，给节目现场带来了真实的悬念，使得普通观众可以在歌手的晋级上充分体现自己的意志。改变了以往综艺节目中评判标准单一、由专家评委和电视台说了算的规则，因此它的成功绝非偶然。《中国汉字听写大会》的灵感虽然是来自美国的《拼写小蜜蜂》，比赛内容也是词语的听写，但根据中文的特点增加了评委解释词义等内容，在比赛规则上也根据中国情况做了改进，比如将个人参赛和组队参赛结合等。BBC的《Go Bingo》原是一个纯博彩节目，每天的奖金高达2万英镑。央视考虑到这与国情不合，决定剥离其博彩性质，改造后的《幸运52》将游戏与知识普及融为一体，充分调动观众参与热情。而《中国达人秀》是购买英国节目的版权，但也根据中国实情做了相应的调整。比如原先英国版权方要求总决赛必须在演播室进行，但《中国达人秀》节目组考虑到室内场地太小，最多只能容纳几百人，为了回馈观众对《中国达人秀》的热情，在和英国版权方协商后，决定把总决赛放在上

---

① 李邑兰：《读信有什么好看的？〈见字如面〉背后的故事》，《南方周末》2017年3月2日。

海八万人体育场。

最近的二十多年来，中国电视基本是跟在欧美、日韩和台湾电视节目后面走的。目前中国真人秀节目依然表现出了这样的模仿惯性，而且达到了前所未有的程度。之所以说是前所未有，是因为近年来的模仿已经在广泛程度和时间距离上达到了极致。目前，几乎所有国外著名节目和节目类型都有了中国版本。当然，电视是高度类型化的媒介，在某种程度上模仿是必然的，也是必要的。电视节目的创新必然建立在已有类型的基础上，因而电视节目的模式化和同质化有其内在合理性。

2. 移植

移植是指将一种艺术形式转为另一种艺术形式。在节目策划中，从其他文化艺术形式和作品中寻找灵感进行移植也是一种常见方法。比如《老大哥》就是从乔治・奥威尔的小说《1984》和美国科学家的生态实验生物圈二号工程（Biosphere 2）得到的启发。小说中有一个叫“老大哥”的人物，无所不在地监视着每一个人的生活。而生物圈二号则是将 4 男 4 女关在一个巨大的玻璃房中，在沙漠里面度过 2 年时间。荷兰电视人约翰・摩尔由此想到“如果把一群男孩和女孩关在一个房间里面，并且布置 24 小时监控的电视节目会怎样”的点子，并最终创造出了世界上第一个真正的真人秀节目《老大哥》。美国电视节目《小人国》则是从威廉・菲尔丁的《蝇王》得到启发，并将这种由孩子们组成小社会进行自我管理的思路用到节目策划中。借鉴寓言故事的有美国福克斯电视网的《真话时刻》（*The Moment of Truth*）。节目创意来自一个寓言故事。故事讲的是大都市旁边有一座小村庄，村里越来越多的人去了城里变成了城里人，只留下一位朴实的老木匠。老木匠发现偶尔回村的人们彼此之间越来越冷漠，他们很少再说实话。有一天，老木匠刚做完一把椅子，自言自语道：要是有一把椅子，能让坐上去的人们都说实话那多好啊。老木匠一滴伤心的眼泪滴到椅子上，椅子突然强力抖动，围着他转动了三圈。老木匠坐上去，不由自主地道出了学徒生涯的一件往事：当年因为嫉妒，他曾偷偷毁掉师兄的作品。老木匠下意识地为自己找一个借口，没等他说完，椅子将它狠狠摔在了地上——“诚实椅”就这样问世了。寓言里老木匠为了鼓励人们讲出真话，以自己毕生的积蓄回报不被椅子摔下的人。《真话时刻》节目则是坐上演播室“诚实椅”的嘉宾只要回答出六个环节的全部问题，并且被测谎仪证明没有撒谎，就可以拿走 50 万美元的奖金。《天籁之战》金字塔舞台结构，是出自小说《北京折叠》。表达的意思是节目中的素人和歌星的 PK，不是平面 PK，而是塔底和塔尖的 PK，成功者可以升上塔尖。

还有一些电视节目则是从电影中移植环境和场面。如美国哥伦比亚电视网的《海盗王》无论是在环境设计、人物造型上，还是在氛围营造、影像运用上，都是借鉴电影《加勒比海盗》。羊皮地图、尖利长刀、银箱金币、迷踪小道和骷髅标记，这些海盗时代的标志以真实的面目在电视上呈现。16 个形象、身份各异的选手被置于一条特制的三桅帆船上，在为期 33 天的航程中，要不断地解开沿途的谜题，每一次探险之后都会分发给成员一些金币。海盗船上由大家推举出来的船长来分派任务、管理船务，如果船长能力不够或者残暴得让船员无法忍耐，大家可以奋起反叛，推翻船长。节目每集结束都会有“海盗审判”这个环节，经过审判放逐其中一个。不过如果被判流放，这名选手说不定能凭运气和能力独自找到价值 50 万美元的金币。而《幸存者》从美国西部片中借鉴了荒野环境和部落会议的形式。湖南卫视的《超级女声》则从电脑游戏移植来了“PK”的做法和过关规则。

在历年春节晚会上出现的纪实节目则是将新闻采访引入综艺节目。由于是真人真事，同时具有比较强烈的感情色彩，能使观众的心灵和感情受到强烈震撼，所以常常比一般的艺术表演更能打动观众。从 1986 年开始，几乎每年中央电视台的春节晚会上，都会推出这类节目。如 1986 年的婚礼节目，1987 年的解放军军官与当年为他接生的老护士的见面；1989 年的救助安徽小保姆；1993 年的请新闻人物出场；1994 年表现浙江农民叶土根一家的《全家福》；1995 年展现黄河从源头到入海口风貌的《看看母亲河》等。如《全家福》这个节目，就是表现《浙江日报》摄影记者徐永辉为农民叶土根一家拍全家福的故事。他对叶土根家进行了长达 45 年的跟踪报道，他在不同年代为叶家拍下的全家福照片，以直观的和无可辩驳的事实再现了一个中国普通农民家庭从贫穷走向富裕的过程，从而折射出了共和国 45 年的历史嬗变。同时，由于是真实人物到场，它也能使观众在综艺节目的现场就能够亲眼见到他们所景仰的或希望见到的人物，因而能极大地满足他们的好奇心。

3. 转换

电视是生活的副本。现实世界中许多的生活场景都可以作为电视节目的模板，将现实生活中的某些情境转换成节目因素、节目样式，正是许多节目策划成功的原因。最初出现在英国竞赛节目《价格是对的》中的猜商品价格的做法正是来自人们的现实生活。比如生活中有人说真话，有人说假话，我们常常苦于难以辨别谁是说真话的人，于是就有了美国的《辨别真假》节目。这个节目要求参赛者在三个说话人中找出一个说真话的人。再比如许多竞赛游戏节目中所运用的大转盘，实际上是模仿了赌场里的轮盘机，甚至节目名称都和转盘有关，如《幸运轮盘》《快乐转盘》等。将生活现象、生活常识、生活中的事情转化为竞赛游戏内容的例子很多，如美国 NBC 电视台的《歌唱小蜜蜂》、美国 Fox 电视台的《勿忘歌词》、英国 ITV 电视台的《谁敢来唱歌》都是从生活中人们往往记住旋律而忘记歌词的现象受到启发而产生的。从而创造出一个考验人们歌词记忆准确性的节目。《勿忘歌词》的负责人曾说："这个创意的智慧就在于利用了一个人们经常容易犯的一个错误——把'我会唱这首歌'和'我会唱这首歌的歌词'混淆起来。"《勿忘歌词》中选取的卡拉 OK 歌曲大部分都是美国人民耳熟能详的老歌，如有 20 世纪 60 年代的摇滚，70—90 年代的红极一时的校园歌曲、流行歌曲以及流行音乐剧经典片段等。它的音乐总监就认为，节目就是要让观众置身于家庭卡拉 OK 派对的感觉，大家一齐合唱经典歌曲，勾起不同年龄段的美好回忆。《阁楼寻宝》是模仿生活中人们寻找有价值的旧物的生活习惯。向观众体现古董或者物品本身的价值，是这个节目吸引观众的一个重要环节。因为它的每件物品都有来头——有的是婚礼礼品，有的是半个世纪前某个重要场合的纪念品。节目中出现的高水平古董鉴定专家对物品判断的准确性，以及物品在古董拍卖市场的行情，都是此档节目成功的原因之一。

如果将商业活动如招聘、应聘、销售、购买、砍价、投资等活动变成节目，那就是英国的《富贵险中求》《成不成交》《龙穴》、美国的《学徒》、中央电视台的《赢在中国》《绝对挑战》。这些节目都是模仿了现实生活中商场、职场中真实的案例，具有生活的真实感觉。法国恩德莫公司研发的《成不成交》是一档由从英国火到美国的节目，节目主要是考验选手的逻辑判断力和运气。选手从 26 个装着现金支票的手提箱中选一个箱子（支票的数目从 0 到 100 万不等），再依次打开其他箱子。节目中设置了一个“银行家”的角色，出价购买选手手中的箱子，而选手要立即判断是否接受出价，将箱子卖给“银行家”。如果接受，那么选手拿着银行家的出价金额离场，比赛即结束；如果不接受，比赛继续，直至最后。节目就在一个个成交还是不成交的悬念中，选手与“银行家”不断博弈。但大部分人由于过分贪婪，不断地博，往往放弃了很好的 Offer（机会），最后只拿到很少的钱。节目通过一个个赢得大奖的过程告诉人们，要在正确的时机做正确的交易，抓住机会才能得到最大的成功。凤凰卫视的读报节目《有报天天读》，据说灵感就是来自老板刘长乐对于“文化大革命”中读报经历的记忆。“文化大革命”中许多单位每天上班前要进行政治学习，而所谓政治学习就是找一张报纸来读上一段，大家围在一起听。《有报天天读》取用这种过去的形式，以全球主流的媒体和重要报纸、杂志的最新信息和精华焦点为信息来源，经过主持人对新闻的采集消化和融会贯通，使得原本严肃、紧迫的读报新闻变得节奏明快、生动活泼。而中央电视台的《百家讲坛》就是将生活中学校课堂复制到了电视屏幕上，通过借鉴电视剧的悬念和故事性，将知识性和趣味性、情感性和学理性的融合，以通俗易懂、生动有趣的方式讨论学术问题，获得极大成功。

4. 要素重组

要素重组就是对节目中的要素在分离后进行重新组合，这种方法经常见于服饰设计、时尚活动、艺术演出、产品设计等。比如产品设计中运用加法创造出新的产品的例子有肥皂 + 水 = 香波，椅子 + 车轮 = 轮椅，伏特加 + 香槟 + 威士忌 = 鸡尾酒等，这些都是不同要素的组合。这也是电视节目策划中的一种方法，可以从表演、节目类型、艺术形式等方面对节目要素进行重组。

重组首先是找出节目中的要素部分。以歌曲节目为例，要素是歌曲本身，演唱者，伴奏或伴舞者。这其中每一种要素都可以进行替换或重组，这样就可以产生许多新的节目出来。如 1992 年春节晚会中的节目《庙会风光》就是将越剧人物小白菜、川剧人物凤姐、黄梅戏人物严凤英、京剧人物徐九经合并在一起。将本来是不同戏剧作品中的人物作为要素，将其从原来作品中分离出来，再与其他作品中分离出来的要素进行组合，就形成了新的节目。许多晚会节目中战斗英雄唱歌、体育明星演戏、外国人唱中国歌曲等，都是因要素置换而造成的新鲜感。《英国达人》就是将原先《英国偶像》中的“选手”这个要素由帅哥美女替换成了儿童和大妈。比如《舞林大会》借鉴了美国的《与明星共舞》。但是节目第一季把明星换成了主持人，不但解决了明星难请并且出场费昂贵的问题。而且在充分利用自有资源的同时，也充分利用了目标受众——上海观众的特殊性。节目主持人虽然不像大牌明星那样身价不菲，但是因为他们以往在媒介上的曝光率高，亲和力强，并在受众心目中有特定的形象定位。一旦这些广为观众所熟悉的主持人展现出不同以往的另一面，对于受众来说，他们的吸引力和影响力甚至可以超过明星。在澳门回归的晚会上，澳门小学生容韵琳成为节目的一个亮点，由她演唱《七子之歌——澳门》，效果可以说比任何成年人演唱的效果都要好。因为她与歌词内容“你可知 Macao，不是我真姓，我已经离开你太久了，母亲！但是他们掳去的是我的肉体，你依然保管我内心的灵魂。”显得那么和谐。利用孩子作为表演者往往有很强的效果。如法国冬奥会，用一个小女孩唱《马赛曲》，而 2000 年悉尼奥运会的开幕式表演，主角是一个 14 岁的女孩和一个澳洲土著老艺术家；2008 年北京奥运会上，出现在开幕式现场演唱《歌唱祖国》的也是一个 9 岁女孩林妙可，都是这个道理。

要素一旦替换和重组，有时会有意想不到的效果。如《外国人中华才艺大赛》比赛中，有位外国友人报名参加唱歌比赛。在比赛前，节目编导推荐她唱《渴望》，她却一定要唱《唱支山歌给党听》。再如在表演京剧《柜中缘》时，人高马大的外国人身穿中国古代服装，按京剧表演程式，两人的拥抱应该是摆造型并不真抱，而他们却是实实在在紧紧抱在一起。由于演唱者的替换，就使原本平淡无奇的节目顿时带来了趣味，而这是由中外文化的差异引出的。

重组还可以将不同艺术形式的不同作品嫁接在一起而组成新节目。比如将戏曲和舞蹈嫁接、民乐和交响乐嫁接，魔术与舞蹈嫁接等。将原先的三种节目类型竞赛节目、纪录片和肥皂剧加以组合，就出现了真人秀节目。将原先单纯的美食节目与竞技节目、脱口秀组合，就形成了新的美食节目，如日本电视节目《爱的围裙》。将旅游类节目、游戏综艺节目和明星真人秀组合，就成了新的节目类型，如韩国电视节目《两天一夜》等。要素重组的节目通过超常规的组合，让观众从熟悉过渡到陌生，以带来观赏的新鲜感，这也是改造老节目的常用办法。

5. 购买版权

随着中国电视的发展，中国经济实力的提高，中国人版权意识的加强，购买国外流行节目的版权并加以本地化，成了许多中国主流媒体的节目创新方法。近年来许多在中国耳熟能详的节目其实都是有国外原型节目的。这一做法国内影视界一般称为模式输入。如《中国好声音》的原版是荷兰 Talpa 公司的《荷兰之声》,《中国梦之声》是引进美国的《美国偶像》,《我是歌手》是引自韩国 MBC 电视台热播综艺节目《我是歌手》，深圳卫视的《清唱团》源自美国 NBC 创下收视热潮的《The Sing-Off》,《我为歌狂》引进自荷兰 Talpa 公司的音乐节目,《妈妈咪呀》源自在曾创韩国收视奇迹的《Super Diva》(主妇歌谣), 东方卫视的《舞林争霸》是购买美国 FOX 的《舞林争霸》,《中国达人秀》是购买《英国达人》等。

中国电视全方位、大规模购买国外节目版权是中国电视节目走向世界的一个标志。其实电视节目模式的版权交易和模式引进是国际电视节目惯例，连美国这样的电视大国也不例外，如《老大哥》系列就有澳大利亚、德国、丹麦、美国、法国、波兰、希腊、南非、匈牙利、巴西等国家，按节目模式先后制作了各自国家的版本。如《偶像》系列除了原产地英国有《英国偶像》、全球化发端地美国有《美国偶像》外, 还有《法国偶像》《澳大利亚偶像》《俄罗斯偶像》《阿拉伯偶像》《拉美偶像》《马来西亚偶像》《巴西偶像》《印度偶像》《新西兰偶像》《德国偶像》等，现在全世界已经有 100 多个版本的偶像节目问世。而荷兰的《好声音》（*The Voice*）2010 年播出后，短短两年内，已有美国、英国、澳大利亚、韩国等 28 个国家购买了该节目的版权。英国的《谁想成为百万富翁》1998 年首播，一年之内授权 35 个不同地区的当地版本，截至 2011 年，已经有 108 个国家和地区购买节目版权。因而中国电视界引进国外节目模式正是一种国际惯例，同时也是中国电视进步的标志。

不过，从已经成功的引进节目看，许多成功的节目都是经过改造的，特别是表现某些个人隐私的真人秀节目。如湖南卫视的《爸爸去哪儿》，原版是韩国 MBC 电视台的《爸爸，我们去哪儿》。节目在韩国很有名。引进以后，总导演谢涤葵发现了问题，韩版的播放时间是下午 5 点，属于一边做饭一边看的时间，观众可以随进随出，所以一个环节可以播二三十分钟。而中国版的播放时间是每周五晚上 9、10 点的黄金时间，竞争激烈，节奏慢就会出问题。于是谢涤葵保留了韩国模式的大模样：五个明星带着孩子出去玩，明星的选择照顾各个领域，王岳伦是导演，郭涛是演员，张亮是模特，田亮是体育明星，林志颖则是偶像歌星，并将韩版设计的两天一夜行程拉长为三天两夜。在拍摄地的选择上，谢涤葵也与韩方分歧很大。韩方希望他们选择一些很自然、普通的小山村，营造一种普通人家的感觉。但谢涤葵认为，环境一定要特别，最好是体现地域特色的景观地区，才能吸引观众收看。他选择了沙漠、东北雪乡、云南水乡，这些地方在《爸爸去哪儿》播出之后，迅速成为当地的旅游热门。[①]

当然，并不是所有引进模式都能成功，有些国外成功节目引进后也有“水土不服”的问题。比如《中国最强音》，节目的原版是美国的《X 元素》，这个“X”指的是不可知的因素。不是因为唱得好，而是某个点，可能是很奇怪的点，让导师喜欢，就可以通过。比如节目曾经来过一个白酒销售员，性格直率，跟导师能开玩笑，但是歌唱得非常差。放在达人秀的舞台，这就是一个喜剧型的选手。但当节目让罗大佑、陈奕迅、郑钧这样的专业音乐人从音

---

① 李邑兰：《“把老百姓放到剧场，把明星扔到户外”》，《南方周末》2015 年 3 月 13 日。

乐角度点评时，他们却面露难色，无从下手。如果不抓住这个最重要的，与别的歌唱节目不同的核心点，节目就有可能打不响。因此，有人认为，“请导师的核心，是要找到合适的定位。越找到专业的导师，就越需要用专业的选手去吸引他。像《中国最强音》这样的真人秀，找一个陈奕迅，他专门负责点评选手的音乐就可以了，剩下应该搭配像汪涵、孟非、高晓松这种类型的人。大众化的达人类真人秀，最合适的明星就是杂家，什么都能点评两句。”① 深圳卫视《清唱团》也是一个水土不服的引进案例。节目原版《The Sing-off》在美国收视率很高，甚至一度打败《美国偶像》。但深圳卫视引进节目模式后，收视率只有 0.6% 左右。节目未能打响的原因在于，在西方社会有基督教唱诗班的传统，许多孩子从小就参加学校合唱团，清唱合唱这种音乐方式已经渗透到美国普通民众的日常生活中。而中国这一基础尚较薄弱，除了单位大合唱比赛，合唱不够普及，不少人甚至不具备欣赏合唱的条件。

因此，无论是原创还是引进，适合中国观众的文化传统和收视心理才是节目成功最终的决定因素。

思考题

1. 电视观众的收视需求是什么？
2. 节目策划的原则有哪些？
3. 节目策划的方法有哪些？
4. 以文字方案形式撰写一档节目策划报告。

---

① 李邑兰：《“把老百姓放到剧场，把明星扔到户外”》，《南方周末》2015 年 3 月 13 日。

本章参考文献

唐世鼎、黎斌主编:《世界电视节目荟萃》,中国传媒大学出版社,2005年。
胡智锋主编:《电视节目策划学》,复旦大学出版社,2006年。
胡智锋主编:《中国名牌电视栏目解析》,学苑出版社,2006年。
崔莹:《做最创意的节目——对话英国权威电视制片人》,南方日报出版社,2008年。
阚乃庆、谢来:《最新欧美电视节目模式》,中国广播电视出版社,2008年。
[英]丹尼斯·麦奎尔:《受众分析》,刘燕南、李颖、杨振荣译,中国人民大学出版社,2009年。
宋晓阳:《日本经典电视节目模式》,中国广播电视出版社,2009年。
刘昶、甘露、黄慰汕:《欧洲优秀电视节目模式解析》,中国广播电视出版社,2010年。
张绍刚:《电视节目策划笔记》,新星出版社,2010年。
王憬晶:《韩国电视娱乐节目形态研究》,浙江大学出版社,2010年。
魏南江编著:《优秀电视节目解析》(第2版),中国传媒大学出版社,2014年。

后 记

1995 年，我从广东调回母校上海戏剧学院任教，负责筹办上海戏剧学院电视文艺编导专业。《电视文艺节目策划与创作》是专业主课之一，主要对文艺编导、播音主持两个专业的学生进行讲授，所以本书是因专业教学需要而诞生的。专业开办之初，可资参考的教材不多，在时任上海戏剧学院院长荣广润先生、上戏教务处长李宁女士的支持下，我在节目课程教学的基础上，结合自己参与上海电视台、中央电视台、广东电视台等电视节目策划的实践，编写了教材《电视文艺节目策划与创作》，由中国戏剧出版社于 2003 年出版。

《电视文艺节目策划与创作》出版后，作为专业课教材受到上戏各专业学子欢迎（曾用这本教材开过面对全院学生的选修课），在其他学校同类专业的使用中也获得好评，被学院学术委员会评为优秀教材，在本科教学评估中受到专家组肯定。最近十几年来，中国电视文艺节目发展很快，书中有些部分已经跟不上教学的需要。为此，我对此书内容进行了修订并再次出版。

感谢中国戏剧出版社武云女士和高峰先生的鼓励，感谢在本书写作中给予我支持、鼓励和启发的领导、学生、同事，感谢业内专家和朋友们，感谢阅读这本书的读者，感谢本书所引用资料、文献和论文的作者，感谢出版发行中给予这本书帮助的所有人。

作者

2019 年 5 月 4 日